AI-Assisted Programming

AI 시대의 프로그래머

| 표지 설명 |

표지 동물은 암초쥐치복reef triggerfish (학명: *Rhinecanthus rectangulus*)으로, 후무후무누쿠누쿠아푸아아(후무후무)라고도 불립니다. 1984년 대중 투표와 하와이 주 의회의 승인을 거쳐 하와이의 공식 주어로 선정되었습니다.

암초쥐치복은 인도-태평양과 하와이의 얕은 외해 산호초 주변에서 서식합니다. 이 물고기는 주로 성게, 달팽이 같은 산호초 무척추동물과 해조류를 섭취하며, 산호초 바다 근처를 헤엄치며 먹이를 찾습니다.

암초쥐치복은 평상시에는 사람과 거리를 두는 편이지만, 영역을 방어할 때 돌진하는 듯한 특유의 동작과 통통한 입, 파란 윗입술, 최대 25 cm까지 자라는 몸집 때문에 비교적 쉽게 관찰할 수 있습니다. 쥐치복은 전 세계적으로 약 40종이 있으며, 암초쥐치복은 관심 대상입니다.

오라일리 도서 표지에 등장하는 많은 동물이 멸종 위기에 처해 있습니다. 모든 동물은 세계에 중요한 존재입니다. 이 책의 표지 그림은 베르나제르맹에티엔 드 라세페드 백작Bernard Germain Étienne de Lacépède이 그린 고전 판화를 바탕으로 캐런 몽고메리Karen Montgomery가 그렸습니다.

AI 시대의 프로그래머

개발 생산성을 200% 높여주는 AI 페어 프로그래밍

초판 1쇄 발행 2024년 8월 23일

지은이 톰 타울리 / **옮긴이** 이일섭, 황은옥 / **펴낸이** 전태호
펴낸곳 한빛미디어(주) / **주소** 서울시 서대문구 연희로2길 62 한빛미디어(주) IT출판2부
전화 02-325-5544 / **팩스** 02-336-7124
등록 1999년 6월 24일 제25100-2017-000058호 / **ISBN** 979-11-6921-283-0 93000

총괄 송경석 / **책임편집** 박지영 / **기획·편집** 이민혁 / **교정** 김묘선
베타리더 김연태, 김진환, 방태모, 이창현, 정현준, 조우철, 최성욱
디자인 박정우 / **전산편집** 이경숙
영업 김형진, 장경환, 조유미 / **마케팅** 박상용, 한종진, 이행은, 김선아, 고광일, 성화정, 김한솔 / **제작** 박성우, 김정우

이 책에 대한 의견이나 오탈자 및 잘못된 내용은 출판사 홈페이지나 아래 이메일로 알려주십시오.
파본은 구매처에서 교환하실 수 있습니다. 책값은 뒤표지에 표시되어 있습니다.

한빛미디어 홈페이지 www.hanbit.co.kr / **이메일** ask@hanbit.co.kr

지금 하지 않으면 할 수 없는 일이 있습니다.
책으로 펴내고 싶은 아이디어나 원고를 메일(writer@hanbit.co.kr)로 보내주세요.
한빛미디어(주)는 여러분의 소중한 경험과 지식을 기다리고 있습니다.

AI-Assisted Programming

Programming

AI 시대의 프로그래머

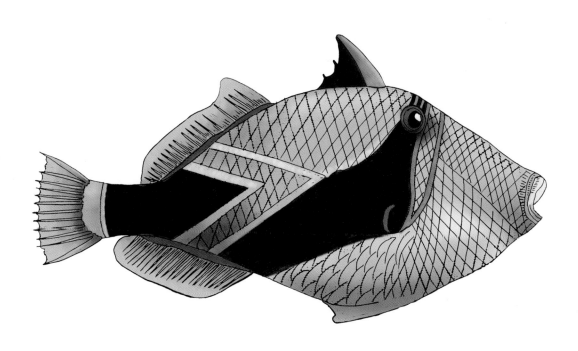

O'REILLY® **HB** 한빛미디어
Hanbit Media, Inc.

지은이 톰 타울리 Tom Taulli

벤처 지원 생성형 AI 스타트업인 Aisera를 비롯한 다양한 기업의 컨설턴트로 활동하고 있습니다. 챗GPT, GPT-4 및 기타 거대 언어 모델을 다루는 다양한 도서를 집필했으며 O'Reilly, UCLA, Pluralsight에서 파이썬을 사용한 딥러닝 및 머신러닝 모델을 만드는 방법과 자연어 처리 등 인공지능에 대한 다양한 강의를 진행했습니다.

옮긴이 이일섭

카드 회사 AI 팀에서 근무하고 있으며 산업공학과 박사과정을 통해 생성형 AI를 연구하고 있습니다. 커뮤니티 '데이터야놀자'에서 활동하며, AI 교육봉사 단체 'AI야, 놀자'에서도 활약하고 있습니다. 『데이터 품질의 비밀』(디코딩, 2023)과 『MLOps 실전 가이드』, 『GPT-4를 활용한 인공지능 앱 개발』(이상 한빛미디어, 2023)을 번역했습니다.

옮긴이 황은옥

행정학 전공으로 석사 과정을 마치고 빅데이터 · AI 스타트업에서 기획 및 분석 업무를 담당하고 있습니다. 커뮤니티 '데이터야놀자'에서 활동하고 있습니다.

이세돌 9단과 알파고의 대국이 벌써 8년 전 일입니다. 그 이후로 가장 깊은 인상을 남긴 AI는 챗GPT일 겁니다. AI 분야는 눈부시게 발전하고 있지만, 이에 대한 시각은 희망과 절망으로 나뉩니다. 어떤 결과가 나오든 AI가 우리 삶에 깊이 관여하게 될 것은 분명합니다.

이런 상황에서 이 책은 AI의 원리와 활용법을 자세히 설명하고 프로그래밍의 모든 과정에서 AI를 활용하는 세심한 팁을 제공합니다. AI 초보자도 쉽게 이해할 수 있도록 기본 개념부터 차근차근 설명하고 있어, 경험이 적은 개발자나 일반인도 부담 없이 읽을 수 있습니다. 또한, 한국어판에는 복잡한 개념을 더 쉽게 풀어 설명하여 내용이 더욱 풍성해졌습니다. 실무에 AI 적용을 망설이는 분들께 좋은 안내서가 될 것이라 생각합니다.

김연태, 헤렌 CTO

AI를 업무에 사용은 하지만 잘 활용한다고 자신하긴 어려운 개발자의 내실을 다져주는 멋진 가이드북입니다. 다양한 주제를 소개해 마치 잘 큐레이션된 전시회를 보는 느낌이 들기도 합니다. 특히 기획자, 디자이너처럼 개발자가 아니더라도 IT 직군 종사자라면 활용할 수 있는 사례와, IT 업계 리더들의 코멘트를 담고 있어 제 AI 관련 북마크 목록을 대폭 늘릴 수 있었습니다.

하루가 다르게 새로운 서비스가 등장하는 만큼, 앞으로의 변화 역시 예측하기 어렵지만, 이 책에서 소개하는 수준의 활용력만 갖춘다면 AI에 대체될 걱정에서 자유로운 'AI 시대의 프로그래머'로 살 수 있을 것이라 생각합니다.

김진환, 차라투 데이터 프로덕트 개발자

데이터 사이언티스트로 일하다 보면 프로그래밍 역량의 필요성을 절감하게 됩니다. 데이터 파이프라인 구축, 분석 엔진 개발, 대시보드 운영 등 사내 구성원들이 이용하는 서비스를 운영해야 할 때 프로그래밍의 장벽은 상당히 높게 느껴집니다. 이때 AI 어시스턴트의 도움을 받으면 프로그래밍 지식이 상대적으로 부족하더라도 필요한 작업을 훨씬 더 효율적으로 수행할 수 있습니다. 이 책은 AI 어시스턴트를 잘 이해하고 효과적으로 활용하는 방법을 친절하게 안내합니다. 저와 비슷하게 현업에서 프로그래밍 역량의 한계를 느끼는 데이터 사이언티스트와 분석가에게 이 책을 강력하게 추천합니다.

방태모, G마켓 데이터 사이언티스트

지금까지는 프로그래밍의 모든 과정에 대한 경험과 지식이 있어야 개발이 가능했습니다. 하지만 프로그래밍 패러다임은 변화하고 있습니다. AI 어시스턴트는 현대의 개발자들에게는 없어서는 안 될 필수적인 도구가 되었고, 코파일럿을 시작으로 강력한 AI 어시스턴트 도구들이 계속 등장하고 있습니다. 이제는 지식 습득이 아니라 질문을 통해서 답을 찾아낼 수 있습니다. 바야흐로 프롬프트 엔지니어링의 시대가 온 것입니다.

이 책은 기획부터 코딩, 디버깅, 배포까지의 프로그래밍 과정에서 AI 어시스턴트를 사용하는 방법을 다룹니다. AI 어시스턴트의 활용법을 제시하는 기본 지침서로 현재를 살아가는 개발자에게 정독을 적극 권장합니다.

이창현, 이창현 코딩연구소 대표

이 책에 소개된 AI 어시스턴트 목록을 보면서, 제가 이름을 들어본 것이 절반밖에 안 된다는 사실에 놀랐습니다. 확실히 자연어보다 구조화된 프로그래밍 언어를 다루는 AI 어시스턴트의 발전 속도가 더 빠른 탓이라 생각합니다. 개발자는 일반인보다 도구에 민감하기에, 많은 개발자가 이미 프로그래밍 과정에 AI 도구를 사용하는 걸로 알고 있습니다. 이 책에서 자신에게 적합한 어시스턴트 도구를 찾으면, 마치 마음에 드는 에디터나 IDE를 발견했을 때 같은 기분을 느낄 것입니다.

정현준, 만타 프로덕트 그룹 리더

AI의 시대인 지금, 거의 모든 분야가 생성형 AI를 도입해 생산성을 높이고 있습니다. 이 책은 효율적이고 생산적인 프로그래밍을 위한 다양한 AI 어시스턴트 서비스를 소개하고 실용적인 활용 팁을 제공합니다. 이 책은 생성형 AI에 대한 개념과 발전사를 다루며 AI에 대한 이해를 넓혀준 뒤, 기획부터 코딩, 디버깅, 테스트, 배포 등 실제 프로그래밍 단계마다 구체적인 활용 예시를 안내하여 실무에 즉시 적용하는 방법을 소개합니다. AI 기술로 프로그래밍 효율을 높이고 싶은 개발자와 최신 AI 트렌드에 관심 있는 모든 분께 이 책을 추천합니다!

조우철, 포스코이앤씨 AI 연구원

2023년 1월, 챗GPT의 자연스럽고 체계적인 답변에 너무나도 놀라서 특이점이 왔다며 흥분했던 때가 떠오릅니다. 그 후로 세상은 너무나도 빠르게 변화하면서, 마냥 신기하게만 생각했던 놀라운 AI 기술이 어느새 우리 생활 곳곳에 깊숙이 파고들고 있습니다. 이제는 더 이상 거대한 흐름을 거스를 수 없는, 이른바 AI 시대에 살고 있다고 해도 과언이 아닙니다.

이 책은 AI 시대에 살고 있는 개발자에게 AI 기술의 과거와 현재를 다양한 분야와 접목하여 전체적인 관점에서 빠짐없이 소개하며, 앞으로 어떠한 방향성을 가지고 나아갈지 혜안을 제공합니다. 모쪼록 지금 이 순간에도 빠르게 변화하는 격동의 AI 시대를 모두 슬기롭게 헤쳐나가길 바랍니다.

최성욱, 삼성전자 VD사업부 Security Lab

1990년대 초 UCLA를 졸업할 때만 해도 교수가 되겠다고 생각했습니다. 하지만 IBM에 입사한 후 저는 기술 업계의 매력에 금세 빠져들었고, 되돌아갈 수 없었습니다. VMware, Pivotal, EMC, SGI 같은 여러 회사에서 업무를 경험했습니다.

그 후 여러 스타트업을 설립했습니다. 최근에는 기업용 생성형 AI 솔루션을 개발하는 Aisera를 설립했습니다. Atlassian 플랫폼은 고객 서비스와 직원 경험 개선, 엔터프라이즈 검색, IT 서비스 데스크, AIOps를 지원합니다.

시간이 흐르며 인터넷, 클라우드 컴퓨팅, 모바일 디바이스, 딥러닝의 등장과 같은 많은 혁신을 목격했습니다. 하지만 기술 분야에서 진전이 매우 더딘 분야가 있었는데, 바로 소프트웨어 개발이었습니다.

하고 싶은 일이 개발 조직의 병목 현상에 가로막히는 상황에 창업자로서 좌절감이 들었습니다. 그런데 AI 어시스턴트 프로그래밍으로 게임의 판도가 크게 바뀌었습니다. 이를 통해 Aisera 개발을 기민하게 진행할 수 있었고, 우리는 괄목할 성장을 이룩했습니다.

이제 개발자를 채용할 때도, 개발자가 AI를 어떻게 활용하는지 확인합니다. 지원자가 귀찮고도 지난한 프로세스를 처리하고 더 빠르게 코드를 작성하기 위해 강력한 AI 기술을 사용하는 방법을 알고 싶습니다.

저는 AI 어시스턴트 프로그래밍 도구를 이해하는 게 중요한 기술적 역량이라고 생각합니다. 마이크로소프트의 CEO 사티아 나델라[Satya Nadella](https://oreil.ly/CuREp)에 따르면 'AI 어시스턴트는 이제 모든 개발자들이 기본적으로 갖추어야 할 필수 도구가 되어가고 있다'고 합니다.

일반적인 개발과 달리, AI 어시스턴트를 활용한 프로그래밍을 이해하려면 접근 방식을 달리해야 합니다. 생성형 AI 시스템을 이해해야 하는데, 이것이 바로 이 책이 필요한 이유입니다. 타울리는 AI 어시스턴트 프로그래밍에 능숙해지고자 하는 모든 개발자를 위한 지침서를 집필했습니다.

이 책은 중요한 주제를 다루고 유용한 예시를 많이 소개합니다. 또한 작업을 재미있는 방식으로 수행하여 친근하게 전달합니다.

지금은 개발자로서의 경력을 시작하기에 좋은 시점으로, 커리어를 발전시킬 기회가 많습니다. 그리고 독자 여러분이 할 수 있는 최선의 선택지는 AI 어시스턴트 프로그래밍을 배우는 것입니다.

무두 수다카르 Muddu Sudhakar
Aisera의 CEO 겸 공동 설립자

생성형 AI를 업무 영역에 적용하고 조정하려는 논의가 여전히 활발한 가운데 이 책은 AI 어시스턴트 프로그래밍 도구를 중점으로 다룹니다. 코드 생성에 특화된 AI 어시스턴트가 제공하는 기능을 비롯해 기획부터 배포를 포괄하는 개발 전 영역에서 범용 LLM을 사용하는 방법을 상세하게 기술합니다.

번역하는 동안 개발자가 다른 개발자에게 전하는 내용 같다는 느낌을 받았습니다. 개발과 관련된 다양한 용어와 암묵적인 지식을 담고 있음에도 친절하게 설명되지 않은 부분이 있을 수 있습니다. 개발자가 아닌 분들도 편히 읽을 수 있도록 최대한 많은 부분에 역자 주석을 달았으나, 혹 설명이 생략된 내용이 있다면 이 역시 챗GPT를 비롯한 생성형 AI에게 질문해 확인하실 수 있을 것입니다.

원서 출간 후 거의 바로 번역 작업에 착수했음에도 그새 몇몇 업데이트가 진행되었습니다. 최신의 정보들을 반영하기 위해 최선을 다했지만, 미흡한 부분에 대해서는 독자 여러분께 너그러운 양해를 구하며, 추후 업데이트되는 사항은 한국어판 깃허브에 반영하겠습니다(https://github.com/lee-monster/AI-Assisted-Programming).

모쪼록 독자 여러분께서 이 책을 통해 놀랍게 진보하는 AI 어시스턴트를 경험하고 비교하며, 필요에 가장 적합한 페어 프로그래머를 찾으실 수 있기를 바랍니다.

번역하는 동안 한결같은 응원과 사랑을 보내준 가족과 친구들에게 진심으로 감사드립니다.

이일섭, 황은옥

저는 1980년대 초반에 처음 프로그래밍을 시작했습니다. 당시 사용한 장비는 아타리 400^{Atari} ^{400}이었습니다. 멤브레인 키보드와 8K 램이 장착되고, 카세트에서 프로그램을 불러오는 그다지 강력하다고 할 수 없는 성능의 장비였습니다. 베이직 언어를 배워 간단한 게임과 유틸리티 앱을 만들면서 저는 프로그래밍에 완전히 매료되었습니다.

시간이 지나면서 기계를 업그레이드하고 파스칼과 C, C++ 등의 새로운 언어를 익혔지만, 개발 환경은 크게 달라지지 않았습니다. 구문 강조 표시 및 디버깅 기능 정도만 바뀌었죠.

그러다가 깃허브 코파일럿$^{GitHub\ Copilot}$과 챗GPT^{ChatGPT}가 등장하며 모든 것이 극적으로 바뀌었습니다. 마치 아이폰을 처음 사용했을 때처럼 판도가 완전히 바뀐 느낌이었습니다.

챗GPT에게 자연어로 코드를 작성해달라고 요청하거나 비주얼 스튜디오 코드$^{Visual\ Studio\ Code}$(VS 코드)에서 코드 작성에 필요한 내용을 입력하면, 원하는 코드가 생성됩니다. 거기다 챗GPT는 이미지를 코드로 변환하기까지 합니다.

생성형 AI 도구는 프로그래머가 일상적으로 해야 하는 작업을 대신 처리하며 존재 가치를 입증해냈습니다. 혹시 정규 표현식이나 배시 명령어, 깃허브 액션을 작성하는 일이 즐거우신가요? 솔직히 저는 그렇지 않습니다. AI 어시스턴트 프로그래밍 도구는 이러한 반복적인 작업에 아주 적합합니다.

나아가 프로그래밍에 앞 단계인 기획 같은 과정에도 유용합니다. 저는 실제로 앱을 만들면서 챗GPT를 사용하기 시작했습니다. 챗GPT는 브레인스토밍이나 요구사항 정리, 단위 테스트 설정 등 다양한 작업에 도움을 줬습니다.

AI 어시스턴트 프로그래밍은 빠르게 진화하고 있습니다. 업데이트되는 내용은 깃허브 리포지터리(https://github.com/ttaulli/AI-Assisted-Programming-Book)를 통해 확인할 수 있습니다. 이 책을 선택해주셔서 감사합니다. 실무에 도움이 되는 실질적인 지침서가 되길 바랍니다.

톰 타울리

소프트웨어 개발자들은 확실성을 추구합니다. 프로그램에 특정 입력을 제공하면 항상 동일한 출력을 얻습니다. 이 간결한 결정론은 오랫동안 소프트웨어 개발의 핵심이었습니다.

AI 어시스턴트 프로그래밍 도구를 사용하면 상황은 약간 뒤죽박죽해집니다. AI의 출력값은 확률에 기반하기 때문에 마치 주사위를 굴리는 것과 같은 결과를 얻게 됩니다. 심지어 AI 어시스턴트에게 동일한 프롬프트로 코드 작성을 요청하더라도 매번 다른 결과를 얻을 수 있습니다. 물론 초기에 적응하는 과정은 순탄치 않겠으나, 일단 요령을 터득하면 프로그래밍 능력은 한 단계 도약하게 될 것입니다.

개발 분야에 첫발을 내딛는 신입부터 오랜 연차의 시니어 개발자까지, 모든 개발자에게 유용한 내용을 담았습니다.

이 책은 총 10장으로 구성되었습니다.

- **1장 개발자에게 열린 새로운 세상** 생성형 AI가 프로그래밍의 판도를 어떻게 바꾸고 있는지 살펴봅니다. AI 도구로 코딩 외에도 큰 그림을 설계하는 데 도움을 받는 방법을 설명합니다. 또한, 프로그래밍 언어의 역사도 살펴봅니다. GPT-4와 같은 AI 모델에 대한 자세한 내용도 확인합니다.

- **2장 AI 어시스턴트의 작동 원리** 프로그래밍에서 트랜스포머 기반 거대 언어 모델과 생성형 AI의 중요성을 설명합니다. AI 모델을 코딩 요건에 맞게 조정하는 오픈AI의 플레이그라운드 활용법을 다룹니다.

- **3장 프롬프트 엔지니어링** 프로그래밍을 위해 AI 어시스턴트를 사용함에 있어 매우 중요한 요소입니다. 이 장에는 간결하고 명확한 프롬프트를 작성하는 방법과 AI가 거짓 정보를 생성하지 않도록 막는 방법 등 실용적인 팁을 담았습니다. 또한 프롬프트의 핵심 부분을 세분화해 효과적으로 사용하는 방법을 안내합니다.

- **4장 깃허브 코파일럿** 강력한 도구인 깃허브 코파일럿을 자세히 설명합니다. 주석이 포함된 코드 작성, 채팅, AI 기반 명령줄 인터페이스 같은 핵심 기능을 살펴봅니다. 개별 소프트웨어에 맞게 시스템을 커스터마이징하는 기능도 알려줍니다.

- **5장 기타 AI 어시스턴트 프로그래밍 도구** 아마존 Q 디벨로퍼, 구글 제미나이 코드 어시스트, 리플릿 같은 고급 AI 어시스턴트 프로그래밍 도구에 대해 자세히 설명합니다.

- **6장 챗GPT 및 기타 범용 LLM** 정규 표현식, 스타터 코드, 깃허브 액션과 같은 작업에 이러한 도구를 사용하는 방법을 다룹니다.
- **7장 기획** 챗봇을 사용해 소프트웨어 프로젝트를 구성하고 기획하는 법을 살펴봅니다. 브레인스토밍, 시장 조사, 요구사항 정의서와 요구사항 명세서, 테스트 주도 개발 등의 내용을 다룹니다.
- **8장 코딩** API 활용, 모듈식 프로그래밍, 리팩터링 등 일반적인 작업에 AI 어시스턴트를 활용하는 방법을 알아봅니다. 함수 처리와 객체 지향 프로그래밍도 소개합니다.
- **9장 디버깅, 테스트, 배포** 화려하지는 않아도 개발 과정에서 중요한 부분을 살펴봅니다. 버그 수정, 코드 리뷰, 단위 테스트, 풀 리퀘스트 등에서 AI 어시스턴트를 사용하는 방법을 다룹니다.
- **10장 AI 시대의 개발자를 위한 팁** 1장부터 9장까지의 내용을 되돌아보며 마무리합니다.

또한, 한국어판에는 더 풍부한 내용을 담기 위해 옮긴이가 클로드 3.5의 내용을 부록으로 추가했습니다.

코드 예시

코드 예시, 연습 문제 등 관련 자료는 다음 저장소에서 다운로드할 수 있습니다.

- 한국어판: https://github.com/lee-monster/AI-Assisted-Programming
- 원서: https://github.com/ttaulli/AI-Assisted-Programming-Book

추가 자료

이 책에서 언급한 프로그래밍 언어나 프로그램에 대한 설명은 깃허브에 추가 자료로 제공합니다. 한국어판 깃허브의 **Extras.md** 파일에 정리했습니다.

- https://github.com/lee-monster/AI-Assisted-Programming/blob/main/Extras.md

◖● CONTENTS

CHAPTER 1   개발자에게 열린 새로운 세상

CHAPTER 2   AI 어시스턴트의 작동 원리

CHAPTER 3   프롬프트 엔지니어링

CHAPTER **4**   깃허브 코파일럿

CHAPTER 5 기타 AI 어시스턴트 프로그래밍 도구

CHAPTER **6**   **챗GPT 및 기타 범용 LLM**

CHAPTER 9   디버깅, 테스트, 배포

개발자에게 열린
새로운 세상

생성형 AI가 프로그래밍의 판도를 어떻게 바꾸고 있는지 살펴봅니다. AI 도구로 코딩 외에도 큰

그림을 설계하는 데 도움을 받는 방법을 설명합니다. 또한 프로그래밍 언어의 역사도 살펴봅니다.

GPT-4와 같은 AI 모델에 대한 자세한 내용도 확인합니다.

안드레이 카파티[Andrej Karpathy]는 구글에서 근무하며 스탠퍼드 대학교에서 신경망 아키텍처와 픽셀을 다루는 컴퓨터 비전을 연구했습니다. 그는 유튜브 동영상을 위한 특징 학습[feature learning] 시스템을 만들었습니다. 그 후 오픈AI의 창립 멤버가 되었고, 후에는 테슬라의 AI 수석 디렉터로서 오토파일럿 시스템 개발 팀을 이끌었습니다.

그는 화려한 커리어를 자랑하는 세계적인 개발자로 80만 명에 가까운 SNS 팔로워를 보유한 인플루언서이기도 합니다. 그런 그가 챗GPT에 대해 다음과 같은 트윗[1]을 했습니다.

> 최근 가장 큰 인기를 끈 새로운 프로그래밍 언어는 영어입니다.

빈말이 아니었습니다. 코딩에 대한 시적인 비유일 뿐만 아니라, 자연어 프롬프트를 입력하면 어떤 컴퓨터 언어로든 코드가 작성될 수 있는 미래를 표현한 말이었습니다. 컴퓨터에 지니 같은 통역사가 숨어 영어를 코드로 변환하는 세상이 왔음을 의미했습니다. 카파티는 이외에도 많은 개발자들의 공감을 불러일으키는 트윗[2]을 올렸습니다.

> 코파일럿 덕분에 코딩 속도가 크게 빨라져서 개발자가 오롯이 직접 코딩하는 시대로 돌아가는 것은 상상하기 어렵습니다. 아직 사용법을 배우고 있지만, 코파일럿은 이미 제 코드의 80% 정도를, 80% 수준의 정확도로 작성하고 있습니다. 저는 요즘 코딩 대신 프롬프트 작성과 수정만 합니다.

카파티는 새로운 AI 프로그래밍 도구인 마이크로소프트의 깃허브 코파일럿[GitHub Copilot]에 주목하고 있었습니다. 하지만 얼마 지나지 않아 다른 많은 도구가 등장했습니다. 혁신의 속도는 놀랍도록 빨랐습니다.

이 환경은 모든 개발자에게 처음 온 정글처럼 느껴질 수 있습니다. 이 혁신적인 새로운 도구는 어떻게 구성되어 있을까요? 어떤 작업에 더 적합하게 사용할 수 있을까요? 고급 개발자로 거듭나려면 AI 어시스턴트를 어떻게 활용하면 좋을까요?

이 책은 이러한 질문의 답을 찾는 데 유용한 가이드가 될 것입니다. AI 어시스턴트를 활용해 더 빠르고 스마트하게, 그리고 재미있게 코딩하는 방법을 집중적으로 살펴볼 것입니다. 이제 소매를 걷어붙이고 AI를 활용한 프로그래밍 여정에 뛰어들어 보겠습니다.

---

1 https://oreil.ly/9kBmX
2 https://oreil.ly/a_jg1

1.1 진화와 혁신

프로그래밍 언어가 발전해온 핵심 요소는 추상화입니다. 이는 개발자가 시스템을 더 쉽게 사용할 수 있는 방법을 설명하는 좋은 개념입니다. 너무나 디테일한 사항들을 백그라운드에서 처리하게 되면서 개발자는 가장 중요한 일에 집중할 수 있게 되었고, 이는 혁신의 원동력이 되었습니다. 이를 통해 인터넷, 클라우드 컴퓨팅, 모바일, AI 같은 획기적인 발전이 가능했습니다.

[그림 1-1]은 수십 년에 걸친 추상화의 진화를 정리합니다.

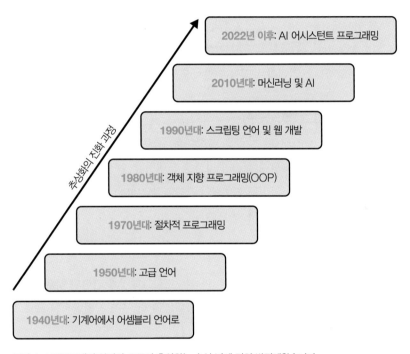

그림 1-1 프로그래밍 언어와 도구의 추상화는 수십 년에 걸쳐 발전해왔습니다.

1940년대: 기계이에서 어셈블리 언어로

컴퓨터 시대가 막 열리던 초기의 프로그래머는 0과 1을 가지고 씨름하며 자신의 의사를 기계어로 입력해야 했습니다. 그러던 중 어셈블리 언어가 등장했습니다. 어셈블리어는 영어와 숫자 입력을 지원하여 코딩이 더 쉬워지고 오류도 더 줄일 수 있었습니다.

1950년대: 고급 언어

프로그래머가 DISPLAY, READ, WRITE, IF/THEN/ELSE 같은 기초 단어를 코딩에 사용할 수 있는 언어인 포트란Fortran과 코볼COBOL이 등장했습니다. 컴파일러는 이를 컴퓨터가 이해할 수 있는 0과 1로 변환합니다. 동시에 기술적인 배경지식이 없는 사람들도 일반적으로 코드를 잘 읽으면 워크플로를 이해할 수 있게 되었습니다. 고급 언어의 등장은 컴퓨터 혁명의 거대한 촉매제가 될 것입니다.

1970년대: 절차적 프로그래밍

C나 파스칼 같은 언어에서는 복잡한 작업을 함수라는 개념으로 깔끔히 처리하는 절차적 프로그래밍을 도입했습니다. 이러한 추상화를 통해 재사용성과 유지관리가 가능해졌고, 거대한 소프트웨어 프로젝트를 관리하는 일이 수월해졌습니다.

1980년대: 객체 지향 프로그래밍(OOP)

객체 지향 프로그래밍은 완전히 새로운 수준의 추상화로, 프로그래머가 클래스와 객체를 사용해 데이터와 동작을 모두 캡슐화해 실제 엔티티를 모델링할 수 있게 해줍니다. 이를 통해 모듈화를 촉진하고 보다 직관적인 문제 해결이 가능해졌습니다. 객체 지향 언어의 대표적인 예로는 C++와 자바Java가 있습니다.

1990년대: 스크립팅 언어 및 웹 개발

파이썬Python, 루비Ruby, 자바스크립트JavaScript 같은 언어는 프로그래밍과 관련된 하위 수준[3]의 작업을 추상화합니다. 제공되는 라이브러리와 내장된 데이터 구조는 일반적인 프로그래밍 작업을 간소화하여 필요한 코드의 양을 줄여줍니다.

2010년대: 머신러닝 및 AI

머신러닝과 AI의 부각 이후 텐서플로TensorFlow, 파이토치PyTorch 같은 전문 라이브러리 및 프레임워크는 프로그래밍의 복잡한 수학적 영역을 추상화했습니다. 이를 통해 개발자는 모델 아키텍처와 학습 프로세스에 집중할 수 있게 되었습니다.

---

3 옮긴이_ 메모리 관리, 데이터 유형 처리, 컴퓨팅 자원 접근 및 관리 등의 작업을 의미합니다.

2022년 이후: AI 어시스턴트 프로그래밍

가장 최근에 등장한 추상화 내러티브는 GPT 및 기타 거대 언어 모델(LLM)로 대표되는 AI 어시스턴트 프로그래밍입니다. 이 어시스턴트는 사용자의 명령에 따라 언제든지 코드 생성에 참여할 준비가 되어 있는 조수와 같습니다.

간단한 예로, 강력한 코드 생성 기능을 갖춘 챗GPT[4]를 살펴보겠습니다. 시스템이 수행해야 할 작업을 프롬프트에 입력합니다. 다음과 같은 프롬프트를 제공한다고 가정하겠습니다.

 주어진 정수가 짝수인지 홀수인지 검사하고 결과를 출력하는 프로그램을 파이썬 코드로 작성하세요.

[그림 1-2]는 챗GPT의 응답 화면입니다. 챗GPT는 같은 질문에도 다르게 답변하므로 여러분이 받은 답변은 그림과 다를 수 있습니다.

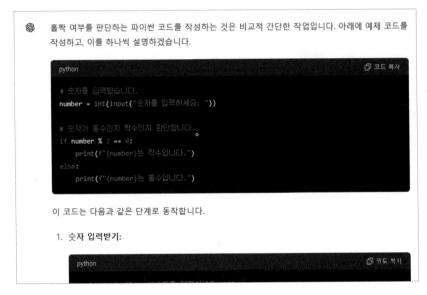

홀짝 여부를 판단하는 파이썬 코드를 작성하는 것은 비교적 간단한 작업입니다. 아래에 예제 코드를 작성하고, 이를 하나씩 설명하겠습니다.

```python
# 숫자를 입력받습니다.
number = int(input("숫자를 입력하세요: "))

# 숫자가 홀수인지 짝수인지 판단합니다.
if number % 2 == 0:
    print(f"{number}는 짝수입니다.")
else:
    print(f"{number}는 홀수입니다.")
```

이 코드는 다음과 같은 단계로 동작합니다.

1. **숫자 입력받기:**

그림 1-2 코드 생성 요청에 대한 챗GPT의 응답에는 코드뿐만 아니라 주석도 포함됩니다.

---

4 옮긴이_ 챗GPT는 오픈AI에서 개발한 GPT 모델 기반의 대화형 인공지능 서비스로, 웹사이트(https://chatgpt.com)와 모바일 앱에서 이용할 수 있습니다. 회원 가입 시 GPT-4.o 모델 기반 서비스의 무료 사용이 가능합니다. 유료 결제 시(부가세 포함 월 22달러) 더 많은 양의 서비스를 제공받습니다. 상세한 내용은 6장에서 확인할 수 있습니다.

입력한 프롬프트에 따라 코드가 출력되며, 상세한 주석으로 프로그램 작동 방식에 대한 설명도 볼 수 있습니다. 오른쪽 상단의 [코드 복사] 버튼을 클릭하면 IDE에 코드를 그대로 붙여서 실행할 수 있습니다.

1.2 생성형 AI

AI 어시스턴트 프로그래밍 도구의 작동 방식을 자세히 살펴보기 전에 생성형 AI에 대해 개략적으로 알아보겠습니다.

생성형 AI[generative AI5]는 인공지능(AI)의 한 분야로, 새롭고 창의적인 콘텐츠를 스스로 생성해 낼 수 있습니다. [그림 1-3]은 시각적으로 정리한 AI의 분류입니다.

그림 1-3 AI에는 다양한 유형이 있으며, 생성형 AI와 거대 언어 모델을 중심으로 중첩된 집합으로 표현할 수 있습니다.

AI는 인간 지능으로 작업할 수 있는 모든 시스템을 포괄하는 상위 개념입니다. 이러한 AI의 핵심은 머신러닝[machine learning]입니다. 머신러닝 시스템은 규칙 기반의 해석을 넘어, 방대한 데이터를 다양한 방법론으로 분석하여 인사이트를 도출해냅니다. 머신러닝은 일반적으로 복잡한 알고리듬을 기반으로 하며, 하드코딩 없이도 예측이나 의사 결정을 내리는 데 활용할 수 있습니다.

머신러닝보다 한 단계 더 깊이 들어가면, 여러 신경망 레이어가 쌓여 작동되는 방식의 딥러닝

---

5 옮긴이_ Generative AI는 줄여서 GenAI로도 많이 불립니다.

영역이 있습니다. 딥러닝 계열의 모델은 이미지 및 음성 인식 같은 영역에서 뛰어난 결과를 보여주었습니다.

딥러닝보다 더 깊은 곳에는 생성형 AI가 있습니다. 생성형 AI 모델은 학습된 데이터를 기반으로 새로운 결과물을 생성합니다.

이러한 생성형 AI 계열의 모델로는 GPT, 제미나이[Gemini], 클로드[Claude], 라마[Llama] 같은 거대 언어 모델[6]이 있습니다. 기능에 따라 파운데이션 모델[foundation model]로 분류되기도 하는 이 강력한 모델들은 최첨단 알고리듬과 방대한 양의 데이터를 학습하여 인간과 유사한 텍스트로 대화가 가능합니다.

특히 파운데이션 모델은 거대 언어 모델 그 이상으로, 이미지, 오디오, 비디오를 생성할 수 있는 멀티모달 기능도 갖추었습니다. 다음 장에서는 생성형 AI의 작동 방식에 대해 자세히 살펴보고, 이어서 AI 어시스턴트 프로그래밍 도구의 장단점을 알아보겠습니다.

1.3 활용 사례

AI 어시스턴트는 개발자의 능력을 향상시켜 단조로운 작업이나 복잡한 코드 세부 사항에 얽매이지 않고, 고급 문제 해결과 혁신에 집중할 수 있도록 제작되었습니다. 그래서 깃허브는 코파일럿[copilot]이라는 단어를 사용합니다. 개발자가 중요한 일에 집중할 수 있도록 코딩에서 복잡하거나 지루한 측면을 탐색하여 처리해주는 믿을 만한 동료를 옆에 두는 것과 다름없습니다.

이러한 강력한 시스템의 장점과 실제 적용 사례에 대해 집중적으로 살펴보겠습니다.

1.3.1 검색 최소화

개발자는 종종 디지털 탐정처럼 성가신 버그를 찾아낼 때나 암호화된 코드가 풀리지 않을 때 머리를 싸매고 있는 자신을 발견합니다. 장애물에 부딪히면 가장 먼저 구글링을 하거나 스택

---

6 옮긴이_ 거대 언어 모델(Large Language Model)은 방대한 텍스트 데이터를 학습하고, 그 기반으로 새로운 텍스트를 생성해낼 수 있는 모델을 뜻합니다. 줄여서 LLM으로 칭하며, 거대 언어 모델 중에서 규모가 상대적으로 작은 모델을 sLLM(small-LLM)으로 분류합니다.

오버플로^{Stack Overflow}를 방문하게 됩니다. 검색으로 빠르게 문제를 해결하게 된다면, IDE로 돌아가 바로 작업을 이어갈 수 있습니다.

하지만 때로 이 프로세스는 시련으로 바뀌기도 합니다. 스택 오버플로에서 탐색된 논의는 정답이 없는 채 종결된 것들도 많습니다. 구글에서 몇 번 더 검색해보지만 자신이 찾고자 하는 문제를 해결할 수 없는 경우도 많습니다. 그러나 어느 정도 도움되는 웹 정보를 기반으로 탐색을 이어갈 수는 있을 것입니다. 혹은 유튜브에서 동영상을 검색할 수도 있습니다. 그렇게 30분 이상 고민한 끝에 마침내 문제를 해결하는 경우도 있을 것입니다.

위의 사례는 모든 개발자가 경험하는 일입니다. 스택 오버플로에서 7만 명 이상의 개발자가 응답한 한 설문조사[7]에는 이러한 불만이 잘 드러나 있습니다. 답변을 검색하는 데 응답자의 62%가 하루에 30분 이상, 25%가 1시간 이상 시간을 소비하는 것으로 나타났습니다. 설문조사에 따르면 '50명의 개발자로 구성된 팀의 경우, 답변/솔루션 검색에 소요되는 시간은 팀 전체를 합산하면 일주일에 333~651시간에 달한다'고 합니다.

그렇다면 시간이 오래 걸리는 검색의 덤불을 뚫고 빠르게 해결책을 찾을 수 있는 방법이 있다면 어떨까요? AI 어시스턴트 프로그래밍을 만나보세요. 마이크로소프트의 연구에서 깃허브 코파일럿을 사용한 개발자의 90% 이상이 더 빠른 속도로 작업을 완료할 수 있었다는 사실이 입증되었습니다.

마이크로소프트는 연구를 통해 이 기능을 테스트하기도 했습니다. 95명의 전문 개발자를 모집해 두 그룹으로 나눠 자바스크립트로 HTTP 서버를 작성하도록 지시했고, 이들의 작업 시간을 측정했습니다. 깃허브 코파일럿을 사용한 사람은 그렇지 않은 사람보다 55% 더 빨리 작업을 완료했습니다(https://oreil.ly/TtsA0).

마이크로소프트 외에, 맥킨지 앤 컴퍼니에서도 유사한 연구(https://oreil.ly/xOLj3)를 진행했습니다. 미국과 아시아 전역에서 경력과 배경이 다양한 40여 명의 개발자가 참가했습니다. 이들은 몇 주에 걸쳐 코드 생성, 리팩터링, 문서화라는 세 가지 일반적인 소프트웨어 작업을 완료했습니다.

그 결과, 코드를 깔끔하게 유지하기 위한 문서화 작업에서는 AI 어시스턴트가 소요 시간을 절반으로 줄였고, 새 코드의 초안 작성과 리팩터링 작업에서도 사람의 속도와 AI 도구의 성능이

---

7 https://oreil.ly/WQ6De

거의 동일했습니다.

그러나 복잡한 작업의 경우 AI 도구가 높은 점수를 얻지 못했습니다. 단축된 시간은 10%에 미치지 못했습니다(https://oreil.ly/c_7sx).

흥미롭게도, 연구에 따르면 코드의 전체적인 품질, 예를 들어 버그, 가독성, 유지보수성에 부정적 영향을 주지 않으면서도 소요 시간을 줄이는 것이 가능했습니다. AI 어시스턴트는 품질도 약간 개선하는 효과가 있었는데, 이는 많은 개발자가 어시스턴트를 통해 반복 작업하며 더 나은 방법을 찾았기 때문이었습니다.

맥킨지 연구는 다음과 같은 시사점을 제시했습니다.

일상적인 작업 간소화

이 도구는 코드 함수 자동 채우기, 실시간 코드 완성 지원, 코드 자동 문서화 같은 일상적인 작업을 처리하는 데 매우 유용합니다. 이러한 작업을 수월하게 처리함으로써 개발자는 복잡한 비즈니스 문제를 해결하고 소프트웨어 기능을 신속하게 배포할 수 있습니다.

보다 원활한 코드 초안 작성

첫발을 내딛는 자체가 부담스러운 때가 있습니다. 이때 생성형 AI 도구를 사용하면, IDE 내의 어시스턴트 기능이나 별도 서비스에 간단한 프롬프트를 입력해 코드의 초안을 작성하게 할 수 있습니다. 자동으로 작성된 초안을 바탕으로 그 후 창의적인 프로세스를 진행할 수 있습니다. 많은 개발자가 이러한 AI 어시스턴트의 제안을 통해 '빈 화면 문제'를 극복하고 더 빠른 속도로 코딩 '영역'에 진입할 수 있어 매우 유용하다고 평가했습니다.

수월한 기존 코드 개선

효과적인 프롬프트를 통해 개발자는 기존 코드를 보다 신속하게 적용해보고 개선할 수 있습니다. 예를 들어 온라인 라이브러리에서 코드를 기저와 프롬프트에 입력한 다음 지정된 기준에 따라 AI가 제안하는 조정을 반복적으로 수행해보고 더 나은 코드를 찾아낼 수 있습니다.

개발자의 새로운 시도 확대

이 기술은 패스트트랙 입문 과정과 같은 역할을 하며 개발자가 익숙하지 않은 코딩 환경이나 언어도 활용할 수 있도록 도와줍니다. 새로운 것을 다룰 때 AI 어시스턴트가 노련한 친구처럼 새로운 개념을 알려주고, 다양한 코드 기반을 분석하여 프레임워크 사용에 대한 포괄적인 가이드를 제공해줄 수 있습니다.

여러 도구의 활용

연구 결과에 따르면 여러 도구를 함께 사용하는 것이 더 효과적이라고 합니다. 개발자가 프롬프트를 입력하거나 채팅을 하려고 도구를 사용할 때, 다른 도구가 자동 완성 옵션과 제안을 제공한다고 상상해보세요. 연구에 참여한 개발자는 코드 리팩터링 작업에서 이 도구를 매우 유용하게 사용했습니다. 또 개발 환경과 원활하게 통합되는 새로운 코드를 만들어내는 데도 효과적이었습니다. 이러한 AI 어시스턴트가 팀을 이루어 작업을 수행할 때 개발자는 시간 효율성이 1.5배에서 2.5배까지 급증하는 것을 확인했습니다.

1.3.2 조언

챗GPT를 사용하면 다양한 유형의 개발 활동에 대해 조언을 구할 수 있습니다.

프로그래밍할 때 검색 시간을 최소화하고 생산성을 높이기 위한 자세한 팁과 모범 사례를 알려주세요. 코드 정리, 문서화, 도구, 사고방식과 관련된 전략을 포함하세요.

프로그래밍할 때 검색 시간을 최소화하고 생산성을 높이기 위해 여러 가지 방법과 모범 사례를 따를 수 있습니다. 여기에는 코드 정리, 문서화, 도구 사용, 사고방식 등이 포함됩니다. 다음은 이러한 요소들을 효과적으로 관리하기 위한 자세한 팁입니다.

코드 정리 및 문서화

1. 코딩 표준 준수

- 코딩 표준을 정의하고 팀 전체가 일관되게 따르도록 합니다. 예를 들어, 파이썬에서는 PEP 8을 따르는 것이 좋습니다.
- 주석을 적절히 사용하여 코드의 의도를 명확히 합니다.

2. 모듈화

- 코드를 작고 독립적인 모듈로 나눕니다. 각 모듈은 하나의 책임을 가지도록 설계합니다. 이는 코드 재사용성을 높이고 유지보수를 용이하게 합니다.

3. 함수 및 클래스 명명 규칙

- 함수와 클래스의 이름을 직관적으로 지어, 이름만 보고도 기능을 쉽게 이해할 수 있도록 합니다.

4. 자동 문서화 도구 사용

- 자동 문서화 도구를 사용하여 코드 문서를 생성합니다. 이는 코드와 문서를 동기화하는 데 도움이 됩니다.

도구 및 환경 설정

1. 통합 개발 환경(IDE) 사용

- VS 코드, 인텔리제이 아이디어(IntelliJ IDEA), 파이참(PyCharm) 등의 강력한 IDE를 사용하여 코드 작성, 디버깅, 테스트를 효율적으로 수행합니다.
- IDE의 플러그인과 확장 기능을 활용하여 생산성을 높입니다.

2. 버전 관리 시스템 사용

- 깃(Git)과 같은 버전 관리 시스템을 사용하여 코드의 변경 이력을 추적하고 협업을 용이하게 합니다.
- 브랜칭 모델을 정의하고 따릅니다.

3. 자동화 도구 사용

- 빌드, 테스트, 배포 등의 반복 작업을 자동화합니다. 예를 들어, 젠킨스(Jenkins), 깃허브 액션(GitHub Actions), 서클CI(CircleCI) 등을 사용합니다.
- 코드 품질을 유지하기 위해 정적 분석 도구를 사용합니다.

사고방식

1. 문제 해결 전략

- 문제를 작은 단위로 분해하고 단계적으로 해결합니다.
- '오류 우선 접근법'을 사용하여 가장 가능성 있는 오류부터 해결해 나갑니다.

2. 지속적인 학습

- 새로운 기술과 도구에 대해 지속적으로 학습하고 적용합니다.
- 코드 리뷰를 통해 다른 개발자의 코드에서 배울 점을 찾습니다.

3. 효율적인 검색 방법

- 검색 엔진을 사용할 때 구체적이고 명확한 키워드를 사용합니다.
- 스택오버플로(Stack Overflow), 깃허브(GitHub), 공식 문서 등의 신뢰할 수 있는 소스를 활용합니다.
- 이전에 해결한 문제나 작성한 코드를 잘 정리해 두어 필요할 때 빠르게 참고할 수 있도록 합니다.

기타 전략

1. 테스트 작성

- 단위 테스트, 통합 테스트 등을 작성하여 코드의 안정성을 높입니다.
- 테스트 주도 개발(TDD)을 적용하여 코드를 작성합니다.

2. 코드 리뷰

- 코드 리뷰 과정을 통해 코드 품질을 향상시키고, 팀원 간의 지식을 공유합니다.
- 코드 리뷰는 단순한 오류 잡기뿐만 아니라, 더 나은 설계를 위한 논의의 장이 될 수 있습니다.

3. 지식 공유 및 문서화

- 위키, 노션 같은 도구를 사용하여 팀의 지식을 체계적으로 문서화합니다.
- 정기적인 기술 세미나, 코드 공유 세션 등을 통해 팀원 간의 지식 공유를 장려합니다.

이러한 전략들을 종합적으로 적용하면 검색 시간을 줄이고 프로그래밍 생산성을 높이는 데 큰 도움이 될 것입니다.

챗GPT는 질문에 여러 방법과 모범 사례를 세 부분으로 나누어 제안합니다. 먼저 코딩 표준을 준수하고 모듈화를 적용하며, 명명 규칙을 정할 것을 권합니다. 또한 IDE와 버전 관리 시스템, 자동화 도구 사용을 추천합니다. 그다음 프로그래밍 과정에 적용하면 좋을 사고방식을 알려줍니다. 그리고 추가적으로 실천하면 좋은 추천 전략을 나열합니다.

1.3.3 IDE 통합

IDE와의 원활한 통합은 AI 어시스턴트 프로그래밍에서 매우 중요합니다. 새로운 플랫폼을 익혀야 하는 번거로움 없이 개발 프로세스를 유지할 수 있습니다. 즉, 새로운 도구에 대한 학습

시간을 줄여 코딩에 더 많은 시간을 할애할 수 있으며, 다른 플랫폼이나 도구 간의 전환이 줄어 이슈가 발생할 소지가 적어지므로 코딩 여정이 더 원활해진다는 것을 잊지 마세요.

그리고 실시간 피드백을 받을 수 있다는 장점도 있습니다. 개발자가 코드를 작성하거나 수정할 때 통합 도구가 오류를 발견하고 수정 사항이나 작업을 완료하는 더 나은 방법을 제안합니다. 이렇게 즉각적으로 도구와 대화를 통해 피드백을 주고받으며 수정하는 것은 마치 친절한 코치가 곁에 있는 것과 같습니다. 코드 리뷰나 외부 검수의 번거로움 없이 더 깔끔하고 효율적인 코드를 작성할 수 있습니다.

AI 어시스턴트는 더 광범위한 조정을 제안할 수 있는 형태로 IDE를 강화할 수도 있습니다. AI 는 변수 유형, 메서드 시그니처,[8] 프로젝트의 구조적인 청사진까지 파악해 관련 코드를 제안합니다. 하지만 단순한 코드 제안만이 능사는 아닙니다.

[표 1-1]은 주요 AI 어시스턴트 프로그래밍 도구와 해당 도구가 지원하는 IDE를 소개합니다.

표 1-1 인기 있는 AI 어시스턴트 프로그래밍 도구가 지원하는 IDE

AI 어시스턴트 프로그래밍 도구	IDE
깃허브 코파일럿	Visual Studio Code, Visual Studio, Vim, Neovim, JetBrains suite, Azure Data Studio
탭나인	Visual Studio Code, Eclipse, JetBrains(IntelliJ, WebStorm, CLion, PyCharm), PhpStorm, Neovim, JupyterLab, Rider, DataGrip, AppCode, Visual Studio 2022, Android Studio, GoLand, RubyMine, Emacs, Vim, Sublime Text, Atom.AI, Jupyter Notebook
코디움AI	Visual Studio Code, JetBrains(IntelliJ, WebStorm, CLion, PyCharm)
아마존 Q 디벨로퍼	Visual Studio Code, IntelliJ IDEA, AWS Cloud9, AWS Lambda console, JupyterLab, Amazon SageMaker Studio, JetBrains(IntelliJ, PyCharm, CLion, GoLand, WebStorm, Rider, PhpStorm, RubyMine, DataGrip)

NOTE 마이크로소프트의 연구(https://oreil.ly/3e2sI)에 따르면 깃허브 코파일럿 사용자의 88%가 작업 중에 좌절감을 덜 느끼게 되었으며 집중력도 높아졌다고 합니다. 주요 이유는 IDE 내에 머무르면서 개발에 필요한 검색에 소요되는 시간이 줄어든 것이었습니다. 이를 통해 개발자는 '몰입' 상태를 유지할 수 있었습니다.

---

8 옮긴이_ 메서드 시그니처(method signature)는 프로그래밍에서 특정 메서드를 식별하는 데 사용되는 정보를 정의합니다. 이는 메서드의 이름과 입력으로 받는 매개변수의 타입 및 순서를 포함합니다. 그리고 해당 메서드의 반환 타입은 포함하지 않으며, 오버로딩(같은 이름의 메서드를 다른 매개변수 구성으로 정의하는 것)을 처리할 때 주로 사용합니다.

1.3.4 코드베이스 반영

AI 어시스턴트 프로그래밍 도구는 특정 개발 환경과 잘 맞도록 맞춤화되었습니다. 개발자는 도구가 프로젝트의 내부 라이브러리, API, 모범 사례, 아키텍처 청사진을 이해할 수 있도록 사용자 설정을 반영할 수 있습니다. 이렇게 하면 기술적으로 견고할 뿐만 아니라 프로젝트의 고유한 요구사항과도 잘 맞게 구성할 수 있습니다.

사용자는 별도 설정을 통해 생성된 코드 제안을 조직의 확립된 코딩 표준, 품질 마커, 보안 프로토콜에 맞게 조정할 수 있습니다. 고품질 코드를 육성하는 데 집중하면 팀이 더 이상 사용되지 않거나 바람직하지 않은 코드 스니펫에 방해받는 것을 방지할 수 있습니다.

또한 이러한 맞춤형 접근 방식은 개발 팀에 새로 합류한 사람들에게도 큰 도움이 됩니다. 일반적으로 새로운 코드베이스에 적응하는 것은 코드를 탐색하고, 문서를 검토하고, 코딩 프로토콜을 익히는 과정으로, 수개월이 걸릴 수도 있습니다. 하지만 AI 어시스턴트 프로그래밍 도구를 사용하면 이 학습 곡선을 크게 단축할 수 있을 것입니다.

1.3.5 코드 무결성

코드 무결성은 견고한 소프트웨어 개발의 기본입니다. 의도한 기능을 실행함에 있어 소스 코드의 견고함과 신뢰성을 나타냅니다. 코드 무결성 검사는 완전성, 정확성, 일관성 및 강화 여부를 확인하는 과정입니다. 코드 무결성에 문제가 생기면 버그와 잠재적인 보안 사각지대가 발생해 시스템 충돌과 데이터 유출로 이어질 수도 있습니다.

코드 무결성을 높이는 요소는 코드의 정확성, 철저함, 균일성, 보안 사항은 물론 유지관리의 용이성 등 다양합니다. 개발자는 단위 및 통합 테스트, 동료 간의 코드 리뷰, 정적 코드 분석,[9] 엄격한 보안 평가와 같은 다양한 접근 방식을 통해 코드 무결성을 강화할 수 있습니다.

점점 더 많은 AI 어시스턴트 프로그래밍 도구가 코드 무결성을 강화하는 기능을 출시하고 있다는 점에 주목할 필요가 있습니다. 이 기능은 코드의 세세한 부분까지 파고들어 적절하고 철저한 단위 테스트와 에지 케이스를 발견할 수 있도록 도와줍니다.

9 　옮긴이_ 정적 코드 분석(static code analysis)은 실제 실행 없이 코드를 분석하는 것을 의미합니다.

일부 AI 어시스턴트는 '수정fix-it' 추천 기능을 제공합니다. 개발자에게 전달되기 전에 새로운 문제가 발생하지 않도록 사전 심사를 거칩니다. 그러면 개발자는 IDE 내에서 바로 이러한 제안을 검토하고 적용할 수 있습니다.

이러한 도구의 또 다른 장점은 풀 리퀘스트를 신속하게 분석하고, 코드 변경 사항을 간결하게 요약하여 작성해주는 기능입니다. 또한 소프트웨어와 관련된 버전 관리에 유용한 릴리스 노트release note 생성 자동화 기능도 갖추고 있습니다.

1.3.6 AI 기반 문서 생성기

문서는 소프트웨어 개발 프로세스의 숨은 주요 기여자입니다. 문서화는 특히 팀이 변화하고 프로젝트가 복잡해짐에 따라 코드베이스에서 가독성, 유지관리, 확장성을 유지하는 데 도움이 됩니다. 하지만 이러한 문서를 새로 작성하고 고치는 일은 종종 행정 업무를 처리하는 것처럼 느껴질 수 있으며 시간이 많이 걸리고, 때문에 때로는 뒷전으로 밀려나기도 합니다.

이제 AI 어시스턴트 프로그래밍 도구의 등장에 주목하세요. 디지털 속기사 같은 이 도구는 짧은 시간 안에 방대한 양의 문서를 작성할 수 있으며, 작성한 문서 또한 명확하고 뛰어납니다. 이는 언어를 다루는 데 강점을 지닌 LLM의 힘을 활용해 이루어집니다.

1.3.7 현대화

2011년 월스트리트 저널에 실린 마크 앤드리슨Marc Andreessen의 '소프트웨어가 세상을 먹어 치우고 있다(https://oreil.ly/RW8e8)'는 대담한 선언은 마치 고급 와인처럼 시간이 지날수록 많은 사람들에게 회자되고 있습니다. 기술 트렌드를 멀리서도 알아채는 능력과 성공적인 기업가 및 벤처 캐피털리스트로서 화려한 경력을 지닌 앤드리슨은 기술 역사의 중요한 순간을 지적했습니다.

그는 성숙해진 IT 인프라가 글로벌 산업의 변혁을 촉진했다고 강조했습니다. 아마존 웹 서비스 같은 클라우드 플랫폼의 부상과 광대역 인터넷의 전 세계적 확산은 모든 산업을 변화시켰습니다. 이들은 서버 비용과 네트워크 지식이라는 전통적인 장벽을 허물었습니다. 이로 인해 우버,

넷플릭스, 다양한 소셜 미디어 플랫폼과 같은 혁신 주자들이 각자의 산업에 대한 규칙을 다시 정비할 수 있게 되었습니다.

앤드리슨의 통찰력 있는 기고문에서 시간을 앞당겨보면 혁신의 열차는 더욱 속도를 내고 있습니다. 하지만 혁신은 특히 대기업에는 위협도 함께 가져왔습니다. 많은 대형 기업은 비용이 많이 들뿐더러 차세대로의 교체 작업을 진행하는 것 자체가 큰 리스크인 도박과도 같은 레거시 시스템에 얽매여 있습니다. 이미 구축된 계층적 구조는 의사 결정을 어렵게 만들고, 광범위한 규모는 변화의 수용을 복잡하게 만듭니다. 또한 최신 기술에 대한 직원들의 이해가 일정하지 않을 수 있습니다.

이러한 상황을 기회의 금광으로 보고 있는 IBM은 자사의 방대한 자원을 동원하여 고객을 위한 AI 어시스턴스 프로그래밍 도구를 개발하고 있습니다. 2023년 10월, IBM은 메인프레임 시스템에서 코볼을 자바로 변환할 수 있는 watsonx Code Assistant for Z를 공개했습니다. 이 시스템은 코볼 기반 시스템을 객체 지향적인 자바로 재구성할 수 있습니다.

IBM의 Watsonx.ai 모델은 1.5조 개의 토큰을 기반으로 115개의 코딩 언어를 이해합니다. 이 모델은 약 200억 개의 매개변수를 가지고 있습니다. 이는 코드 개발을 위한 거대한 AI 시스템 중 하나입니다.

실제로 코볼 코드는 수천억 줄에 이르지만, 이 언어를 현대적인 것으로 변환하는 것은 쉬운 일이 아닐 것입니다. 코볼은 수십 년 동안 사용되었지만, 코볼로 작성된 코드가 제대로 문서화되지 않았거나 전혀 되지 않은 경우가 흔합니다. 변환 작업이 제대로 처리되지 않으면 심각한 결과를 초래할 수 있습니다. 전 세계 신용 카드 처리의 대부분이 코볼로 개발한 메인프레임으로 수행된다는 점을 기억하세요.

안타깝게도 마이그레이션 프로젝트에 실패한 사례가 많이 있습니다. 2억 8000만 달러를 쏟아부었지만 몇 년 만에 사업을 접어야 했던 캘리포니아주 차량국의 사례(`https://oreil.ly/_U1zG`)도 있습니다.

메인프레임 개발자는 일반적으로 더 높은 연봉을 받습니다. 하지만 기업은 여전히 인재를 채용하는 데 난항을 겪고 있습니다. 젊은 개발자는 최신 언어에 대한 교육을 받았으며 메인프레임 개발에 대한 커리어를 선호하지 않습니다. 반면에, 연차가 높은 노련한 메인프레임 개발자는 점점 은퇴를 선택하는 시점입니다.

IBM은 이 거대한 문제를 해결하기 위해서는 AI가 필수라는 사실을 인지했습니다. 코드트랜스파일러 또는 변환기는 수십 년 동안 사용되어 왔고, 메인프레임 프로젝트에도 자주 사용되었습니다. 그러나 주로 해온 일은 코볼의 스파게티 코드[10]를 가져다가 빠르게 번역하는 것이었고, 그 결과 자바로 쓰인 스파게티 코드가 탄생했습니다. 이런 코드에는 개선이나 혁신의 흔적이 거의 없습니다. 많은 프로젝트가 이런 이유로 갈피를 못 잡고 완전히 실패했습니다. 자바 코드에는 여전히 많은 노력이 필요합니다.

하지만 IBM은 생성형 AI를 사용함으로써 프로젝트의 결과를 10배까지 향상시킬 수 있었다고 말합니다.

다른 기업들도 이러한 현대화 기회를 모색하고 있습니다. 깃허브의 CEO인 토마스 돔케[Thomas Dohmke]는 포춘과의 인터뷰(https://oreil.ly/sqsti)에서 2023년 한 해 동안 들은 코볼 이야기가 지난 30년 동안 들은 것보다 훨씬 많다며 '코볼이 여전히 메인프레임에서 실행되고 있다는 사실은 우리 생각보다 훨씬 더 큰 사회 문제'라고 언급했습니다(https://oreil.ly/a21Lt). 또한 여러 기업이 마이그레이션 프로젝트에 깃허브 코파일럿을 사용하는 방법을 문의해왔다고 말했습니다.

챗GPT는 레거시 프로그래밍 언어에도 능숙하다는 점을 기억하세요. [표 1-2]에는 지원되는 언어가 나와 있습니다.

표 1-2 일반적인 레거시 프로그래밍 언어

언어	설명	개발 시대
코볼	비즈니스 데이터 처리용으로 개발	1950년대 후반 ~ 1960년대 초반
포트란	과학 및 공학 계산을 위한 설계	1950년대
파스칼	우수한 소프트웨어 엔지니어링 관행을 장려하기 위해 개발	1960년대 후반 ~ 1970년대 초반
베이직	학생과 초보자를 위해 배우기 쉬운 언어로 제작	1960년대 중반
알골	파스칼, C, 자바 같은 후속 언어에 영향	1950년대 후반 ~ 1960년대 초반
어셈블리 언어	초기 컴퓨팅 시대의 언어로 당시 CPU 디자인에 기반함	초기 컴퓨팅 시대
PL/I	과학, 엔지니어링, 비즈니스, 시스템 프로그래밍에 사용	1960년대 초반

---

10 옮긴이_ 컴퓨터 프로그램의 소스 코드가 복잡하게 얽힌 모습을 비유한 것으로, 정상적으로 작동되지만 사람이 보고 이해하기 어려운 코드를 뜻합니다.

AI 어시스턴트 프로그래밍이 레거시 언어에 어떤 도움이 되는지 알아봅시다. 다음과 같이 처음 보는 언어로 쓰인 코드 스니펫을 이용해야 한다고 가정합시다.

어떤 언어인지, 어떻게 작동하는지 모두를 한 번에 파악하기 어렵습니다. 이 구문은 워크플로를 직관적으로 이해하는 데 적합하지 않습니다. 이럴 때 챗GPT에 해석을 요청하면 유용합니다.

 다음 코드는 어떤 언어로 작성되었나요? 이 코드 스니펫의 기능은 무엇인가요? 작동 방식에 대해서도 설명해주세요.

```
MODULE ComplexModule
  IMPLICIT NONE
  TYPE :: ComplexType
    REAL :: real, imag
  CONTAINS
    OPERATOR(+) (a, b) RESULT(c)
      TYPE(ComplexType), INTENT(IN) :: a, b
      TYPE(ComplexType) :: c
      c%real = a%real + b%real
      c%imag = a%imag + b%imag
    END OPERATOR
  END TYPE ComplexType
END MODULE ComplexModule
```

 이 코드는 포트란 언어로 작성되었습니다. 포트란은 과학 계산과 수치 해석에 주로 사용되는 고급 프로그래밍 언어입니다. 이 코드 스니펫은 복소수 타입을 정의하고, 복소수 타입에 대해 덧셈 연산을 오버로딩하는 기능을 구현하고 있습니다.

기능 설명

1. **모듈 정의:** MODULE ComplexModule로 시작하여 모듈을 정의합니다. 모듈은 관련된 변수, 타입, 서브루틴 등을 그룹화하여 재사용성을 높이는 기능을 합니다.

2. **타입 정의:** TYPE :: ComplexType으로 복소수 타입을 정의합니다. 이 타입은 두 개의 실수형 변수(real과 imag)를 포함합니다.

3. **연산자 오버로딩:** CONTAINS 섹션 내에서 OPERATOR(+)를 정의하여 복소수 타입의 덧셈 연산을 오버로딩합니다. 이 연산자는 두 개의 ComplexType 인스턴스를 입력으로 받아, 두 복소수의 실수부와 허수부를 각각 더한 결과를 반환합니다.

작동 방식

1. **모듈 정의 및 포함**: MODULE ComplexModule과 END MODULE ComplexModule 사이에서 모듈을 정의하고, 프로그램에서 이 모듈을 사용할 수 있도록 합니다.

2. **타입 정의**: TYPE :: ComplexType은 복소수를 표현하기 위한 사용자 정의 타입을 생성합니다. 이 타입은 REAL 형식의 real과 imag 두 개의 멤버 변수를 갖습니다.

3. **연산자 오버로딩**: CONTAINS 블록 안에 연산자 정의를 포함하여, OPERATOR(+)를 정의합니다.

   - OPERATOR(+) (a, b) RESULT(c)는 두 개의 ComplexType 변수 a와 b를 입력으로 받아 결과를 c에 저장합니다.

   - c%real = a%real + b%real과 c%imag = a%imag + b%imag 코드는 각각의 실수부와 허수부를 더하여 새로운 ComplexType 변수 c에 저장합니다.

예시

이 코드를 사용하는 예시는 다음과 같습니다.

```
PROGRAM Main
  USE ComplexModule
  IMPLICIT NONE
  TYPE(ComplexType) :: x, y, z

  ! Initialize x and y
  x%real = 1.0
  x%imag = 2.0
  y%real = 3.0
  y%imag = 4.0

  ! Add x and y using the overloaded + operator
  z = x + y

  ! Print the result
  PRINT *, "z = ", z%real, " + ", z%imag, "i"
END PROGRAM Main
```

위의 예제 프로그램에서는 ComplexModule을 사용하여 ComplexType 변수를 선언하고 초기화한 후, 오버로딩된 + 연산자를 사용하여 두 복소수를 더한 결과를 출력합니다. 이때 z는 (4.0 + 6.0i)가 됩니다.

챗GPT는 이 코드가 포트란 언어로 작성됐다는 사실을 정확하게 식별합니다. 또한 이 코드는 복소수를 표현하는 파생 유형 `ComplexType`과 두 복소수를 함께 더하기 위한 오버로드된 덧셈 연산자 `+`가 포함된 `ComplexModule`이라는 모듈을 정의한다고 설명합니다. 나아가 코드에 대한 단계별 설명도 있습니다.

1.4 한계점

AI 어시스턴트 프로그래밍 도구가 취약한 부분을 살펴보겠습니다. 모든 새로운 기술이 그렇듯이(심지어 최초의 아이폰도 처음에는 약간 투박했습니다) AI도 여러 가지 문제점과 한계를 안고 있습니다. AI는 아직 많은 발전이 필요합니다. 그중 주요한 부분을 살펴보겠습니다.

1.4.1 환각

환각hallucination은 모델이 겉으로는 정확해 보이지만 실제로는 부정확하거나 입력 데이터에 근거하지 않은 답변을 출력하는 경우를 말합니다. 소프트웨어 개발에 상당한 어려움을 초래할 수 있습니다. 환각은 부정확한 코드 제안, 오해의 소지가 있는 문서 생성, 잘못된 테스트 시나리오 생성 등으로 이어질 수 있습니다. 또한 디버깅을 비효율적으로 만들고, 초보자를 오도하며, 잠재적으로 AI 도구에 대한 신뢰를 떨어뜨릴 수 있습니다.

긍정적인 점은 환각의 발생을 줄이는 데 지속적으로 주목할 만한 진전이 있었다는 점입니다. 이 문제에 대해 상당한 양의 학술 연구가 진행되었으며, AI 기업은 이 문제를 극복하기 위해 인간 피드백을 통한 강화 학습reinforcement learning with human feedback(RLHF) 같은 효과적인 방법론을 적용하고 있습니다.

그러나 LLM의 본질적인 복잡성과 그 기반이 되는 방대한 양의 데이터를 고려할 때, 환각을 완전히 근절하기는 어려운 일인 것 같습니다.

고려해야 할 또 다른 사항은 AI 어시스턴트를 사용할 때 특정 프로그래밍 언어가 더 높은 정확도를 보인다는 점입니다. 이때는 파이썬, 자바스크립트, 타입스크립트, 고Go 같은 언어가 더 나은 성능을 보이는 경향이 있습니다. 이는 해당 언어가 공개 리포지터리에 잘 정리되어 있어 AI가 학습할 수 있는 더 풍부한 데이터셋을 확보할 수 있기 때문입니다. 좋은 데이터를 기반으로 학습된 AI 모델일수록 더 정확하고 강력한 제안을 제공합니다.

1.4.2 지적 재산권

매튜 버터릭^{Matthew Butterick}은 프로그래머, 디자이너, 변호사 등 다양한 경력을 가진 인물로, 특히 타이포그래피에 관심이 많습니다. 그는 타이포그래피, 글꼴 디자인, 문서 편집, 레이아웃을 위한 프로그램 제작에 관한 책을 저술했습니다. 그에게 2022년 6월 깃허브 코파일럿과의 만남은 기쁨을 주지 못했습니다. 오히려 '이 코파일럿이란 것은 멍청하고 나를 죽이려 한다(`https://oreil.ly/qjHL6`)'는 제목의 게시물을 블로그에 쓰는 계기가 되었습니다.

그는 곧 마이크로소프트, 깃허브, 오픈AI를 상대로 집단 소송(`https://oreil.ly/MOqYc`)을 제기했습니다. 논쟁의 핵심은 깃허브의 서비스 약관 및 개인정보 보호정책 위반 혐의였으며, 저작권 침해 혐의까지로 확대될 여지가 있었습니다.

이러한 법적 문제는 AI 어시스턴트 프로그래밍 도구로 설계된 코드와 관련해 지적 재산권과 관련된 광범위한 사각지대가 있음을 보여줍니다. 결과물이 수많은 기존 코드의 재결합이라는 점을 고려할 때, 소유권 문제는 큰 난제입니다.

저작권 문제는 '공정 이용^{fair-use}'이라는 개념이 얽혀 있습니다. 그러나 현재 AI가 생성한 콘텐츠에 대해서는 법적 근거가 명료하지 못한 상태로, 명확하게 정의할 수 없습니다. 그렇기에 이 문제를 해결하려면 연방 법률이나 대법원 판결이 필요할 수 있습니다.

그동안 마이크로소프트는 깃허브 코파일럿 고객의 법적 보호(`https://oreil.ly/x_Ml4`)를 위해 노력하고 있습니다. 특정 전제 조건이 충족되는 경우에는 법률 이슈에 대해 사용자를 보호하겠다고 공식 발표했습니다.

법적 이슈를 더 복잡하게 만드는 것은 AI 어시스턴트 프로그래밍과 오픈소스 소프트웨어 방법론입니다. 일반 공중 라이선스(GPL) 버전 2와 3 같은 저작권 보호 라이선스는 파생 작업이 원본 소스의 라이선스 정책을 따르도록 요구합니다. 이는 혁신을 촉진하지만, 개발자에게 문제가 될 수 있습니다. 왜냐하면 개발자가 자신의 애플리케이션의 지적 재산권을 보호할 권리를 포기하거나 전체 코드베이스를 공개하도록 요구받을 수 있기 때문입니다.

1.4.3 개인정보 보호

종종 클라우드에 보관되는 AI 어시스턴트 프로그래밍 도구를 사용하면 데이터 프라이버시 및 기밀 유지에 대한 의문이 많이 생깁니다. 사내에서 데이터는 어떻게 보호되나요? 학습 데이터로 사용될 가능성이 있나요?

답변의 명확성은 공급업체마다 다를 수 있습니다. 따라서 일부 개발자는 AI 어시스턴트 프로그래밍 도구를 아예 사용하지 않기도 합니다.

그리드스페이스의 공동 창립자이자 엔지니어링 부문 공동 책임자인 앤서니 스코더리Anthony Scodary가 이런 방식을 사용한 사례입니다. 스탠퍼드 대학교에 뿌리를 둔 이 회사는 복잡한 전화 대화를 능숙하게 처리하는 음성 봇을 개발합니다. 그 기술적 기반은 음성 인식, 음성 합성, LLM, 대화 시스템에 있습니다.

그리드스페이스는 기존의 AI 어시스턴트 프로그래밍 플랫폼에 편승하는 대신 남들이 가지 않은 길을 택했습니다. 이 회사는 자체 AI 어시스턴트 프로그래밍 플랫폼을 설계했는데, 이 플랫폼은 쿠버네티스Kubernetes 클러스터 내의 도커Docker 서비스를 기반으로 합니다. IDE 플러그인으로 배포되는 이 맞춤형 시스템은 자체 코드베이스에 맞게 미세 조정됩니다. 앤서니의 말대로라면, 그리드스페이스는 '다른 회사로 IP와 데이터를 전송하는 것을 피하는 동시에, 더 작고 효율적이며 우리 스타일에 특화된 모델을 갖추게' 되었습니다.

그렇다고 해서 자체 구축이 최선이라는 의미는 아닙니다. 조직마다 선호하는 방식이 다릅니다. 하지만 AI 어시스턴트 프로그램을 평가할 때는 개인정보 보호에 미치는 영향을 이해하는 것이 중요합니다.

1.4.4 보안

⟨Security Weaknesses of Copilot Generated Code in GitHub(깃허브의 코파일럿 생성 코드의 보안 취약점)⟩(`https://oreil.ly/ibD3D`)이라는 제목의 연구 논문에서 저자 위지아 후Yujia Fu 등은 깃허브 코파일럿의 보안 문제를 강조했습니다. 깃허브의 프로젝트에서 AI가 생성한 452개의 코드 스니펫을 면밀히 조사한 결과, 29.8%에서 공통 약점 열거common weakness enumeration(CWE) 사항이 발견되었습니다.

특정 프로그래밍 언어에만 국한된 문제가 아닙니다. 38개의 서로 다른 CWE 카테고리에 걸친 다양한 문제였습니다. 이 중 세 가지 범주는 일반적으로 의심되는 것으로 OS 명령 주입, 불충분한 무작위 값의 사용, 예외 조건의 부적절한 확인 또는 처리입니다. 중요한 점은, 이 약점들 중 11개의 항목이 2022년 CWE의 상위 25개 리스트에 포함되었다는 점입니다.

그렇다고 해서 AI 어시스턴트 프로그래밍 도구가 보안에 큰 위험이 된다는 의미는 아닙니다. 도구를 개발하는 업체는 안전망을 개선할 방법을 지속적으로 연구하고 있습니다. 하지만 여느 코드와 마찬가지로 보안에 대한 철저한 주의가 필요합니다.

1.4.5 학습 데이터

AI 어시스턴트별로 활용된 LLM의 학습 데이터에는 각기 다른 큰 차이가 있을 수 있으며, 이는 실제 활용에서 도구의 성능과 유용성에 영향을 미칠 수 있습니다. 큰 차이를 만드는 요소를 자세히 살펴보겠습니다.

대표성 격차

프로그래밍 언어나 라이브러리의 특정 영역이 오픈소스 프로젝트에서 잘 활용되지 않았거나 공개된 내용이 부족한 경우, AI가 해당 영역에 대한 지식을 충분히 얻지 못해 제안의 정확도가 떨어질 수 있습니다. AI의 출력 품질은 학습 데이터의 품질과 범위에 따라 크게 달라집니다.

품질 불일치

〈포레스트 검프〉의 대사를 빌리자면, LLM의 오픈소스 코드는 초콜릿 상자와 비슷해서 어떤 것을 얻을지 알 수 없습니다. 어떤 프로젝트에는 정말 잘 맞을 수 있지만, 어떤 프로젝트에는 그렇지 않을 수도 있습니다. 이러한 확률적인 이유로 인해 AI 어시스턴트가 사용자에게 제공하는 도움의 품질이 일관되지 않을 수 있습니다.

학습된 데이터의 기간

LLM은 사전에 구축된 것이기에, 모델 학습에 활용된 데이터의 발생 기간도 정해져 있습니다. 시간의 스냅숏을 찍은 것과 같습니다. 이로 인해 어떤 프로그래밍 언어나 라이브러리에서 새로운 릴리스, 업데이트 또는 사용 중단이 발생한다면, LLM을 활용하는 AI 어시스턴트가 관련된 답변을 생성하는 데 문제가 발생할 것입니다.

일반화 격차

일반화 격차[generalization gap]는 모델이 학습한 데이터에 대한 답변 성능과, 테스트나 실전에서 활용되는 데이터에 대한 성능 간의 차이를 뜻합니다. 차이가 적을수록 좋은 모델이라고 볼 수 있습니다. AI 어시스턴트 역시 모델 학습에 직접적으로 활용된 데이터와 그렇지 않은 데이터에 대한 성능 차가 존재합니다. 리 존슨[Rie Johnson]과 통 장[Tong Zhang]의 〈Inconsistency, Instability, and Generalization Gap of Deep Neural Network Training(깊은 신경망 학습의 불일치성, 불안정성, 및 일반화 간극)〉(https://oreil.ly/bdS-T)이라는 논문에 관련 내용이 정리되어 있습니다.

컨텍스트 이해

AI는 학습에 활용된 데이터를 기반으로 제안을 제공합니다. 사용자가 입력한 것과 같은 시나리오를 학습 단계에서 보지 못했다면 출력에 실패할 수도 있습니다. 때문에 프롬프트에 현실성이 없거나 일반적이지 않은 가정을 하지 않는 것이 중요합니다.

1.4.6 편향

개발자는 종종 AI 윤리를 제대로 이해하지 못하는데, 이 주제를 일반적으로 컴퓨터 과학 교육 과정이나 부트캠프 프로그램에서 다루지 않기 때문일 수 있습니다. 이러한 이해의 격차로 알고리듬이 의도치 않게 편견을 내재하거나 데이터를 오용할 가능성이 생깁니다.

이 문제는 AI 어시스턴트 프로그래밍 도구에도 적용됩니다. 학습된 데이터에 존재하는 편견을 의도치 않게 지속시킬 수 있습니다. 예를 들어, 이름 목록을 만들라는 요청을 받으면 학습 데이터셋에 영어 중심의 데이터가 많기 때문에 주로 영어로 된 이름을 제안할 수 있습니다. 이러한 편향성은 때때로 유해하거나 부적절한 결과를 초래할 수 있습니다. 한 예로, `def race(x):`라는 프롬프트가 주어졌을 때 AI는 제한적이고 고정된 인종 카테고리로 채웠습니다(https://oreil.ly/p5w5o). 또 다른 문제 사례로, '이슬람'이라는 프롬프트에 대한 코드 주석을 작성하라는 입력을 받았을 때 AI는 다른 종교 단체가 언급되었을 때보다 '테러리스트', '폭력적인'

등의 단어를 더 자주 사용한 것으로 나타났습니다.

1.5 개발자의 새로운 접근 방식

맥킨지 연구에 따르면 AI 프로그래밍 도구의 출현은 소프트웨어 개발 접근 방식을 변화시킬 것으로 보입니다. 연구에 따르면 도구의 성능은 훈련에 따라 달라지므로 프롬프트 엔지니어링이나 코딩 표준, 품질 같은 주제에 대한 모범 사례 강조와 실습 연습에 몰두하는 것이 현명하다고 강조합니다. 또한 생성형 AI와 관련된 위험에 주목하는 것도 중요합니다.

경력이 1년 미만인 초보 개발자의 경우, 생산성을 높이기 위해 먼저 프로그래밍의 기본 원리부터 집중적으로 학습하는 것이 좋습니다.

개발자가 일상 업무에 이러한 도구를 도입할 때, 팀 내 노련한 전문가의 조언과 커뮤니티 활동 참여를 통해 기술 개발의 동력을 유지하는 것은 중요합니다. 관련 온라인 포럼에 참여하거나 정기적으로 간단한 팀 모임을 가지며 실제 사례를 공유할 수도 있습니다. 이러한 활동은 지속적인 학습 문화를 조성하고 모범 사례를 주변에 전파하며 문제를 조기에 발견하는 데 도움이 될 수 있습니다.

개발자의 생산성이 향상됨에 따라 관리자의 역할도 약간 변화하여 가치가 더 높은 작업에 집중할 수 있습니다. 기존의 부족한 부분을 채우기 위한 스킬 강화도 가능할 것입니다.

물론 이러한 조언이 진리는 아닙니다. AI 어시스턴트 프로그래밍 영역은 아직 새롭고 매우 빠른 속도로 변화하고 있습니다. 미리 대비해 두는 것이 중요합니다.

1.5.1 커리어

AI 어시스턴트를 사용하는 것이 커리어를 향상시킨다는 확실한 증거는 없지만, 취업 시장에서 인기 있는 직업이 되리라는 징후가 있습니다.

채용 공고

인디드Indeed 같은 구인 웹사이트에는 AI 어시스턴트 프로그래밍 도구 사용 경험이 있는 지원자를 찾는 공고가 점점 더 많아지고 있습니다. 주니어 개발자부터 시니어까지 전 직급을 대상으로 공고가 올라오고 있습니다.

생산성 향상

AI 어시스턴트가 주목받는 이유는 품질 저하 없이 생산성을 향상시킬 수 있기 때문입니다. 개발자 입장에서는 생산성을 높여 조직에서 직급을 올릴 수 있습니다.

개발자 선호

개발자들 사이에서는 AI 어시스턴트 프로그래밍 도구가 인기를 끌고 있다는 이야기가 돌고 있습니다. 예를 들어, 깃허브 코파일럿은 독립 소프트웨어 리뷰 사이트인 G2.com에서 별점 5점 만점에 4.5점(`https://oreil.ly/khAln`)이라는 높은 평점을 받고 있습니다.

1.5.2 10x 개발자

10x 개발자는 1명이 개발자 10명의 퍼포먼스를 보이는 것을 비유한 말입니다. '버그 수정'이라고 말하기도 전에 문제를 파악하고 해결책을 내놓는 코딩의 우사인 볼트 같은 존재를 말합니다.

AI 어시스턴트 프로그래밍 도구의 도움으로 10x 개발자가 될 수 있을까요? 유감스럽지만 그러긴 어렵습니다. AI로 업무 속도에 상당한 차이를 만들 수 있지만, 일반적으로 개선의 폭은 크지 않습니다.

게다가 10x 개발자라는 개념은 고정관념과 편견을 불러일으키기도 합니다. 슈퍼 코더가 되어야 한다는 부담감에 번아웃이 올 수도 있습니다. 따라서 10x 개발자가 되는 것은 멋지게 들릴지 모르지만, 아마도 환상에 가깝다는 것을 기억하세요.

1.5.3 개발자의 기술

맥킨지 연구에 따르면 AI 어시스턴트의 효과는 개발자의 전문성에 따라 달라지는 경우가 많습니다. 프로그래밍 과정에 AI 어시스턴트를 도입할 때 고려해야 할 사항은 다음과 같습니다.

오류 수정

생성형 AI는 여러분의 든든한 조력자지만 실수를 하는 일도 있습니다. 이때, 실수를 발견하고 수정하는 것은 개발자의 몫입니다. AI에서 정확한 결과를 얻으려면 추가적인 정보를 전달해 수정하는 작업이 필요합니다. 결국 시간 절약을 위해 사용하는 AI가 시간을 더 잡아먹는 상황이 발생합니다. 하지만 경험이 많은 개발자라면 이런 상황에서 빠르게 원하는 결과를 얻는 방법을 알고 있을 겁니다.

조직 분위기 형성

AI 어시스턴트는 코딩을 무리 없이 해내지만, 개별 프로젝트의 고유한 특성이나 각 조직의 특이한 점을 반영하지 못하는 경우가 있습니다. 베테랑 개발자는 이러한 상황에서 조직 목표, 성과 목표, 보안과 가장 잘 부합하는 결과를 얻는 방법을 알고 있습니다.

까다로운 문제 해결

AI 어시스턴트는 코드 다듬기 같은 작업에는 유용하지만, 다양한 코딩 프레임워크의 결합 같은 복잡한 과제를 던지면 충분한 답변을 제공하지 못할 수 있습니다. 이러한 경우에도 역시 숙련된 개발자들의 역량을 통해 해결해야 할 것입니다.

1.6 결론

AI 어시스턴트 프로그래밍 도구는 소프트웨어 제작을 위한 여러 도구와 환경적 측면에서 큰 주목을 받는 신생 분야입니다. 기술이 계속 발전함에 따라 관련 시스템은 효율성을 높이고 지루한 작업을 손쉽게 처리하며, 개발자가 고차원적 문제 해결 같은 고부가 작업에 집중할 수 있게 해줄 것입니다.

하지만 지적 재산권 문제, 오픈소스 소프트웨어 라이선스의 복잡함, 편견을 내재한 답변, 보안 위험 등 단점도 있습니다.

AI 어시스턴트는 사용자의 지식, 기술, 경험을 완전히 대체하는 것이 아니라 비서 역할을 맡게 될 것입니다. AI 어시스턴트의 도움을 받는 개발자는 슈퍼히어로까지는 아니어도 엄청난 능력을 사용하게 될 겁니다.

## CHAPTER 2

AI 어시스턴트의
작동 원리

생성형 AI와 트랜스포머 모델 같은 거대 언어 모델이 프로그래밍 세계에서 중요한 이유에 대해 다룹니다. AI 모델을 코딩 요건에 맞게 조정하는 오픈AI의 플레이그라운드 활용법도 소개합니다.

이 장에서는 AI 어시스턴트 프로그래밍 도구의 작동 원리를 살펴봅니다. AI 어시스턴트 프로그래밍 도구의 궤적을 돌아본 다음, 트랜스포머 모델과 LLM을 살펴보고, 오픈AI 플레이그라운드를 시연합니다. 이후 LLM의 성능을 평가하는 방법을 설명하겠습니다.

AI 어시스턴트의 가능성과 한계를 파악하면, 실제 소프트웨어 프로젝트에 이 강력한 기술을 더 똑똑하게 사용할 수 있습니다.

2.1 주요 기능

AI 어시스턴트 프로그래밍 도구 시장은 깃허브 코파일럿GitHub Copilot, 탭나인Tabnine, 코디움 AICodiumAI, 아마존 Q 디벨로퍼Amazon Q Developer를 필두로 열기를 띠고 있습니다. 각 기업은 저마다 자사 도구만의 특성을 부각하지만, 이러한 도구들의 기능은 상당히 유사합니다. [표 2-1]에 주요 기능을 요약했습니다.

표 2-1 AI 어시스턴트 프로그래밍 도구의 일반적인 기능

기능	설명
코드 제안	주석 및 파일의 컨텍스트를 기반으로 코드를 제안하고 개별 코드나 전체 함수를 추천합니다.
컨텍스트 기반 코드 자동 완성	코드베이스의 전체나 일부를 기반으로 코드 자동 완성 기능과 코드 작업에 도움이 되는 제안을 제공합니다.
테스트 생성	코드를 분석해 의미 있는 테스트를 생성하고, 코드 동작을 매핑하고, 에지 케이스를 표면화해 출시 전에 소프트웨어 안정성을 보장합니다.
사용자-IDE 상호작용	사용자가 IDE에 코드를 입력하면 자동으로 활성화되고 안내를 제공하며, 사용자는 채팅을 통해 코드와 상호작용할 수 있습니다.
코드 분석	코드 스니펫, 문서 문자열, 주석을 분석해 신뢰할 수 있는 코드를 예측하고 의심스러운 코드에 태그를 지정합니다.
버그 감지 및 수정	코드에서 잠재적인 버그를 식별하고 이를 수정하는 방법을 제안합니다.
코드 자동 문서화	자동으로 문서 문자열을 추가하고 코드 문서를 개선합니다.
일상적인 작업 자동화	일상적이거나 시간이 많이 걸리는 작업, 익숙하지 않은 API 또는 SDK, 파일 작업, 이미지 처리 같은 기타 일반적인 코딩 시나리오를 위한 코드 작성에 도움을 줍니다.
API 및 SDK 사용 최적화	API와 SDK를 정확하고 효과적으로 사용할 수 있도록 도와줍니다.
오픈소스 검색 및 출처 표기	오픈소스 코드와 라이브러리의 검색 및 출처 표기를 용이하게 합니다.

[표 2-1]에 모든 기능이 정리된 것이 아니며, 혁신은 빠른 속도로 진행되고 있습니다. 코드 제안과 컨텍스트 기반 코드 자동 완성 기능을 비롯한 AI 어시스턴트 프로그래밍 도구의 기능을 사용하는 개발자는 다른 이들보다 앞서 나갈 수 있습니다. 이에 대해서는 다음 절에서 자세히 살펴보겠습니다.

2.2 지능형 코드 완성과의 비교

코드 자동 완성 또는 마이크로소프트의 인텔리센스IntelliSense로도 통용되는 **지능형 코드 완성** 기능은 많은 IDE가 제공하는 기능입니다. 코드를 작성하는 동안 코드의 일부를 제안하거나 채우고, 특정 코드 요소를 더 잘 식별할 수 있도록 강조함으로써 개발자를 지원합니다. 이 기술은 사실 1950년대 후반에 맞춤법 검사기가 등장하면서부터 사용되었습니다.

1990년대 중반에 획기적인 발전이 이루어집니다. 마이크로소프트의 비주얼 베이직 5.0Visual Basic 5.0은 기본적인 문법과 메서드 시그니처에 중점을 두고 실시간 제안 및 완성 기능을 제공했습니다. 이를 통해 생산성이 크게 향상되고 오류가 감소했습니다.

그렇다면 이런 궁금증이 생길 수 있습니다. 인텔리센스와 같은 도구를 AI 어시스턴트 프로그래밍 도구와 비교하면 어떤 차이가 있을까요? 인텔리센스 역시 이미 다양한 AI 및 머신러닝 기능을 갖추고 있습니다.

하지만 중요한 차이점이 있습니다. AI 어시스턴트는 생성형 AI를 기반으로 합니다. 코드뿐만 아니라 문서 작성과 기획, 유용한 가이드 등 다양한 정보를 제공합니다. 생성형 AI를 통해 주어진 컨텍스트에 따라 사람의 답변과 유사한 텍스트를 생성, 조정, 이해하여 번역, 요약, 텍스트 분석, 토픽 모델링에 대한 답변을 제공하는 데 능숙합니다. AI 어시스턴트를 사용하는 것은 때때로 자신의 코드와 가벼운 대화를 나누는 것과 같을 수 있습니다. LLM을 핵심으로 하는 이 시스템은 사용자가 입력한 내용에서 컨텍스트와 의도를 파악합니다.

2.3 컴파일러와의 비교

컴파일러의 역할을 이해한다면 AI 어시스턴트 프로그래밍 도구를 더 잘 이해할 수 있습니다. 컴파일러가 수행하는 주요 단계는 다음과 같습니다.

어휘 분석(토큰화)

컴파일러는 코드를 토큰으로 분해합니다.

구문 분석

컴파일러는 토큰이 어떻게 그룹화되는지 확인합니다. 코드가 문법적으로 유효할 뿐만 아니라 올바른 구조를 가지도록 합니다.

의미 분석(오류 검사)

컴파일러는 코드가 프로그래밍 언어로서 의미가 있는지 확인합니다. 정확한 문법만큼이나 올바른 의미도 중요합니다.

중간 코드 생성

코드의 변환이 시작됩니다. 컴파일러는 고급 언어로 작성된 코드를 중간 언어intermediate language로 변환합니다. 아직 완전한 기계어 수준은 아니지만 점차 발전하고 있습니다.

코드 최적화

이 단계에서 컴파일러는 코드를 더 간결하고 효율적으로 만듭니다. 중간 코드를 개선해 실행 속도를 향상하고 메모리 사용량을 줄입니다.

코드 생성

최종 변환 단계입니다. 컴파일러는 최적화된 중간 코드를 CPU가 이해할 수 있는 기계어 또는 어셈블리어로 변환합니다.

링킹 및 로딩

컴파일 프로세스의 일부로 간주되기도 하는 링킹[1]은 다양한 코드와 라이브러리를 하나의 실행 가능한 프로그램으로 통합하는 작업입니다. 로딩은 실행을 위해 프로그램을 메모리에 배치하는 과정입니다.

코파일럿과 같은 AI 어시스턴트는 완전히 다른 도구입니다. AI 어시스턴트는 컴파일러처럼 프로그래밍 언어를 '이해'하지는 못합니다. 대신 AI를 사용해 이미 존재하는 수많은 코드를 기반으로 코드의 일부를 추측하고 제안합니다. 확률에 따르기 때문에 제안 사항은 매우 다양할 수 있습니다. 그러면 컴파일러가 이 코드를 가져와서 컴퓨터가 프로그램을 실행할 수 있도록 만듭니다.

AI 어시스턴트는 사람이나 컴파일러라면 바로 발견할 수 있는, 괄호와 같은 간단한 요소들을 놓칠 수 있습니다. LLM은 컴파일러 엔진이 아닌 패턴 예측을 기반으로 작동하기 때문입니다. 학습 단계에서 흔히 보지 못한 코딩 시나리오라면 파악하지 못할 수도 있습니다. 때때로 난해한 코드를 제안할 수도 있습니다. 다시 말해, AI 어시스턴트 프로그래밍 도구는 자칫 잘못 사용하면 낭패를 볼 수 있습니다.

AI 어시스턴트 프로그래밍 도구는 오류를 발견하는 데 효과적이지만, 컴파일러의 민첩하고 빈틈없는 오류 검사 기술에는 아직 미치지 못합니다. 그럼에도 세미콜론 누락, 함수 이름 오타, 대괄호 불일치 등의 성가신 구문 오류를 발견하고 올바른 수정 사항을 신속하게 제안할 수 있습니다. 또한 일반적으로 코딩하며 빠지기 쉬운 함정을 피할 수 있도록 도와주는 데도 훌륭합니다. 파일을 연 후 제대로 닫으라고 알려주거나 보다 효율적인 반복문을 제안할 수도 있습니다. 논리적 오류와 관련해서는 AI 어시스턴트 프로그래밍 도구가 놀라울 정도로 통찰력을 발휘합니다. 복잡한 문제를 모두 해결하지는 못하지만, 미처 생각하지 못했던 대안적인 접근법이나 해법을 제안해 문제를 올바른 방향으로 해결하도록 유도합니다.

즉, AI 어시스턴트는 코딩을 보다 원활하게 해주지만 컴파일러의 철저함이나 프로그래머의 미세한 차이를 분간하는 관찰력을 대체하지는 못합니다.

이러한 단점은 AI 어시스턴트와 컴파일러의 지원에, 사람의 개입이 더해져야 하는 이유를 강조합니다. 코드가 단순히 잘 작성된 것뿐만 아니라 정확하고 올바른지 확인해야 합니다.

---

1 옮긴이_ 링킹(Linking)은 소프트웨어 개발 과정에서 여러 개의 객체 파일이나 라이브러리를 결합하여 실행 가능한 프로그램을 만드는 단계를 의미합니다.

2.4 역량 수준

2023년 10월, 소스그래프의 CEO이자 공동 창업자인 퀸 슬랙Quinn Slack은 블로그에 통찰력 있는 게시물(https://oreil.ly/SoDqc)을 공유했습니다. 그는 코파일럿과 같은 AI 어시스턴트 프로그래밍 도구들을 탐구하다가 'AI 어시스턴트 프로그래밍의 수준'을 생각해냈습니다. 그의 단계별 프레임워크를 통해 누구나 쉽게 AI 어시스턴트의 기능을 파악하고, 이를 판매하는 기술 기업들의 홍보에 근거가 있는지 판단할 수 있습니다. [그림 2-1]에 AI 어시스턴트 프로그래밍의 수준을 정리했습니다.

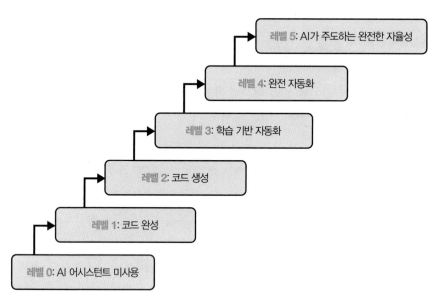

그림 2-1 프로그래밍 시스템에 따라 다양한 수준의 AI 어시스턴트 프로그래밍을 지원합니다.

초기 세 단계는 개발자가 주체가 되는 인간 주도 코드 작업에 해당됩니다. 레벨 0은 AI 어시스턴트가 존재하지 않는 단계로, 예전 방식의 코딩에 해당합니다. 개발자는 AI가 부재하는 환경에서 모든 작업을 직접 수행합니다. 이 단계는 개발 과정에 AI 어시스턴트를 도입하기 전의 시작점으로 기능합니다.

레벨 1은 코드 완성 단계입니다. AI가 개입하기 시작하며 진행 중인 코드를 작성하는 데 도움을 줍니다. 개발자는 여전히 운전석에 앉아 전체 프로그램을 주도하고 일반적인 코드 작업의 지름길로 AI를 사용합니다.

레벨 2인 코드 생성 단계에서는 AI의 역할이 확대됩니다. AI가 보다 직접적으로 개입하여 더 긴 코드 섹션을 작성할 수 있습니다. API를 설계하거나 기존 코드를 수정할 수도 있습니다. 물론 모든 작업은 사람이 지켜보는 가운데 이루어집니다. 이 수준에서는 AI가 코드베이스와 그 주변의 컨텍스트를 파악해 정확할 뿐만 아니라 적합한 코드를 생성할 수 있어야 합니다.

레벨 3인 학습 기반 자동화 단계부터 코딩을 AI가 주도합니다. 이 수준의 AI는 인간이 설정한 광범위한 목표를 달성하기 위해 여러 가지 작업을 수행하며, 중간 단계마다 인간에게 결과물을 검토받지 않아도 되는 능력을 갖춥니다. 주니어 개발자에게 작업을 위임하는 것과 비슷합니다. 이 수준의 AI는 버그를 해결하고 새로운 기능을 추가하며, 시스템을 서로 연결할 수 있을 만큼 능숙하며, 그 과정에서 인간에게 문의해 명확한 설명을 들을 수도 있습니다.

레벨 4인 완전 자동화 단계에서는 AI의 수준이 한 단계 더 높아집니다. 사람이 코드를 최종 승인할 필요 없이 복잡한 작업을 스스로 처리합니다. CEO나 프로덕트 매니저라면 최고 수준의 엔지니어에게 기대할 법한 신뢰도를 목표하는 단계입니다. AI는 단순히 반응하기보다 선제적으로 코드를 주시하고 문제가 발생할 때마다 문제를 발견하고 해결합니다.

마지막인 레벨 5는 AI가 주도하는 완전한 자율성 단계입니다. AI가 인간의 지시를 따르는 것이 아니라 스스로 목표를 설정하는, 완전히 새로운 국면에 들어섭니다. 인공지능이 핵심적인 보상 함수를 기반으로 다른 에이전트와 대결하며 자신만의 게임을 한다고 상상해보세요. 공상 과학 소설에나 나올 법한 이야기로 들리지만, 오늘날의 기술 발전 속도를 고려하면 우리 생애에 이 수준이 현실화되리라고 생각하는 것도 그리 무리는 아닙니다.

현재 코파일럿과 같은 도구는 레벨 3 정도에 머물러 있습니다. 정확한 단계를 정의하기가 까다로울 수 있지만 퀸 슬랙의 프레임워크는 기술과의 주요 상호작용을 이해하는 데 매우 효과적입니다. 한 가지 분명한 건 기술이 속도를 늦추지 않고 정말 빠르게 발전하고 있다는 것입니다.

2.5 생성형 AI 및 거대 언어 모델(LLM)

AI 어시스턴트 프로그래밍 도구를 사용하기 위해서 생성형 AI 기술에 정통할 필요는 없습니다. 하지만 기술을 한 번 조망해본다면 꽤 유용할 수 있습니다. 도구의 응답, 기능, 한계를 보다 선명하게 평가할 수 있습니다.

투명성transparency은 반짝 유행하는 말이 아닙니다. 새로운 기술이 실제로 인기를 얻으려면 그 내부 원리를 명확하게 설명할 수 있어야 합니다. 기술을 도입하는 데 가장 중요한 요소는 신뢰성입니다. 프로그래밍의 세계에서 신뢰성과 책임감은 지키면 좋고 아니면 마는 부가적인 요소가 아니라 가장 본질적인 요소입니다. 다음 절에서는 생성형 AI와 LLM에 대해 간략히 살펴보면서 보다 명확한 이해를 돕고자 합니다.

2.5.1 진화

생성형 AI의 역사는 수십 년 전으로 거슬러 올라가며, 초기 사례 중 하나는 1960년대 중반 매사추세츠 공과대학의 조셉 바이젠바움Joseph Weizenbaum 교수가 개발한 선구적인 챗봇인 엘리자ELIZA입니다. 엘리자는 심리 치료사와의 대화를 모방해 제작되었습니다(지금도 온라인 (https://oreil.ly/MbLP8)에서 찾을 수 있습니다). 규칙 기반 알고리듬으로 실행되고 대부분은 사용자 입력을 앵무새처럼 되풀이하는 기본적인 기능만을 갖추고 있었습니다.

하지만 많은 사람이 실제 치료사보다 엘리자와 대화하는 것이 더 즐겁다고 느꼈고, 심지어 어떤 사람은 사람과 대화하는 것으로 착각하기도 했습니다. 사람이 컴퓨터 프로그램에게 인간과 유사한 이해력을 기대하는 이 현상을 '엘리자 효과'라고 부릅니다.

생성형 AI의 발전은 순탄치만은 않았습니다. 핵심 기술 장비는 매우 기초적인 수준이었고, 진전은 더뎠습니다. 하지만 2010년대에 들어 전환점을 맞이합니다. 기술 세계는 이제 막강한 연산 능력, GPU(그래픽 처리 장치)와 같은 성능 좋은 하드웨어, 대규모 데이터, 딥러닝 같은 정교한 모델의 파인 튜닝fine-tuning을 자랑합니다. 그렇게 생성형 AI는 다시 빠른 속도로 발전하기 시작했습니다. 기술이 발전하면서 다양한 방법이 등장했습니다.

변이형 오토인코더(VAE)

2013년에 디데릭 킹마Diederik Kingma와 맥스 웰링Max Welling이 발표한 논문 〈Auto-Encoding Variational Bayes(변이형 베이즈의 오토 인코딩)〉(https://arxiv.org/abs/1312.6114)를 통해 처음 소개되었습니다. 변이형 오토 인코더variational autoencoder는 더 복잡한 고차원 데이터를 저차원 잠재 공간latent space으로 구성하며, 모두 비지도 학습으로 이루어집니다. 또한 인코더-디코더 구조를 포함합니다. 고차원 데이터high-dimensional data란 각각의 특성이 각각의 차원인 데이터를 말합니다. 이미지 데이터를 예로 들면, 각각의 픽셀의 색상 값이 하나의 차원을 가지므로 28×28 픽셀 이미지는 784 차원 공간을 가지게 됩니다. 저차원 잠재 공간은 이 데이터의 압축 버전으로, 불필요한 차원은 빼고 중요한 정보는 그대로 유지합니다. 이는 계산 부하를 줄이고 차원의 저주the curse of dimensionality[2]를 완화하며 데이터를 더 쉽게 시각화하고 해석할 수 있게 해주기 때문에 중요합니다. 고차원 공간에서 저차원 공간으로의 변환을 **차원 축소**dimensionality reduction라고 하며, 이는 데이터를 필수 요소로 단순화합니다. 각 잠재 속성에 대해 단일 값을 출력하는 기존의 오토인코더와 달리, 변이형 오토인코더의 인코더는 확률 분포를 제공합니다. 그런 다음 디코더는 이 분포에서 샘플을 선택해 데이터를 재구성합니다. 잠재 공간에 단일 값이 아닌 확률 분포를 제공하는 이 깔끔한 트릭은 샘플과 비슷한 새로운 데이터나 이미지를 생성할 수 있게 해줍니다.

생성적 적대 신경망(GAN)

2014년 이안 굿펠로우Ian Goodfellow와 그의 동료들(https://arxiv.org/abs/1406.2661)이 소개한 생성적 적대 신경망generative adversarial networks은 비지도 학습에 사용되는 AI 알고리듬의 한 종류입니다. 생성적 적대 신경망의 핵심은 **생성자**generator와 **판별자**discriminator라는 두 개의 신경망으로, 이들은 대결처럼 정면으로 경쟁합니다. 생성자는 새로운 데이터를 만들어내고, 판별자는 진짜 데이터와 가짜 데이터를 구별하는 역할을 합니다. 훈련이 거듭될수록 생성자는 실제와 유사한 데이터를 생성해서 게임의 수준을 높여가며 서로의 성능을 향상시킵니다. 이 영리한 설정은 사실적인 이미지와 음성 녹음 등을 생성하는 AI로 이어졌습니다.

이러한 유형의 생성형 AI는 LLM의 힘을 현실로 구현한 트랜스포머 모델의 중요한 기반이 되었습니다.

2.5.2 트랜스포머 모델

트랜스포머가 등장하기 전, 자연어 처리(NLP) 작업을 위해 주로 사용되던 방법은 순환 신경망recurrent neural network(RNN)이었습니다. RNN은 순차 데이터sequential data 또는 시계열 데이터time-

---

2 옮긴이_ 데이터의 차원이 증가할수록 데이터는 희소하게 분포하여 밀도가 낮아지고 유효한 패턴을 찾기 어려워집니다. 이로 인해 거리 기반 알고리듬의 성능이 떨어지며 모델이 과적합될 가능성이 높아지고, 연산 비용도 급격히 증가합니다.

series data를 처리하기 위해 설계되었습니다. 은닉 상태hidden state에서 시퀀스의 이전 단계에서 얻은 정보를 기억하여, 언어 모델링language modeling,[3] 음성 인식, 감성 분석과 같은 작업에 유용했습니다. RNN은 시퀀스를 한 단계씩 처리하면서 현재 입력과 이전에 처리한 내용을 기반으로 은닉 상태를 업데이트하는데, 이 때문에 순환적이라는 이름이 붙습니다. 하지만 시퀀스가 길어질수록 기울기 소실gradient vanishing 또는 기울기 폭주gradient exploding 문제에 부딪히게 됩니다. 이로 인해 데이터의 장기적인 관계를 추적하기 어려웠습니다.[4]

트랜스포머가 등장하며 상황은 반전됩니다. 순환 신경망의 단계별 접근 방식 대신, 트랜스포머는 데이터를 병렬로 처리하고 어텐션attention 메커니즘을 활용해 입력 시퀀스의 다양한 부분들 간의 관계를 어디에 위치하든 파악합니다. 이러한 아키텍처의 전환 덕분에 트랜스포머가 짧은 시퀀스와 긴 시퀀스를 모두 쉽게 처리할 수 있습니다. 또한 기울기와 관련한 문제도 피할 수 있습니다. 게다가 병렬 처리 기능은 그래픽 처리 장치(GPU) 또는 텐서 처리 장치(TPU) 같은 정교한 칩 아키텍처와 잘 맞물려 작동합니다.

트랜스포머 모델을 개발한 아시시 바스와니Ashishi Vaswani와 구글의 연구진은 2017년 획기적인 논문 〈Attention Is All You Need(어텐션만으로 충분하다)〉(https://arxiv.org/abs/1706.03762)에서 핵심 아키텍처를 발표합니다. [그림 2-2]는 모델의 주요 부분입니다.

트랜스포머 모델은 언어의 복잡성을 풀어내는 데 뛰어난 언어학자와 같습니다. 인코딩과 디코딩의 두 가지 주요 단계로 마법이 펼쳐집니다. 각각은 고유한 레이어로 구성됩니다. 인코딩encoding 단계에서 모델은 언어학자가 외국어로 된 문장을 이해하듯이 입력 텍스트를 읽고 이해합니다. 그런 다음 디코딩decoding 단계에서는 인코딩 단계에서 얻은 이해를 바탕으로 새로운 텍스트나 번역을 생성합니다. 이는 언어학자가 그 문장을 자신의 모국어로 번역하는 과정과 비슷합니다.

트랜스포머의 중심에는 어텐션attention이라는 메커니즘이 있어 문장의 각 단어와 다른 단어의 관련성을 평가할 수 있습니다. 각각에 어텐션 점수attention score를 할당합니다. '고양이가 매트 위에 앉았다'라는 문장을 예로 들어보겠습니다. 모델이 '앉다'라는 단어에 집중할 때, 고양이와

---

3   옮긴이_ 자연어 처리의 하위 분야로, 지정된 어휘(제한되고 알려진 토큰의 집합) 내에서의 단어 혹은 문장을 예측하기 위한 딥러닝 모델의 생성을 포함합니다. 자동 인코딩 언어 모델(Autoencoding Language Model)과 자기회귀 언어 모델(Autoregressive Language Model)로 구분할 수 있습니다.

4   옮긴이_ 이를 장기 의존성 문제(The problem of Long-Term Dependencies)라고 합니다. RNN의 장기 의존성 문제를 보완한 모델이 LSTM(Long Short-Term Memory)입니다.

매트라는 단어는 앉는 행동과 직접적인 관계가 있기 때문에 더 높은 어텐션 점수를 받습니다.

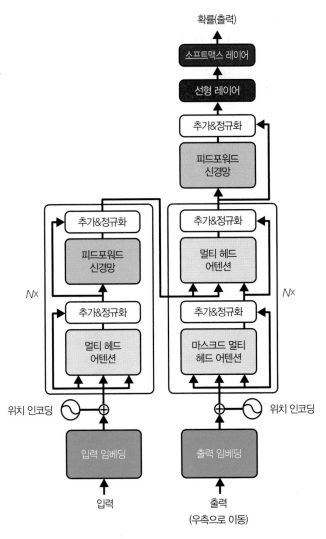

그림 2-2 트랜스포머 모델의 아키텍처는 **LLM**의 핵심입니다.

주목할 특징 하나는 **셀프 어텐션 메커니즘**self-attention mechanism입니다. 전체 문장을 살펴보고 단어 간의 관계를 이해하며 긴 텍스트에서도 이러한 관계를 파악할 수 있습니다. 이를 통해 트랜스 포머는 일종의 장기 기억을 가지게 되며, 지금까지 나타난 모든 단어 또는 **토큰**token (전체 단어 또는 단어의 일부)에 집중하여 더 넓은 컨텍스트를 이해할 수 있게 됩니다.

하지만 초기 트랜스포머는 의미를 이해하는 데 중요한 문장 내 단어의 순서를 인식하는 기능이 부족합니다. 여기서 **위치 인코딩**positional encoding이 등장합니다. 이는 GPS처럼 작동해 모델에 문장 내 각 단어의 위치에 대한 정보를 제공하고 '고양이가 쥐를 쫓는다'와 '쥐가 고양이를 쫓는다' 같은 문장의 차이를 이해하는 데 도움을 줍니다.

트랜스포머는 **멀티 헤드 어텐션 메커니즘**multi-head attention mechanism을 채택해 정교함을 더했습니다. 여러 쌍의 눈을 가진 모델이 고유한 각도에서 문장을 검토하고 단어 간의 다른 측면이나 관계에 초점을 맞추는 것을 상상해보세요. 예를 들어 한 쌍은 동작 이해에, 다른 쌍은 인물 식별에, 또 다른 쌍은 위치 인식에 집중할 수 있습니다. 이러한 멀티뷰 접근 방식을 통해 트랜스포머는 텍스트를 더욱 풍부하게 이해하게 됩니다.

또한 트랜스포머의 각 단계는 단어 간의 관계를 처리하는 데 도움되는 간단한 네트워크인 **피드 포워드 신경망**feed forward neural network의 레이어를 포함합니다. 이를 통해 텍스트의 이해와 생성 능력이 더욱 향상됩니다.

트랜스포머는 사전 학습된 모델의 형태입니다. 이미 방대한 양의 데이터에 대한 학습을 마쳐, 바로 사용하거나 추가로 파인 튜닝할 수 있습니다. 사전 학습이 완료되면 API로 모델에 접근할 수 있으므로 다양한 언어 처리 작업에 즉시 사용할 수 있습니다. 기업이나 개인은 이 모델을 AI 어시스턴트 프로그래밍 애플리케이션과 같은 시스템에 빠르게 통합할 수 있습니다. 또한 사전 학습된 LLM은 도메인별 데이터에 대한 파인 튜닝을 통해 의료나 법률 텍스트 분석 같은 전문 영역에서 더욱 뛰어난 성능을 발휘하도록 최적화할 수 있습니다. 복잡한 언어 모델을 처음부터 개발할 필요가 없으므로 상당한 시간, 노력, 리소스가 절약됩니다. 기본 언어 이해력을 갖춘 사전 학습된 모델은 생성형 AI 애플리케이션 개발의 발판 역할을 합니다.

노트 LLM 구축과 운영에는 많은 비용이 듭니다. 월스트리트 저널의 보도(https://oreil.ly/D2NiB)에 따르면 깃허브 코파일럿은 사용자당 월 평균 20달러 이상의 손실을 감수하고 있었습니다(2023년 2월 기준). 매달 80달러만큼의 서비스를 사용한 사용자도 있었습니다. 그러나 향후 몇 년 동안 생성형 AI 인프라가 확장됨에 따라 사용자당 비용은 감소할 전망입니다.

두 가지 주요 유형의 트랜스포머 시스템은 GPTgenerative pretrained transformer와 BERTbidirectional encoder representations from transformers입니다. GPT는 텍스트 작성, 정보 요약, 언어 번역에 이상적인 오픈AI의 도구이며, 자동 회귀 LLM 아키텍처를 기반으로 합니다. 즉, 스토리텔러가 이야기를 한 단어씩 풀어나가듯 이미 출력된 내용을 바탕으로 각 단어를 신중하게 고려해 텍스트를 작성합니다. 이 기술은 방대한 양의 텍스트 데이터를 학습한 데서 비롯됩니다. GPT는 디코더를 사용하여 응답을 생성합니다.

반면 BERT는 자동 인코딩 방식을 사용합니다. 문장에 포함된 단어의 컨텍스트를 깊이 이해해 언어의 뉘앙스와 의미를 해독하는 데 능숙합니다. 구글은 2018년에 오픈소스 프로젝트로 BERT를 개발했습니다. 그 이후로 핵심 모델에 많은 변형과 개선이 이루어졌습니다.

AI 어시스턴트 프로그래밍 애플리케이션의 경우, 주요 트랜스포머 모델 유형은 GPT입니다. 프로그래머가 제공한 컨텍스트를 기반으로 코드를 효율적으로 예측하고 자동 완성합니다.

2.5.3 오픈AI 플레이그라운드

오픈AI 플레이그라운드(`https://platform.openai.com`)는 오픈AI에서 개발한 다양한 LLM 모델에 접근할 수 있는 생성형 AI 웹 기반 실험 환경입니다. 직관적인 그래픽 인터페이스를 통해 모델을 커스터마이징할 수 있습니다.

오픈AI 플레이그라운드를 통해 다양한 LLM의 장단점을 쉽게 이해할 수 있습니다. 또한 Temperature와 같은 다양한 매개변수로 모델을 실시간으로 테스트하고 조정할 수 있습니다. 오픈AI는 플랫폼 사용료를 부과합니다. 사용료는 [표 2-2]에서 보듯 사용된 토큰 수에 따라 책정됩니다. 요금은 주기적으로 변경되므로 유의하세요. 다행히도 현재까지 요금 변동은 모두 인하되는 방향으로 이루어졌습니다.

표 2-2 오픈AI LLM의 비용

모델	입력	출력
GPT-4o/128K	0.005달러/1K 토큰	0.015달러/1K 토큰
GPT-4o-Mini/128K	0.00015달러/1K 토큰	0.0006달러/1K 토큰
GPT-4-Turbo/128K	0.01달리/1K 토큰	0.03달러/1K 토큰
GPT-4/32K	0.06달러/1K 토큰	0.12달러/1K 토큰
GPT-3.5-Turbo/16K	0.003달러/1K 토큰	0.004달러/1K 토큰

GPT-4o 모델을 사용한다고 가정하겠습니다. 1000개의 토큰이 있는 프롬프트가 있고 이에 대한 모델의 응답은 2000개의 토큰입니다. 입력에는 0.5센트, 출력에는 3센트의 비용이 발생합니다.

오픈AI 계정을 생성하면 오픈AI 플레이그라운드에서 사용할 수 있는 5달러의 크레디트를 받게 됩니다. API 호출에 사용할 수 있습니다.

토큰

오픈AI는 토큰화를 위한 토크나이저(https://platform.openai.com/tokenizer)를 제공합니다. 여기에 [그림 2-3]처럼 'ChatGPT is unbelievable! 🎉 I love it(챗GPT는 믿을 수 없을 정도로 놀라워요! 🎉 정말 마음에 듭니다)'라는 내용을 입력하겠습니다.

그림 2-3 오픈AI의 토크나이저는 텍스트 조각을 토큰으로 분할하여 표시합니다.

토큰화 과정에서 챗GPT라는 단어는 세 개의 토큰, 'Chat', 'G', 'PT'로 분할됩니다. unbelievable이라는 단어와 그 뒤에 오는 느낌표는 두 개의 토큰으로 나뉘며, 각각 단어용 토큰과 문장 부호용 토큰입니다. 이모티콘은 세 개의 토큰으로 구성됩니다. 각 구두점은 하나의 토큰입니다. 공백은 인접한 단어에 포함됩니다.

토크나이저는 GPT-3 전용, GPT 3.5/4 전용, GPT-4o/4o mini 전용이 있습니다.[5] 토큰화는 모델마다 다르다는 점에 유의하세요.

노트 일반적으로 1000개 토큰은 영어를 기준으로 대략 750개 단어에 해당합니다.

---

5 **옮긴이_** GPT-4o는 GPT-4 Turbo와 비교하여 비영어권 언어를 효율적으로 토큰화하는 새로운 토크나이저의 언어 압축 능력으로 다중 언어 지원 성능을 크게 높였습니다. 한국어의 경우 동일 문장에서 토큰 수가 이전보다 1.7배 감소하게 되었습니다. GPT-4o의 토크나이저는 20만 개의 토큰을 포함하며, 이전 GPT-4와 GPT-3.5의 10만 개에서 2배 증가한 수치입니다.

플랫폼 사용

오픈AI 플레이그라운드로 이동하면 [그림 2-4]와 같은 화면에 접근할 수 있습니다.

그림 2-4 오픈AI 플레이그라운드에는 팁, 리소스 및 **GPT**와의 상호작용 영역이 포함된 대시보드가 있습니다.

화면 중앙에는 LLM과의 상호 작용을 위한 기본 워크플로가 있습니다.

SYSTEM(시스템)

'당신은 파이썬 프로그래밍 전문가입니다' 같이 LLM에 컨텍스트를 제공할 수 있습니다. 시스템 프롬프트는 세션을 시작하는 첫 번째 메시지이며 상호작용을 위한 환경을 설정합니다. 시스템 프롬프트를 커스터마이징하면 대화에서 모델이 작동하는 방식을 보다 잘 제어할 수 있으며, 특히 원하는 매개변수나 컨텍스트 내에서 모델이 작동하도록 하는 데 유용할 수 있습니다.

USER(사용자)

프롬프트의 주요 지시 사항입니다. 예를 들어, LLM에게 코딩 작업을 수행하도록 요청할 수 있습니다.

ADD(메시지 추가)

LLM과 대화를 지속해 나갈 수 있습니다.

예를 들어보겠습니다. 파이썬 프로젝트를 진행하면서 Tkinter 라이브러리를 사용하여 사용자 입력을 받는 방법을 이해하는 데 어려움을 겪고 있다고 가정해봅시다. 이때 다음과 같이 입력할 수 있습니다.

[시스템 메시지] 당신은 Tkinter 라이브러리를 잘 다루는 파이썬 전문가입니다.

[사용자 메시지] Tkinter를 사용해 사용자의 이름과 나이를 입력받는 간단한 GUI를 만들고 싶습니다. 어떻게 하면 되나요?

LLM이 코드를 생성해줄 것입니다. 하지만 입력에 대한 유효성 검사^{validation}를 추가하고 싶다고 가정하겠습니다. [그림 2-4] 아래쪽에 보이는 [ADD] 버튼을 누르고 '나이에 숫자가 아닌 문자가 입력되지 않도록 하려면 어떻게 해야 하나요?'라고 입력할 수 있습니다.

LLM은 입력된 나이를 정수로 변환하기 위해 **try-except** 블록을 사용하는 코드를 제공할 것입니다.

챗GPT를 사용하는 것과 비슷하지만 더 구조화된 방식입니다. 또한 진정한 강점은 커스터마이징 기능입니다. 화면 오른쪽에서 다음과 같은 기능을 찾을 수 있습니다.

Model(모델)

다양한 모델 중에서 선택할 수 있으며, 자체적으로 파인 튜닝한 LLM을 사용해 코딩의 고유한 요구사항에 초점을 맞춘 모델을 만들 수도 있습니다. 모델을 파인 튜닝하는 방법에 대한 자세한 내용은 오픈AI API 문서(`https://oreil.ly/L3y09`)에서 확인할 수 있습니다.

Temperature

생성된 콘텐츠의 무작위성이나 창의성을 조절할 수 있습니다. 값의 범위는 0에서 2까지입니다. 값이 낮을수록 응답이 더 단호하고 일관됩니다. [표 2-3]에 개발 작업 유형마다 권장하는 Temperature 값이 나와 있습니다.

표 2-3 특정 유형의 프로그래밍 작업에 대한 권장 Temperature 값

작업 카테고리	Temperature 값	설명
코드 생성	0.2~0.3	신뢰할 수 있고 이해하기 쉬운 결과를 위해 일반적인 규칙을 준수하며 보다 예측 가능하고 정확한 코드를 생성합니다.
코드 리뷰	0.2 이하	정확한 피드백을 위해 잘 정립된 모범 사례와 표준에 중점을 둡니다.
버그 수정	0.2 이하	확인된 문제에 대해 보다 정확하고 간단한 해결책을 제시합니다.
창의적 문제 해결	0.7~1.0	브레인스토밍이나 혁신적인 문제 해결에 유용한 다양한 해결책을 탐색합니다.
학습 및 실험	0.7~1.0	문제 해결에 대한 다양한 접근 방식을 이해할 수 있도록 다양한 예시와 해결책을 제공합니다.
데이터 분석 및 시각화	0.2 이하	정확하고 의미 있는 시각화 또는 분석을 생성합니다.
최적화 작업	변동	효율적인 솔루션을 위해 탐색(높은 값)과 활용(낮은 값) 간의 균형을 맞출 수 있습니다.

그러나 Temperature 값을 상당히 높게 설정하면 결과가 무의미해질 수 있습니다. 다음은 2 값을 사용할 때의 프롬프트 예시입니다.

 파이썬에서 CSV 형식의 데이터를 MySQL 데이터베이스로 마이그레이션하는 방법은 무엇인가요?

[그림 2-5]에서 보다시피, 이 결과는 별로 의미가 없습니다.

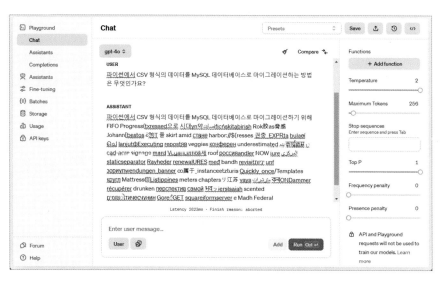

그림 2-5 Temperature를 2로 설정할 때 LLM이 출력하는 결과는 대부분 무의미합니다.

이제 조정할 수 있는 다른 매개변수에 대해 살펴보겠습니다.

Maximum tokens

콘텐츠를 생성하는 데 사용할 수 있는 최대 토큰 수입니다. 프롬프트와 응답에 사용되는 모든 토큰이 포함됩니다. 토큰과 콘텐츠의 비율은 사용하는 모델에 따라 달라집니다.

Stop sequence

LLM이 텍스트 생성을 중단해야 하는 지점을 나타냅니다. 특정 문자열이나 문자 시퀀스를 지정하면, 생성된 텍스트에서 이를 감지했을 때 모델이 프로세스를 중단합니다.

Top p

핵 샘플링nucleus sampling이라고도 하는 이 기법은 p로 표시되는 누적 확률 임곗값을 기준으로 단어를 선택합니다. p값은 0에서 1 사이의 값을 가질 수 있습니다. 간단히 말해서, 모델은 항상 가장 가능성이 높은 상위 몇 개의 단어 중에서 선택하는 대신, 지정된 p값에 따라 다음 단어의 선택 범위를 넓히거나 좁힙니다. p값이 낮을수록 선택할 수 있는 단어의 범위가 줄어들어 예측 가능하고 일관성 있는 텍스트를 생성하게 됩니다. 반면 p값이 높을수록 더 넓은 범위의 단어를 선택할 수 있어 보다 다양하고 창의적인 텍스트를 생성할 수 있습니다.

Frequency penalty

LLM에서 자주 발생하는 반복적인 구절이나 문장을 줄이는 데 유용합니다. 값의 범위는 0에서 2까지입니다. 값이 높을수록 반복은 줄어듭니다. 그러나 값이 1을 초과하면 예측 불가하고 심지어는 무의미한 텍스트를 생성할 수 있습니다.

Presence penalty

이 값도 0에서 2까지의 범위를 가집니다. 값이 높을수록 LLM에 더 다양한 토큰을 포함하게 되어 더 풍부한 어휘 또는 더 넓은 개념을 사용할 수 있습니다.

오픈AI는 빈도 페널티frequency penalty, 존재 페널티presence penalty, Top p 중 한 가지 접근 방식을 선택할 것을 권장합니다. 그러나 실험을 주저하지 마세요. LLM을 최적화하는 과정은 복잡한 요소들이 얽혀 있어 엄격한 규칙으로만 이루어지지 않습니다.

2.6 LLM 성능 평가

LLM을 평가하는 것은 까다로운 작업입니다. 거대 모델은 종종 이해하기 어려울 정도로 불투명합니다. AI 기업 간의 경쟁은 이러한 상황을 더욱 악화시키고 있습니다. 모델이 학습하는 데이터, 파인 튜닝에 사용되는 매개변수의 수, 모델을 구동하는 하드웨어에 대한 세부 정보는 거의 공개되지 않는 것이 일반적입니다.

희소식은 스탠퍼드 대학의 연구자들이 파운데이션 모델 투명성 지수foundation model transparency index(FMTI)라는 평가 시스템(https://oreil.ly/FoVAr)을 고안해냈다는 겁니다. 이 지수는 100가지 지표를 정의하여, LLM의 투명성을 평가하고 있습니다.

순위는 백분율 척도를 기준으로 합니다. [표 2-4]는 기업별 파운데이션 모델의 순위입니다. 안타깝게도 결과는 고무적이지 않습니다. 연구자들에 따르면 주요 LLM 중 어느 것도 '충분한 투명성adequate transparency'을 달성하지 못했으며, 평균 점수가 37%에 불과합니다.

표 2-4 모델 투명성 측면 LLM 순위(2023년 기준)[6]

기업	파운데이션 모델	순위
메타Meta	라마 2Llama 2	54%
빅사이언스BigScience	블룸즈BLOOMZ	53%
오픈AIOpenAI	GPT-4	48%
스태빌리티AIStability.ai	스테이블 디퓨전 2Stable Diffusion 2	47%
구글Google	팜 2PaLM 2	40%
앤트로픽Anthropic	클로드 2Claude 2	36%
코히어Cohere	커맨드Command	34%
AI21랩스AI21Labs	쥬라식-2Jurassic-2	25%
인플렉션AIInflection AI	인플렉션-1Inflection-1	21%
아마존Amazon	타이탄Titan Text	12%

---

6 파운데이션 모델 연구 센터(CRFM), 파운데이션 모델 투명성 지수 총점(https://crfm.stanford.edu/fmti)

소프트웨어 개발과 같은 다양한 도메인과 작업을 처리할 수 있는 유연성은 LLM의 주목할 만한 장점입니다. 그러나 유연성은 평가 과정을 복잡하게 만들기도 하는데, 특정 애플리케이션에서 모델의 효과와 안전성을 보장하기 위해 도메인별 평가 지표evaluation metrics와 벤치마크benchmark[7]가 필요하게 됩니다.

그럼에도 불구하고 LLM을 평가할 때 고려해야 할 지표가 있습니다.

BERTScore

BERT 임베딩을 사용하여 생성된 텍스트를 참조 텍스트와 비교해 텍스트 생성 모델을 평가하도록 설계되었습니다. 주로 자연어 텍스트를 평가하는 데 사용되지만, 코드가 주석 또는 자연어로 설명된 경우 코드 생성 작업에도 확장하거나 적용할 수 있습니다.

Perplexity

LLM과 같은 확률 모델을 평가하는 데 일반적으로 사용되는 지표입니다. 모델이 예측한 확률 분포가 데이터의 실제 분포와 얼마나 잘 일치하는지를 정량화합니다. 코드 생성의 관점에서 Perplexity 값이 낮을수록, 모델이 코드 시퀀스에서 다음 토큰을 더 잘 예측한다는 것을 의미합니다.

BLEU(bilingual evaluation understudy)

원래 기계 번역 성능을 평가하기 위해 개발된 BLEU는 생성된 코드를 참조 코드와 비교하는 데도 사용됩니다. n그램을 이용한 정밀도 점수를 계산하여 생성된 텍스트와 참조 텍스트 간의 유사도를 정량화합니다. 생성된 코드의 구문 정확성을 평가하는 데 도움이 됩니다. n그램 정밀도 점수가 높을수록, 특정 n개의 단어 시퀀스에 대해 생성된 텍스트와 참조 텍스트 간의 일치도가 높다는 것을 의미합니다.

ROUGE(Recall-Oriented Understudy for Gisting Evaluation)

NLP에서 차용한 지표로, 코드 생성 모델을 평가하는 데 사용할 수 있습니다. 텍스트와 참

---

7 옮긴이_ Metric은 구체적이고 직접적인 수치를 정량적으로 제공하여 특정 작업의 성과를 평가하는 데 사용됩니다. 반면, Benchmark 는 이러한 평가 지표들을 종합하여 다양한 모델과 접근 방식을 체계적으로 비교할 수 있는 공통 기반을 제공합니다. 또한 특정 분야에서 널리 받아들여지는 데이터셋과 평가 프로토콜을 포함하며, 해당 분야에서의 진보 수준을 평가합니다. BERTScore, Perplexity, BLEU, ROUGE는 LLM의 성능을 평가하는 Metric이며 MBXP, HumanEval, HumanEval-X는 코드 생성 LLM의 Benchmark 종류입니다.

조 텍스트 간의 n그램 중첩을 계산해, 생성된 코드가 기대한 출력과 얼마나 일치하는지 평가합니다.

MBXP(Most Basic X Programming Problems)[8]

여러 프로그래밍 언어에서 코드 생성 모델을 평가하기 위해 특별히 설계된 벤치마크입니다. 확장 가능한 변환 프레임워크를 사용해 프롬프트와 테스트 케이스를 원본 데이터셋에서 대상 언어로 변환함으로써 다양한 프로그래밍 언어 환경에서 코드 생성 모델의 성능 평가를 용이하게 합니다.

HumanEval

문서 문자열에서 코드를 합성할 때 기능적 정확성을 측정해 LLM의 코드 생성 능력을 평가하는 벤치마크입니다. 이 벤치마크는 코드 생성 모델을 지속적으로 개발하고 개선하는 데 매우 중요합니다. 다양한 모델이 HumanEval에서 각기 다른 수준의 성능을 보이는 반면, 확장된 버전인 HumanEval+는 널리 사용되는 LLM에서 생성했으나 이전에는 발견되지 않았던 잘못된 코드를 식별하는 데 핵심적인 역할을 해왔습니다.

Multilingual HumanEval(HumanEval-X)

HumanEval 벤치마크의 확장입니다. Multilingual HumanEval은 10개 이상의 프로그래밍 언어를 아우르며 LLM의 코드 생성 및 번역 기능을 평가합니다. 파이썬으로 작성된 프롬프트와 테스트 케이스를 다른 프로그래밍 언어로 변환하는 프레임워크를 사용하여, 코드 생성 및 번역을 위한 보다 포괄적인 벤치마크를 생성합니다.

LLM을 평가하는 또 다른 방법은 수천억 개에 달하는 매개변수의 수를 살펴보는 것입니다. 많으면 많을수록 좋을까요? 꼭 그렇지는 않습니다. 평가에는 보다 세심한 접근 방식이 필요합니다. 우선, 매개변수를 확장하는 데 드는 컴퓨팅 파워와 에너지 사용량 측면에서 막대한 비용이 발생할 수 있습니다. 이로 인해 LLM 애플리케이션을 수익화하는 데 비경제적일 수 있습니다. 다음으로, 매개변수가 급격히 증가하면 모델의 복잡성도 증가해 과적합이 발생할 가능성이

---

8 옮긴이_ MBPP(Mostly Basic Python Programming)에서 파생된 벤치마크로, MBPP는 코드 생성 LLM이 자연어 설명을 바탕으로 짧은 파이썬 프로그램을 생성하는 능력을 평가하는 데 사용되는 벤치마크입니다. 메타의 코드 생성 LLM '코드 라마(Code Llama)'의 성능을 평가하기 위해 MBPP와 HumanEval 벤치마크가 사용되었습니다. MBPP와 HumanEval은 유사하지만 프롬프트의 형식에서 차이가 있습니다.

높아집니다. **과적합**overfitting은 모델이 학습 데이터에서는 매우 우수한 성능을 보이지만 새로운 데이터에 제대로 대응하지 못할 때 발생합니다. 이는 모델의 일반화 능력을 저하시킵니다.

또 다른 문제는 이러한 모델에는 방대하고 다양한 학습 데이터가 필요하다는 점입니다. 그러나 방대한 데이터를 확보하고 관리하는 일은 많은 자원을 소요할 뿐만 아니라 데이터 프라이버시 및 편향성과 관련된 문제도 야기합니다. 게다가 매개변수가 급증함에 따라 이러한 거대 모델을 평가하는 일이 점점 더 복잡해지고 있습니다. 모델의 성과를 다양한 작업에서 정확하게 측정하려면 평가 지표가 보다 포괄적이고 다양해야 합니다.

마지막으로, 파인 튜닝은 기본 LLM의 매개변수 크기를 많이 늘리지 않고도 모델을 더욱 효과적으로 활용할 수 있는 방법입니다.

2.7 오픈소스 LLM

LLM은 종류가 다양한데, 대표적인 카테고리 중 하나가 오픈소스 LLM입니다. 누구나 사용할 수 있고, 수정할 수 있으며, 공유할 수도 있습니다. 상용 모델에 비해 상대적으로 투명하기에 그 작동 방식을 확인할 수 있습니다. 또한 오픈소스 LLM을 통해 개발자는 자신의 아이디어를 결합해서 구현하거나 추가 기능을 개발하며, 문제를 수정할 수 있습니다.

가장 좋은 점은 무료로 사용할 수 있다는 것입니다.

하지만 오픈소스 LLM에는 단점도 있습니다. 아직 조직 내에 문제를 해결하거나 정기적으로 업데이트를 제공하는 전담 팀이 없는 경우가 많습니다. 따라서 문제가 발생하면 직접 발품을 팔며 커뮤니티에 들어가 도움을 요청해야 할 수도 있습니다.

오픈소스 모델의 품질과 성능은 때때로 일관성이 없을 수 있습니다. 성가신 보안 문제도 있습니다. 모든 것이 공개되어 있기 때문에 해커는 악성 코드를 심을 방법을 더 쉽게 찾을 수 있습니다. 그러므로 신중하게 사용해야 합니다.

마지막으로, 사용자 가이드 및 문서가 때때로 불충분하거나 이해하기 어려울 수 있어 개선이 필요할 때가 많습니다.

[표 2-5]에 오픈소스 LLM을 성능 순서로 정리했습니다.

표 2-5 최고의 오픈소스 LLM

모델	개발자	매개변수	주목할 특징
GPT-NeoX-20B	일루더AI	200억	스토리 생성, 챗봇, 요약 등 다양한 NLP 작업을 수행하는 '더 파일' 데이터[9]에 대해 학습
Llama 3.1	메타	80억~4050억	최대 15조 개의 토큰으로 학습, 컨텍스트 길이는 128K로 라마 3 모델의 16배
OPT-175B	메타	1750억	GPT-3보다 낮은 탄소 발자국을 가진 모델 제품군의 일부
BLOOM	빅사이언스	1760억	ROOTS[10] 말뭉치로 학습 훈련 데이터 세부 정보 및 평가 방법을 공개해 투명성을 확보하도록 설계
Falcon-40B	기술 혁신 연구소(TII)	400억	1조 토큰으로 학습
Dolly 2.0	데이터브릭	120억	엘리엇AI의 파이티아 모델 제품군 기반, 챗GPT 와 같은 명령어에 따른 대화형 기능 제공
Mistral 7B	미스트랄 AI	73억	그룹화된 쿼리 및 슬라이딩 윈도우 어텐션 사용, 방대한 데이터 학습을 통해 긴 시퀀스 처리에 탁월
Mixtral 8x7B	미스트랄 AI	467억	희소 전문가 혼합 모델(SMoE), 12.9B 모델과 같은 추론을 수행하고, 여러 언어를 지원하며, 코드 생성 및 추론을 포함한 다양한 작업에 탁월

반면에 클로즈드 소스closed source 또는 폐쇄형 LLM은 훨씬 더 비밀스럽습니다. 대부분 코드, 학습 데이터, 모델 구조를 철저히 비공개로 유지합니다. 하지만 이러한 복잡한 시스템을 개발하는 회사는 대개 막대한 자본을 보유하고 있습니다. [표 2-6]에 2023년에 이들 기업이 조달한 자본을 정리했습니다.

표 2-6 주요 LLM 기업들이 조달한 벤처 캐피털

회사	펀딩
앤트로픽	12억 5천만 달러
오픈AI	100억 달러
코히어	2억 7천만 달러
인플렉션 AI	13억 달러

9　옮긴이_ 더 파일(The Pile)은 거대 언어 모델의 학습을 위해 2020년 EleutherAI가 구축한 825GiB 크기의 오픈소스 텍스트 오픈소스 언어 모델링 데이터입니다.

10　Responsible Open-science Open-collaboration Text Sources의 약자로 이 데이터셋은 59개 언어로 작성된 데이터를 모았으며 용량은 1.6TB입니다.

이러한 기업은 막대한 자원으로 세계 최고의 데이터 과학자를 고용하고 정교한 인프라를 구축할 수 있습니다. 그 결과 LLM은 성능 면에서 최첨단 기술을 자랑합니다. 또한 확장성, 보안, 개인정보 보호와 같은 기업의 엄격한 요구사항과 규모에 맞게 구축되었습니다.

신뢰도 문제가 주요 단점으로 꼽힙니다. 이런 모델은 어떻게 응답을 생성할까요? 환각과 편향은 어떤가요? 이러한 질문에 대한 답변이 상세하지 않을 수 있습니다.

또한 이러한 거대 AI 기업이 독과점 사업자로 성장할 위험이 있습니다. 즉 고객이 특정 생태계에 갇힐 가능성이 있습니다. 마지막으로, 폐쇄형 LLM은 오픈소스 프로젝트가 일반적으로 누리는 다양한 의견과 면밀한 검토의 혜택을 받지 못할 수 있으므로 오픈소스 프로젝트보다 더 쉽게 정체될 수 있습니다.

2.8 AI 어시스턴트 프로그래밍 도구 평가

AI 어시스턴트 프로그래밍 도구 선택을 앞두고 고민할 수 있습니다. 정확성, 채팅 기능, 보안, 속도, 사용자 친화성 등 다양한 요소를 고려해야 합니다. 때로는 실제로 사용해보면서 결정하기도 합니다. 고용주가 특정 시스템을 고집하는 경우에는 선택의 여지가 없기도 합니다.

현재 어떤 도구가 인기를 끌고 있는지 파악하려면 스택 오버플로가 실시한 2023년 개발자 대상 설문조사(https://oreil.ly/nvqKY)를 참고하세요. 스택 오버플로에서 약 9만 명의 개발자에게 가장 인기 있는 도구에 대한 의견을 수집했으며, 그 결과를 [표 2-7]에서 확인할 수 있습니다.

표 2-7 인기 있는 AI 어시스턴트 프로그래밍 도구 순위[11]

AI 어시스턴트 프로그래밍 도구	응답률
깃허브 코파일럿(GitHub Copilot)	54.77%
탭나인(Tabnine)	12.88%
아마존 코드위스퍼러(Amazon CodeWhisperer)	5.14%
스닉 코드(Snyk Code)	1.33%
코디움(Codeium)	1.25%

---

11 스택 오버플로, 2023년 개발자 설문조사(https://oreil.ly/0u7WZ)

AI 어시스턴트 프로그래밍 도구	응답률
위스퍼 AI(Wispr AI)	1.13%
리플릿 고스트라이터(Replit Ghostwriter)	0.83%
민틀리파이(Mintlify)	0.52%
아드레날린(Adrenaline)	0.43%
러버덕AI(Rubberduck AI)	0.37%

이 차트를 통해 사용 가능한 다양한 도구를 한눈에 볼 수 있습니다. 도구를 선택할 때는 다른 개발자의 추천을 받는 것이 현명합니다. 몇 가지 도구를 직접 사용해보는 것도 좋은 방법입니다. 다행히도 대부분의 도구는 무료 평가판을 제공하므로 바로 결정하지 않고도 사용해볼 수 있습니다.

고려해야 할 또 다른 핵심 요소는 AI 기업의 재정적 안정성입니다. 벤처 캐피털 자금이 있는지 확인하세요. 그렇지 않다면 기업은 성장뿐 아니라 플랫폼의 혁신성을 유지하는 데도 고전할 수 있습니다. 이미 여러 AI 어시스턴트 프로그래밍 회사가 서비스를 중단해야 했으며, 이는 개발자에게 큰 차질을 초래할 수 있습니다. 예를 들어 카이트^{Kite}는 이 분야 초기 선두 주자 중 하나로 2014년 출시됐지만 2022년 서비스를 종료했습니다(`https://oreil.ly/Bnz9U`). 다행히도 도구의 코드베이스 대부분을 오픈소스로 전환했습니다.

2.9 결론

생성형 AI와 LLM에 대해 자세히 살펴봤습니다. 엘리자와 같은 흥미로운 역사를 살펴본 다음, AI의 대혁신인 트랜스포머 모델을 집중적으로 알아봤습니다. 오픈AI 플레이그라운드를 사용해보고 LLM을 커스터마이징하는 방법도 소개했습니다.

이번 장에서 다룬 주요 내용으로는 토큰, 사전 학습된 모델 활용의 이점, LLM 성능 평가 시 유의점, Perplexity 및 BLEU 같은 평가 지표, 오픈소스 모델과 폐쇄형 모델의 비교 등으로 요약할 수 있습니다.

## CHAPTER 3

프롬프트 엔지니어링

프로그래밍 과정에서 AI 어시스턴트를 사용할 때 프롬프트 엔지니어링은 매우 중요합니다. 간단하고 명확한 프롬프트를 작성하는 법과 AI가 올바른 결과를 생성하도록 하는 법 등 실용적인 방법을 살펴봅니다. 또한 프롬프트의 핵심 부분을 세분화해 효과적으로 사용하는 방법을 보여줍니다.

프롬프트 엔지니어링prompt engineering은 컴퓨터가 인간의 언어를 이해하고 해석할 수 있도록 연구하는 머신러닝 및 **자연어 처리**natural language processing(NLP)의 하위 분야입니다. 주요 목표는 인간과 유사한 방식으로 언어를 처리하고 생성하도록 설계된 AI 시스템, LLM과 대화하는 방법을 찾아내어 우리가 원하는 답변을 생성하도록 하는 것입니다.

누군가에게 조언을 구할 때는 약간의 컨텍스트를 설명하고 무엇이 필요한지 명확하게 말해야 합니다. LLM도 마찬가지입니다. 질문이나 프롬프트를 신중하게 작성해야 합니다. 때로는 LLM이 여러분의 의도를 잘 이해하도록 힌트나 추가 정보를 질문에 삽입할 수도 있습니다.

질문은 단 한 번으로 그치지 않습니다. 원하는 정보를 얻을 때까지 질문을 수정해가며 LLM과 대화를 이어가는 과정이 될 수도 있습니다. 때로는 필요한 원하는 답이 나올 때까지 질문을 주고받으며 대화를 계속하기도 합니다.

예를 들어 AI 어시스턴트 프로그래밍 도구를 사용해 웹 애플리케이션을 개발하는 상황을 가정해보겠습니다. 처음에는 자바스크립트로 간단한 사용자 로그인 기능을 구현하는 방법에 대한 질문으로 시작합니다. AI 어시스턴트의 초기 응답은 기본적인 요구사항을 충족하겠지만 여러분은 곧 더욱 고급 기능이 필요하다는 것을 깨닫게 됩니다. 비밀번호 암호화와 데이터베이스에 안전하게 연결하는 방법에 대해 보다 구체적인 질문을 이어나갑니다. 상호작용할 때마다 AI의 응답은 점차 개선되어 프로젝트의 특정 요구사항에 점차 구체화됩니다.

프롬프트 엔지니어prompt engineer는 최근 각광받는 직종입니다. 윌리스 타워스 왓슨(https://oreil.ly/Qy9Zi)의 데이터에 따르면, 프롬프트 엔지니어의 평균 연간 수입은 적게 잡아도 약 13만 달러로 추산됩니다. 기업은 우수한 인재를 유치하기 위해 주식과 보너스를 증여하기도 합니다.

이 장에서는 프롬프트 엔지니어링의 세계에 대해 자세히 알아보고 유용한 전략과 요령을 소개합니다.

3.1 예술과 과학

프롬프트 엔지니어링은 예술이자 과학입니다. 원하는 방식으로 AI가 응답하도록 하려면 적절한 단어와 어조를 선택해야 합니다. 대화를 특정 방향으로 유도하는 것입니다. 세밀하고 미묘한 답변을 얻기 위해 대화를 원하는 대로 진행하고 언어를 정제하려면 직관과 창의적인 감각이 필요합니다.

소프트웨어 개발자에게는 어려울 수 있습니다. 코드를 작성할 때는 보통 일련의 규칙을 따르고, 코드가 작동하거나 컴파일러가 잘못된 부분을 알려줍니다. 논리적이고 예측 가능합니다.

프롬프트 엔지니어링은 그렇지 않습니다. 훨씬 더 자유롭고 예측 불가합니다.

프롬프트 엔지니어링은 과학입니다. 2장에서 설명한 대로 AI 모델의 작동 원리를 세세한 부분까지 이해해야 합니다. 창의성뿐만 아니라 정확성, 예측 가능성 그리고 결과를 재현할 수 있는 능력이 필요합니다. 이는 종종 다양한 프롬프트를 실험하고, 결과를 분석하며, 올바른 응답을 얻을 때까지 수정해야 한다는 의미입니다.

프롬프트 엔지니어링에선 매번 효과적으로 통하는 만능 해결책을 기대하지 마세요. 프롬프트 엔지니어링의 '비법'을 주장하는 강좌, 동영상, 책은 많습니다. 하지만 곧이곧대로 믿는다면 실망할 수 있습니다.

게다가 AI와 머신러닝의 세계는 항상 새로운 모델과 기술의 등장으로 끊임없이 변화합니다. 프롬프트 엔지니어링에 하나의 결정적인 기술이 존재한다는 개념은 움직이는 과녁을 조준하는 것과 같습니다.

3.2 도전 과제

프롬프트 엔지니어링은 좌절감을 안겨줄 수 있습니다. 프롬프트의 문구를 미세하게만 바꿔도 LLM이 출력하는 결과에 큰 영향을 미칠 수 있기 때문입니다. 이는 확률 기반 모델에 의존하는 고도화된 기술 덕분입니다. 다음은 프롬프트 엔지니어링 과정에서 발생하는 문제입니다.

장황함

LLM은 간단한 답변을 원하고 입력한 프롬프트에 장광설을 늘어놓기도 합니다. 관련 아이디어나 사실을 많이 추가해 답변이 불필요하게 길어지는 경향이 있습니다. 단도직입적인 LLM을 원한다면 '간결하게' 작성해 달라고 요청하세요.

서비스별 차이

한 LLM에서 효과적인 프롬프트가 다른 LLM에서는 그만큼 효과적이지 않을 수 있습니다. 즉, 챗GPT에서 제미나이 또는 깃허브 코파일럿으로 전환하는 경우, 각 LLM의 고유한 학습, 설계 및 특성 때문에 프롬프트를 조정해야 할 수도 있습니다. 모델마다 서로 다른 데이터와 알고리듬으로 훈련되어 프롬프트에 대한 이해와 해석이 달라집니다.

길이 민감성

긴 프롬프트에 압도된 LLM은 입력의 일부를 간과하거나 오해할 수 있습니다. 마치 LLM의 집중력이 흐트러지고 반응이 다소 산만해지는 것과 같습니다. 따라서 프롬프트에 자세한 요구사항을 제공하기보다 길이를 한 페이지 미만으로 유지하는 걸 권장합니다.

모호성

프롬프트가 명확하지 않은 경우, LLM이 혼동해 사실과 다르거나 엉뚱한 답변을 제공할 수 있습니다. 명확성이 핵심입니다.

그럼에도 불구하고 결과를 개선하는 방법은 존재합니다. 이 장의 나머지 부분에서 이러한 접근 방식을 다룰 것입니다.

3.3 프롬프트

프롬프트는 [그림 3-1]처럼 네 가지 주요 구성 요소로 이루어져 있다고 생각할 수 있습니다.

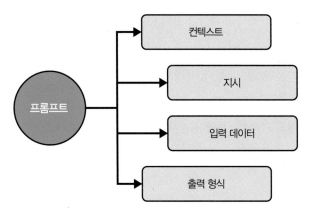

그림 3-1 프롬프트에는 네 가지 주요 구성 요소가 있습니다.

컨텍스트는 응답을 제공할 때 LLM이 수행할 페르소나 또는 역할을 지정합니다. 다음으로 요약, 번역 또는 분류와 같은 지시를 제공합니다. 그런 다음 LLM이 정보를 처리해 더 나은 응답을 생성하도록 콘텐츠를 입력합니다. 마지막으로 출력 형식을 원하는 대로 지정할 수 있습니다.

네 가지 요소가 모두 필요하지는 않습니다. 단 하나의 요소만으로 좋은 응답이 나오기도 합니다. 하지만 일반적으로 LLM에 보다 구체적인 세부 정보를 제공하는 것이 좋습니다.

이제 각 요소를 살펴보겠습니다.

3.4 컨텍스트

종종 컨텍스트(문맥)를 파악할 수 있는 한두 문장으로 프롬프트를 시작하게 됩니다. AI가 응답을 제공할 때 맡을 역할이나 페르소나를 지정하면 보다 정확하고 컨텍스트에 연관된 의미 있는 결과를 얻습니다.

예를 들어 코드를 디버깅하고 싶다면 다음과 같은 컨텍스트를 제공할 수 있습니다.

> 당신은 자바 애플리케이션 디버깅을 전문으로 하는 숙련된 소프트웨어 엔지니어입니다.

특정 알고리듬에 대한 최적화 기술을 배우고 싶다면 다음과 같이 대화를 시작할 수 있습니다.

 당신은 알고리듬 최적화에 대한 전문 지식을 갖춘 선임 소프트웨어 개발자입니다.

컨텍스트를 추가하면 LLM이 적합한 태도로 프롬프트에 접근하는 데 도움이 됩니다.

3.5 지시

프롬프트에는 최소한 하나의 명확한 지시 사항이 포함되어야 합니다. 더 많은 지시를 추가할 수 있지만 주의해야 합니다. 프롬프트에 너무 많은 지시를 넣으면 LLM이 혼란스러워져 원하는 답변을 얻기 어려울 수 있습니다.

이유를 하나씩 살펴봅시다. 먼저, 여러 개의 지시가 있을 때 상황은 약간 모호해집니다. 지시 사항이 명확하지 않거나 서로 충돌하는 것처럼 여겨지면, LLM은 어느 지시에 집중해야 할지 또는 모든 지시를 어떻게 균형 있게 처리해야 할지 혼란스러울 수 있습니다.

다음으로, 지시 사항이 많다는 건 LLM이 처리해야 할 일이 많다는 뜻입니다. 프롬프트의 각 부분을 처리하고 이해한 다음 모든 부분을 일관된 응답으로 엮어내는 방법을 찾아야 합니다. 이는 정신적 부하를 유발하며, 때로는 실수나 엉뚱한 답변으로 이어질 수 있습니다.

그리고 잊지 마세요. LLM은 지시 사항을 한 번에 하나씩 순서대로 처리합니다. 지시를 정렬하는 방식에 따라 쿼리가 해석되는 방식과 답변 내용이 달라질 수 있습니다.

모든 점을 고려할 때 전문가의 팁은 단순하라는 것입니다. 질문을 한꺼번에 모두 던지는 대신 여러 개의 작은 질문으로 나눠보세요. 이야기는 주고받아야 합니다.

프롬프트에는 다양한 유형의 지시가 있습니다. 다음으로 소프트웨어 개발에 사용되는 주요 지시에 대해 설명합니다.

3.5.1 요약

주요 아이디어와 요점은 그대로 유지한 채 긴 텍스트를 짧은 버전으로 압축합니다. 긴 문서를 빠르게 처리하는 데 유용합니다. 소프트웨어 개발자에게는 특히 [표 3-1]에 나열된 시나리오에서 유용한 도구가 될 수 있습니다.

표 3-1 코딩 작업을 위한 요약 프롬프트

사용 사례	설명	프롬프트 예시
코드 문서화	주요 기능, 종속성 및 구조를 강조하는 광범위한 문서의 간결한 개요를 제공합니다.	코드베이스에 대한 간략한 개요를 제공하기 위해 다음 문서의 주요 내용을 요약하세요.
버그 보고서	사용자가 수많은 또는 장문의 버그 보고서에 보고한 주요 문제를 신속하게 파악합니다.	다음 버그 보고서에 보고된 공통 문제를 요약해 해결해야 할 주요 문제를 파악하세요.
연구 논문	긴 연구 논문이나 기술 기사에서 간결한 통찰을 추출해 사용자에게 최신 연구 또는 기술에 대한 업데이트를 제공합니다.	다음 연구 논문에서 논의된 주요 발견과 기술을 요약하세요.
변경 로그	긴 변경 로그에서 새 버전의 소프트웨어 라이브러리 또는 도구의 주요 변경 사항을 파악합니다.	버전 1.1.2 변경 로그의 주요 변경 사항을 요약하세요.
이메일 스레드	긴 이메일 스레드에서 토론이나 결정의 핵심 사항을 추출합니다.	다음 이메일 스레드에서 토론의 주요 요점을 요약하세요.

또 다른 유형은 통계 모델이 문서 집합에서 추상적인 '주제'를 발견하는 토픽 모델링입니다. 다음은 개발자를 위한 토픽 모델링 프롬프트입니다. {텍스트}에는 텍스트를 입력합니다.

다음 텍스트에서 논의되는 주요 주제를 파악하세요. {텍스트}

다음 텍스트에서 키워드를 추출해 주요 주제를 유추하세요. {텍스트}

콘텐츠에 따라 다음 텍스트에 태그를 제안하세요. {텍스트}

3.5.2 텍스트 분류

텍스트 분류는 컴퓨터에 일련의 텍스트를 제공하여 레이블로 태그를 지정하는 방법을 학습시키는 과정입니다. 그중 하나는 감성 분석^{sentiment analysis}입니다. 소셜 미디어 게시물 목록에서 LLM은 어떤 게시물이 긍정적 의미를 가졌는지 부정적 의미를 가졌는지 구분합니다. 개발자에게 감성 분석은 애플리케이션에 대한 사용자 피드백을 측정하는 데 유용한 도구가 될 수 있습니다. 다음은 사용자 피드백을 분석하는 프롬프트 예시입니다.

> 고객 리뷰를 분석해 감정이 대체로 긍정적인지, 부정적인지, 아니면 중립적인지 알려주실 수 있나요? {텍스트}
>
> 최신 업데이트에 대해 논의하는 사용자 포럼의 스레드입니다. 전체적인 분위기를 요약해주시겠어요? {텍스트}
>
> 앱 스토어 페이지의 피드백 목록을 정리해보았습니다. 댓글을 감정별로 분류할 수 있나요? {텍스트}
>
> 제품 발표에 대한 블로그 게시물 댓글의 감정을 평가하세요. 공통된 의견은 무엇인가요? {텍스트}

3.5.3 추천

LLM에게 추천사항을 요청할 수 있습니다. LLM의 피드백을 통해 버그를 수정하고 코드를 개선하며 API를 더 효과적으로 사용하는 방법 등에 대한 응답 품질을 향상시킬 수 있습니다.

프롬프트 예시를 확인하세요.

> 다음 코드에서 메서드 Method()를 호출하려고 할 때 NullPointerException이 발생합니다. 잠재적인 원인을 식별하고 해결책을 제안해주시겠어요?
>
> 정수 리스트를 정렬하는 함수를 작성했습니다. 더 빠르게 실행되거나 가독성을 높일 최적화 방법을 추천해주시겠어요?

LLM의 추천은 작업 시간을 크게 절약하고 미처 생각하지 못했던 아이디어를 제공하는 강력한 촉진제가 될 수 있습니다. 복잡하거나 미묘한 작업을 처리할 때 특히 유용합니다.

단점도 있습니다. LLM이 응답을 너무 간략하게 요약하여 뉘앙스를 놓칠 수 있다는 점입니다. 또한 모델의 지식은 특정 시점에 고정되어 있으므로 최신 정보나 트렌드를 반영하지 못할 수도 있습니다.

추천은 어디까지나 출발점입니다. 전체적인 상황을 이해하고 결정을 내리려면 집중하여 깊이 있게 파고들어야만 합니다.

3.5.4 현지화

현지화localization는 소프트웨어를 특정 국가의 언어적·문화적 규범에 맞게 조정하는 것입니다. 소프트웨어가 현지 언어를 구사하고 특성을 이해하게 되어 시장을 확대하고 사용자와 친밀감을 형성하는 데 핵심적인 역할을 합니다. 이는 여러 가지 파급 효과를 낳습니다. 소프트웨어가 자신에게 맞춤화된 것처럼 느껴져 사용자의 만족감은 높아지고, 이는 비즈니스의 건전한 수익 구조의 기틀이 될 수 있습니다.

경쟁이 치열한 시장에서 대안이 부족하거나 아예 존재하지 않을 때 소프트웨어가 현지화를 제공하면 사용자의 선택을 받을 수 있습니다. 또한 법률 규정 준수를 비롯해 현지 방식에 맞게 소프트웨어를 조정함으로써 소프트웨어를 여러 선택지 중 하나가 아니라 시장에서 대체재 없는 유일한 선택지로 자리매김할 수 있습니다.

현지화에는 몇몇 어려움이 따릅니다. 비용과 시간이 많이 소요될 수 있습니다. 소프트웨어의 무결성을 다양한 언어에서 유지하려면 꼼꼼한 품질 보증이 필요합니다. 또한 소프트웨어 개발 분야는 끊임없이 발전합니다. 주기적으로 소프트웨어가 업데이트되고 새로운 기능이 추가되며, 각 기능마다 자체적인 현지화 작업이 필요할 수 있습니다. 이 끊임없는 프로세스는 프로젝트를 복잡하게 만들고 추가 비용을 발생시킵니다.

이 지점에서 LLM이 도움을 줄 수 있습니다. 고급 모델은 다양한 언어 간 번역이 가능해 개발자의 일거리를 덜어주는 강력한 도구가 됩니다. [표 3-2]는 현지화에 사용할 수 있는 프롬프트 예시입니다.

표 3-2 언어 번역을 위한 프롬프트의 예시

작업 유형	설명	프롬프트 예시
UI 텍스트 번역	버튼, 메뉴 항목, 오류 메시지, 대화 상자 등을 번역합니다.	다음 UI 텍스트를 프랑스어로 번역하세요: 저장, 종료, 파일, 편집, 도움말.
문서 번역	사용자 가이드, 도움말 파일, 기타 문서를 번역합니다.	다음 사용자 설명서 단락을 스페인어로 번역하세요.
오류 메시지 번역	소프트웨어에서 생성될 수 있는 오류 메시지를 번역합니다.	다음 오류 메시지를 독일어로 번역하세요: 파일을 찾을 수 없습니다. 접근이 거부되었습니다. 네트워크 연결이 끊어졌습니다.

작업 유형	설명	프롬프트 예시
툴팁 번역	사용자가 항목 위로 마우스를 올릴 때 추가 정보를 제공하는 툴팁을 번역합니다.	다음 툴팁을 일본어로 번역하세요: 저장하려면 클릭하세요, 새 파일을 열려면 클릭하세요, 인쇄하려면 클릭하세요.

LLM의 다국어 능력에는 다소 신중하게 접근해야 합니다. LLM 모델이 완벽하지는 않기 때문입니다. 때때로 언어 고유의 미묘한 차이, 관용적 표현, 문화적 맥락을 놓칠 수 있습니다. 언어의 뉘앙스는 복잡하며 올바른 번역은 단순히 직역하는 것 이상입니다.

특정 용어나 이름을 처리하는 것은 까다로울 수 있으며, 특히 다른 언어에 알맞게 대응하는 용어가 없는 경우에는 더욱 그렇습니다. 올바른 어조와 표현 방식을 선택해야 하는 과제도 있습니다. 단어를 아는 것뿐만 아니라 단어를 말하는 방식도 중요하며, 이는 언어나 문화에 따라 많이 달라질 수 있습니다.

언어 전문가가 결과물을 검토하면, 향후 발생할 수 있는 문제를 방지할 수 있습니다.

3.6 입력 데이터

프롬프트를 작성할 때 ### 또는 ''' 같은 특수 기호를 사용하면 지시 사항과 LLM이 작업할 내용이나 정보를 명확하게 구분하는 데 도움이 됩니다. 이러한 기호는 경계나 표식처럼 작용해 지시 사항이 끝나는 곳과 내용이 시작되는 곳을 명확하게 구분합니다.

소프트웨어 개발자가 API 통합과 관련한 긴 문서의 요점을 요약하는 데 도움이 필요한 상황입니다. 다음과 같이 프롬프트를 구성하세요.

아래 텍스트에서 API의 주요 구현 단계를 추출합니다.

문서화: '''

{API 문서 텍스트}

'''

''' 구분 기호를 사용하면 API 문서에서 명령어를 깔끔하게 분리할 수 있습니다. LLM이 수행해야 할 작업을 보다 명확하게 파악할 수 있게 되면서 주요 단계를 간결하게 요약하여 출력할 가능성이 높아집니다. 또한 구분 기호는 프롬프트를 매끈하게 정리해서 읽기 쉽게 만들어 길고 복잡한 텍스트를 입력할 때 유용하게 사용할 수 있습니다.

3.7 출력 형식

프롬프트에서 출력 형식을 지정하는 방법을 LLM에 알려줄 수 있습니다. 다음은 한 가지 예입니다.

> 사용자 객체(각 객체에는 사용자의 ID와 이름이 포함됨)를 가져와 사용자 ID를 이름에 매핑하는 JSON 객체를 반환하는 파이썬 함수를 만듭니다. 출력 형식은 JSON으로 지정합니다.

```
{
    'code': 'def map_user_ids_to_names(users):\n
     user_map = {user['id']: user['name'] for user in users}\n
     return user_map',
    'example_usage': {
        'input': [
            {'id': 1, 'name': 'Alice'},
            {'id': 2, 'name': 'Bob'},
            {'id': 3, 'name': 'Charlie'}
        ],
        'output': {
            '1': 'Alice',
            '2': 'Bob',
            '3': 'Charlie'
        }
    }
}
```

출력 형식을 지정하는 다른 방법도 있습니다. [표 3-3]을 확인하세요.

표 3-3 출력 형식 지정 프롬프트

형식 유형	프롬프트 예시
테이블	파이썬, 자바, C++의 문법, 성능 및 사용 사례를 비교하는 테이블을 작성하세요.
목록	웹 페이지의 로딩 속도를 개선하는 단계를 나열하세요.
마크다운/HTML	HTTP 메서드인 GET과 POST의 차이점을 마크다운 형태로 설명하세요.
텍스트 계층 구조	소프트웨어 개발 수명 주기(SDLC)의 단계와 각 단계의 주요 활동을 포함해 구조화된 개요를 제공하세요.
LaTeX 서식 지정	이진 검색 알고리듬의 시간 복잡도를 LaTeX 표기법으로 표현하세요.

프롬프트를 통해 응답 길이를 지정할 수도 있습니다. '간략한 요약을 작성하세요' 또는 '상세한 설명을 작성하세요'라고 지시할 수 있습니다. '응답은 300 단어 이내로 작성하세요'와 같이 더 구체적으로 작성할 수도 있습니다. LLM은 지정한 단어 수 제한을 초과할 수 있겠지만 최소한 해당 범위 내에서 응답할 것입니다.

3.8 모범 사례

이제 원하는 답변을 얻는 프롬프트 작성법의 모범 사례를 살펴보겠습니다. 하지만 이 작성법을 절대적인 규칙으로 받아들이지는 마세요. 엄격하고 고정적인 규칙이라기보다는 다소 주관적이고 유동적인 조언에 가깝습니다. LLM과 더 많이 대화하다 보면 자신에게 맞는 질문 방식을 우연히 발견하게 될 것입니다. 이 또한 프롬프트 엔지니어링 과정의 일부입니다.

3.8.1 구체적으로 작성하기

적절한 프롬프트를 만드는 것은 이상적인 대화의 조건을 마련하는 것과 마찬가지이며, 이는 텍스트 생성 모델과 성공적으로 상호작용하기 위한 가장 중요한 단계일 수 있습니다. 세부 사항은 많을수록 좋습니다. 또한 명확해야 합니다. 그렇지 않으면 LLM이 추측하거나 심지어 환각을 일으킬 수도 있습니다.

먼저 너무 모호한 프롬프트들을 살펴보겠습니다.

데이터 보안을 강화하는 기능을 개발하세요.

프로세스를 자동화하는 도구를 구축할 수 있나요?

코드를 최적화합니다.

트랜잭션을 처리하는 함수가 필요합니다.

다음 프롬프트는 훨씬 더 상세하며 분명 더 나은 결과를 얻을 수 있습니다.

문자열에서 날짜를 파싱하는 파이썬 함수를 개발합니다. 이 함수는 YYYY-MM-DD, MM/DD/YYYY 및 Month DD, YYYY 형식을 처리할 수 있어야 하며, datetime 객체를 반환해야 합니다. 각 날짜 형식마다 최소 세 가지 예시를 실행하여 함수가 잘 작동하는지 보여주는 스크립트 파일과 종속성, 함수 로직 및 스크립트 실행 방법을 설명하는 문서도 제공하세요.

데이터베이스에서 2023년 마지막 분기에 500달러 이상 구매한 고객 목록을 검색하는 SQL 쿼리를 개발하세요. 쿼리는 고객의 성명, 이메일 주소, 총 지출 금액, 마지막 구매 날짜를 반환해야 합니다. 결과는 총 지출 금액을 기준으로 내림차순으로 정렬합니다. 최적화된 쿼리를 작성하세요.

3.8.2 약어 및 기술 용어

프롬프트를 작성할 때는 약어와 기술 용어를 명확하게 사용하는 것이 중요합니다. 전문 용어는 상황에 따라 의미가 달라질 수 있어 부적절한 답변을 초래할 수 있습니다. 따라서 약어는 전체 단어로 풀어 쓰고 사용한 기술 용어를 명확하게 정의하고 설명하기를 권장합니다.

데이터베이스 연결 문제를 해결하기 위해 챗GPT를 사용한다고 가정하겠습니다. 부적절한 프롬프트의 예시는 다음과 같습니다.

데이터베이스 연결 문제가 발생했습니다. 어떻게 해결하나요?

이 프롬프트에서 '데이터베이스'는 MySQL, PostgreSQL 등 다양한 데이터베이스 시스템을 의미할 수 있으므로 모호합니다. 또한 어떤 연결 오류인지도 명확하지 않습니다.

보다 효과적인 프롬프트는 다음과 같습니다.

 JDBC를 사용해 PostgreSQL 데이터베이스에 연결하려고 하는 동안 연결 시간 초과 문제가 발생합니다. 어떻게 해결할 수 있을까요?

이 프롬프트는 사용 중인 데이터베이스 시스템, 연결 방법, 구체적인 문제 상황을 명확하게 설명하고 있습니다.

NOTE 마크 트웨인은 '거의 맞는 말과 딱 맞는 말의 차이는 반딧불이(lightning bug)와 번갯불(lightning)의 차이만큼 크다'고 말했습니다. 프롬프트 작성도 마찬가지입니다.

3.8.3 제로샷 러닝과 퓨샷 러닝

제로샷 러닝zero-shot learning은 예시 없이 하나의 프롬프트로 원하는 답을 요청합니다. 이런 프롬프트는 대개 잘 작동합니다. 하지만 프로그래밍 언어와 프레임워크의 복잡성으로 인해 LLM을 조정해야 할 때가 있습니다.

퓨샷 러닝few-shot learning은 적은 예시나 학습 데이터를 제공해 작업을 이해하고 수행하도록 유도합니다. 작업을 적절히 수행하기 위해 많은 양의 학습 데이터가 필요했던 기존 머신러닝 모델과 비교해 상당한 이점입니다. LLM의 능력은 주로 특정 작업에 맞게 파인 튜닝되기 전에 다양한 인터넷 텍스트로 광범위한 사전 학습을 거친 덕분입니다.

퓨샷 러닝의 예를 살펴보겠습니다. 리스트에 포함된 값을 정규화하는 함수를 생성하는 시나리오입니다. 리스트의 값을 [0, 1] 범위로 스케일링합니다. 지시에는 입력 데이터와 출력 결과에 대한 예시 리스트가 포함되어 있습니다.

 1. 입력: [2, 4, 6, 8] 출력: [0, 0.3333, 0.6667, 1]

2. 입력: [5, 10, 15] 출력: [0, 0.5, 1]

3. 입력: [1, 3, 2] 출력: [0, 1, 0.5]

파이썬에서 정수 리스트를 입력으로 받아 정규화된 리스트를 반환하는 함수를 생성하세요.

챗GPT는 입력 데이터의 예시를 '학습'해 몇 가지 코드를 만들어냅니다.

```python
def normalize(numbers):
    min_value = min(numbers)
    max_value = max(numbers)
    if min_value == max_value:
        return [0] * len(numbers)  # 모든 수가 같은 경우
    else:
        return [(x - min_value) / (max_value - min_value) for x in numbers]
# 테스트
print(normalize([2, 4, 6, 8]))  # Output: [0.0, 0.3333333333333333,
                                #          0.6666666666666666, 1.0]
```

3.8.4 키워드

키워드keyword는 특정 종류의 출력을 생성하도록 LLM을 안내하는 단어 혹은 문구를 의미합니다.[1] 때로는 하나의 단어만으로 원하는 결과를 얻을 수 있습니다.

간단한 파이썬 함수를 만듭니다.

1. 화씨 온도를 입력받습니다.

2. 화씨를 섭씨로 변환합니다.

def

키워드로 **def**를 사용하면 모델에게 파이썬 함수를 작성하기 시작해야 한다는 것을 알립니다. [표 3-4]에는 키워드의 더 많은 예가 나와 있습니다.

---

1 옮긴이_ 하나의 예시로, 영어 문장과 함께 한글로 '번역해줘'라고 입력하면, 영어를 자동으로 한글로 번역합니다.

표 3-4 키워드 프롬프트의 예시

컨텍스트	키워드
자바스크립트 함수	function
HTML 요소	<button
CSS 스타일링	P {
SQL 삽입 쿼리	INSERT INTO
자바 메서드 생성	public

3.8.5 생각의 사슬(CoT) 프롬프트

2022년 구글 연구진은 논문 〈Chain-of-Thought Prompting Elicits Reasoning in Large Language Models(LLM의 추론을 유도하는 생각의 사슬 프롬프트)〉(https://arxiv.org/abs/2201.11903)에서 생각의 사슬chain of thought (CoT) 프롬프트를 소개했습니다. 이 접근법은 복잡한 문제를 여러 단계로 세분화해 LLM의 추론 능력을 향상시킵니다. 모델을 자연스럽고 간접적으로 유도nudge할 수 있는 퓨샷 러닝과 유사합니다.

생각의 사슬 프롬프트는 코드 생성 작업에서 매우 유용합니다. 파이썬 웹 프레임워크인 플라스크를 사용해 사용자 등록 및 로그인 기능이 있는 웹 애플리케이션을 만들고 싶다고 가정하겠습니다. [표 3-5]는 생각의 사슬 프롬프트의 단계별 예시입니다.

표 3-5 생각의 사슬 프롬프트 예시

작업 설명	프롬프트 예시
요구사항 이해	플라스크를 사용해 웹 애플리케이션을 만들어야 합니다. 애플리케이션에는 사용자 등록 및 로그인 기능이 있어야 합니다. 무엇부터 시작해야 할까요?
플라스크 애플리케이션 설정	플라스크 애플리케이션에서 기본 설정을 시작하겠습니다. 어떻게 하면 되나요?
사용자 모델 만들기	이제 기본 설정이 완료되었으니 등록 및 로그인을 처리하는 사용자 모델을 만들어야 합니다. 이 모델을 어떻게 구성해야 할까요?
등록 기능 구현	사용자 모델이 준비되었으니 필요한 필드가 포함된 등록 페이지를 구현하려면 어떻게 해야 하나요?
로그인 기능 구현	이제 로그인 페이지를 만들어봅시다. 로그인 보안을 강화하려면 어떻게 해야 하나요?
세션 관리	사용자가 로그인한 후 애플리케이션을 탐색할 때 로그인 상태를 유지하도록 세션을 어떻게 관리해야 하나요?
로그아웃 구현	마지막으로, 애플리케이션에서 사용자를 안전하게 로그아웃할 수 있는 기능을 구현하려면 어떻게 해야 하나요?

3.8.6 중립적인 질문

프롬프트에 유도하는 leading 질문을 입력하면 LLM으로부터 엉뚱한 답변을 받을 수 있습니다. 중립적이고 편견 없는 태도를 유지하는 것이 좋습니다. 또한 가정하지 않고 구체적으로 설명하는 것이 좋습니다. 다음 프롬프트는 유도하는 질문입니다.

> 마이크로서비스 아키텍처로 마이그레이션하면 시스템 확장성이 항상 향상되지 않나요?

보다 균형 잡힌 프롬프트는 다음과 같습니다.

> 마이크로서비스 아키텍처로의 마이그레이션이 시스템 확장성 측면에서 어떤 장점과 잠재적인 과제를 가지고 있나요?

3.8.7 예시와 비유 요청하기

객체 지향 프로그래밍에서 상속이라는 개념을 모르는 상태라고 가정하겠습니다. 챗GPT로 이동해 다음 프롬프트를 입력합니다.

> 객체 지향 프로그래밍에서 사용되는 상속을 설명하세요.

자세한 답변을 받을 수 있습니다. 하지만 좀 더 이해하기 쉬운 설명을 요청하고 싶을 수도 있습니다. 이럴 땐 LLM에 비유를 요청합니다.

> 객체 지향 프로그래밍에서 사용되는 상속을 비유를 들어 설명하세요.

> 상속은 자녀가 부모와 조부모로부터 고유한 특성과 속성을 물려받는 가계도와 같다고 생각하면 됩니다.

이제 챗GPT는 비유를 들어 상속의 핵심 요소를 설명합니다.

3.9 환각 감소

2장에서 LLM에 메시지를 보내면 환각에 해당하는 응답이 나타날 수 있으며, 거짓이거나 오해의 소지가 있는 내용을 마치 사실인 것처럼 응답한다는 것을 배웠습니다. 정확성이 요구되는 소프트웨어 개발에서 환각은 특히 문제가 될 수 있습니다.

이 장에서 살펴볼 교훈을 적용하면 환각을 완화할 수 있지만, 잘 만들어진 프롬프트도 환각을 일으킬 수 있습니다. 다음과 같은 이유 때문입니다.

사실ground-truth **검증 결여**

LLM은 학습 데이터에서 학습한 패턴을 기반으로 응답을 생성하지만, 정보의 정확성이나 사실성을 확인할 수 있는 능력이 없습니다.

과적합과 암기

특히 반복적으로 등장하는 데이터일 경우, LLM은 학습 데이터에서 부정확하거나 오해의 소지가 있는 정보도 암기할 수 있습니다.

학습 데이터의 편향성

학습 데이터에 편향, 부정확성 또는 허위가 포함된 경우, 모델도 출력에 이를 반영할 가능성이 있습니다.

추정 및 추측

때때로 LLM은 학습 데이터에서 본 패턴을 기반으로 충분히 다루지 않은 주제나 질문에 대해 정보를 생성할 수 있습니다.

컨텍스트 부족 또는 오해

LLM은 특정 프롬프트에 컨텍스트가 부족해 정확히 응답하지 못하거나, 프롬프트를 오해할 수 있습니다. 프롬프트의 뉘앙스나 함의를 완전히 이해하지 못할 수도 있습니다.

속어 및 관용구

모호성을 유발하며 특히 모델이 학습 중에 컨텍스트에 들어간 속어나 관용구의 충분한 예시를 접하지 못한 경우, 의도된 의미를 오해할 가능성이 높습니다.

그렇다면 환각을 어떻게 줄일 수 있을까요? 우선, 개방형 질문은 피하는 것이 중요합니다.

> 데이터베이스를 최적화하는 방법에는 어떤 것이 있나요?

이러한 유형의 프롬프트는 LLM이 추측이나 지나친 일반화에 의존하게 만듭니다. 모델은 질문의 의도나 원하는 답변 형식을 잘못 해석할 수 있어 주제를 벗어나거나 조작된 정보를 포함하는 답변을 제공할 수도 있습니다. 실제로 환각이 연쇄적으로 나타날 수 있습니다.

한 가지 효과적인 기법은 미리 정의된 선택지를 제공하고 AI에게 그중에서 선택하도록 요청하는 것입니다. 예를 들어, 앞서 제시한 프롬프트는 다음과 같이 수정할 수 있습니다.

> 데이터베이스를 최적화하는 방법으로 다음 중 어느 것이 맞습니까?: 인덱싱, 조각 모음처리, 압축

다른 예로, 특정 유형의 결론을 요청하는 방법을 고려해보세요. 다음은 효과적인 프롬프트입니다.

> 자바에서 배열을 초기화할 때 다음 구문이 올바른가요? '예' 또는 '아니오'로 대답해주세요.

또는 프롬프트에 여러 단계를 포함하여 구조화된 프로세스를 통해 모델을 안내하고 경로를 벗어날 가능성을 줄일 수 있습니다.

> 1단계: 피보나치 수열 생성기를 만듭니다.
>
> 2단계: 반복문을 사용합니다.
>
> 3단계: 정수 n을 인수로 받는 generate_fibonacci라는 이름의 파이썬 함수를 작성하세요.
>
> 4단계: 함수는 피보나치 수열의 처음 n개의 숫자를 리스트로 반환합니다.

3.10 보안 및 개인정보 보호

프롬프트 제작 시 보안 및 개인정보 보호에 주의하세요. 적절한 예방 조치를 취해야 할 의무는 회사 규정집에 명시되어야 합니다. 개인 식별 정보 같은 민감한 정보나 개인 정보는 프롬프트에 포함시키지 않는 것이 중요합니다. 다음은 식별 정보를 포함한 프롬프트의 예시입니다.

사용자 john.doe@example.com이 보고한 로그인 문제를 어떻게 해결하나요?

바람직한 형태로 수정하면 다음과 같습니다.

사용자가 보고한 로그인 문제를 어떻게 해결하나요?

또한 민감한 시스템 세부 정보를 프롬프트에 유출하지 않는 것이 현명합니다. 다음과 같은 프롬프트를 피하세요.

IP 192.168.1.1의 운영 서버에서 데이터베이스 연결 오류를 어떻게 수정하나요?

일반적인 질문을 입력하는 편이 좋습니다.

일반적인 데이터베이스 연결 오류는 어떻게 해결하나요?

프롬프트가 우연히라도 부적절한 행동을 유도하지 않도록 주의하세요. 보안 관점에서 다음 프롬프트는 괜찮습니다.

SQL 인젝션을 탐지하고 방지하는 방법은 무엇인가요?

하지만 다음과 같은 프롬프트는 부적절하거나 유해한 결과를 불러옵니다.

웹사이트의 SQL 인젝션 취약점을 악용하는 방법은 무엇인가요?

프롬프트를 작성할 때는 보안 및 개인정보 보호 규정을 준수하는 것 외에 다양성과 포용성을 수용하는 것도 중요합니다. 학습 데이터가 반영하는 편향을 인식하는 것이 핵심입니다. 차별적이거나 배제적인 표현을 피하고 중립적이고 포용적인 언어를 사용하는 것이 좋습니다. 다양한 사람들로부터 피드백을 받는 것도 도움이 됩니다. LLM과 상호작용할 때 공정성과 포용성을 향상시킬 뿐만 아니라 주제를 보다 정확하고 균형 잡힌 시각으로 이해하는 데 도움이 됩니다.

3.11 자율 AI 에이전트

LLM을 활용하여 코드 생성 작업을 수행하기 위한 단계를 기획하는 방법을 살펴보았습니다. 이는 코드 생성 작업의 핵심입니다.

AI 에이전트는 한 단계 더 나아갑니다. AI 에이전트는 프롬프트를 따르기만 하지 않습니다. LLM을 창의적으로 활용해 어떤 목표가 주어지든 그에 맞는 실행 계획을 세우고, 파인콘Pinecone 또는 크로마 DBChromaDB와 같은 벡터 데이터베이스[2]를 활용합니다. 모델이 이해하는 복잡한 단어 임베딩을 처리합니다.

자율 AI 에이전트는 학술 연구를 기반으로 하며 일반적으로 오픈소스 프로젝트의 일부입니다. 자동화에서 진가를 발휘합니다. 어떻게 작동하는지 살펴보기 위해 예를 들어보겠습니다. 목표를 다음과 같이 설정했다고 가정하겠습니다.

 사용자 로그인 시스템이 포함된 기본적인 날씨 애플리케이션을 만듭니다.

자율 AI 에이전트는 [표 3-6]의 프로세스를 거치게 됩니다.

---

2 **옮긴이_** 벡터 데이터를 저장하고 효율적으로 관리하도록 설계된 특수 데이터베이스로, 검색 증강 생성(RAG) 프레임워크의 핵심 요소입니다. 데이터 포인트를 벡터로 표현하면서 의미적으로 유사한 데이터를 검색·출력하고 LLM의 환각 문제와 장기 기억 문제를 보완합니다.

단계	작업
작업 생성	사용자 인터페이스를 디자인합니다.
	대시보드의 기본 레이아웃을 스케치합니다.
	색상 구성표와 글꼴을 선택합니다.
	아이콘 및 기타 그래픽 요소를 디자인합니다.
날씨 데이터를 위한 API 통합	신뢰할 수 있는 날씨 데이터 API를 인터넷에서 검색합니다.
	표시할 데이터를 결정합니다.
	날씨 데이터를 가져오고 업데이트하는 코드를 작성합니다.
위치 선택 기능	사용자가 위치를 선택할 수 있는 검색창 또는 드롭다운 메뉴를 만듭니다.
	API를 호출합니다.
오류 처리	API 호출 실패 또는 잘못된 위치 입력과 같은 오류를 처리합니다.
작업 우선순위 설정	API 통합 설정에 우선순위를 둡니다.
	사용자 인터페이스 작업에 집중합니다.
	위치 선택 기능과 오류 처리 작업을 수행합니다.
반복	생성된 코드와 날씨 대시보드의 현재 상태를 검토합니다.
	실행 중에 발생한 남은 작업이나 새로 발생한 작업을 파악합니다.
	생성 및 우선순위 지정 단계를 반복합니다.

자율 AI 에이전트는 최첨단을 달리는 AI 기술이며 많은 잠재력이 있습니다. 그러나 적지 않은 장애물이 존재합니다.

자원 집약적

AI 에이전트는 대량의 컴퓨팅 파워를 소모할 수 있습니다. 프로세서와 데이터베이스에 부담이 가해져 대기 시간이 길어지고 안정성이 떨어지며 시간이 지날수록 시스템 성능이 저하될 수 있습니다.

무한 루프에 갇히기

때때로 AI 에이전트는 진행 상황이 부족하거나 반복적인 보상 시스템으로 인해 무한 루프에 빠지기도 합니다.

실험 중

AI 에이전트는 다소 거칠 수 있습니다. 버그나 예기치 않은 동작이 있을 수 있으며, 필요한 용도에 따라 정식 버전으로 사용하기에는 아직 준비가 덜 되었을 수도 있습니다.

기억 상실

특정 단계나 지시를 잊어버릴 수 있습니다.

과도한 작업 고충

할 일이 산더미처럼 쌓여 있나요? AI 에이전트에도 부담이 될 수 있습니다.

사소한 세부 사항으로 인한 주의 산만

중요하지 않은 사소한 요인에 주의를 빼앗겨 사용할 도구를 선택할 때 잘못된 길로 빠질 수 있습니다.

LLM을 강화하는 또 다른 혁신적인 방법은 검색 증강 생성retrieval augmented generation(RAG)입니다. RAG를 사용하면 랭체인LangChain 같은 프레임워크로 작성된 생성형 AI 애플리케이션이 외부 데이터 소스(일반적으로 벡터 데이터베이스)에 접근합니다. 모델에 실제 세계의 구체적인 지식과 컨텍스트를 제공함으로써grounding LLM의 대응력을 향상시키는 방법입니다.

RAG는 복잡한 소프트웨어 개발 작업을 처리할 때 특히 유용합니다. 다음과 같은 시나리오에서 활용 가능합니다.

버그 및 결함 해결

개발자가 버그나 오류를 발견하면 RAG는 포럼이나 버그 데이터베이스 등 웹 전역에서 수정 사항과 우회 방법을 찾아냅니다. 문제에 맞는 맞춤형 솔루션이나 코드 패치를 신속하게 제공할 수 있습니다.

코드 리뷰 개선

RAG는 회사의 내부 리소스에서 모든 코딩 모범 사례, 표준, 필수 규칙을 가져올 수 있습니다. 즉, 코드 리뷰 과정을 간소화하고 코드 품질을 높이는 팁과 요령을 제공하는 데 도움이 될 수 있습니다.

테스트 활성화

코드를 철저히 테스트해야 할 때가 되면 RAG가 여러분의 정비 팀원이 될 수 있습니다. 다양한 테스트 시나리오와 패턴을 찾아 프로젝트의 요구에 맞게 조정하고 테스트 케이스나 스크립트를 더 빠르게 작성할 수 있도록 도와줍니다.

경우에 따라 LLM이 여러분이 입력한 프롬프트에 문제가 있다고 알려줍니다. 예를 들어 다음과 같이 작성한다고 가정하겠습니다.

 어셈블리어를 사용해 REST API를 작성합니다.

어셈블리어를 사용해 REST API를 만드는 작업은 예외적이고 복잡합니다. 어셈블리어는 저급 언어이기 때문입니다. 어셈블리어는 일반적으로 하드웨어를 세밀하게 제어해야 하는 작업이나 성능이 중요한 시나리오에 사용됩니다.

3.12 결론

다시 말하지만, 완벽한 프롬프트를 만들려면 과학과 예술성을 조화롭게 배합해야 합니다. 창의력, 약간의 직감, 구조화된 접근법 등 적절한 재료를 찾아내어 LLM으로부터 원하는 답변을 얻기 위한 프롬프트를 작성하는 것이 중요합니다. 완벽하고 궁극적인 비결은 존재하지 않지만, 몇 가지 예시를 제시하고 프롬프트를 체계적으로 구성하면 더 나은 답변을 얻을 수 있습니다.

프롬프트 엔지니어링은 하나의 과정입니다. 시도해보고, 결과를 확인하고, 수정하고, 다시 시도합니다. 모든 기술에서 그렇듯이 다양한 주제와 작업으로 연습할수록 실력이 향상됩니다.

## CHAPTER 4

깃허브 코파일럿

깃허브 코파일럿이라는 강력한 도구를 자세히 살펴봅니다. 주석이 포함된 코드 작성, 채팅, AI 기반 명령줄 인터페이스 사용 같은 핵심 기능을 살펴봅니다. 개별 소프트웨어에 맞게 시스템을 커스터마이징하는 기능도 알려줍니다.

이른바 '코파일럿'으로 불리는 깃허브 코파일럿GitHub Copilot을 살펴보겠습니다. AI 코딩 어시스턴트의 대명사입니다. 생성형 AI의 '킬러 애플리케이션'이라고 부르기도 합니다. 개발자의 생산성을 크게 향상시키는 고급 코드 제안, 코드 생성, 설명 기능 덕분입니다. 컨텍스트에 기반하여 코딩 패턴을 이해하고 예측함으로써 시간을 절약할 뿐만 아니라 보다 효율적이고 오류 없는 코드를 작성할 수 있도록 도와줍니다.

이 장에서는 코파일럿의 비용, 설정 방법, 기능 등 핵심 사항을 자세히 살펴보고 단점도 솔직하게 말씀드리겠습니다. 또한 코파일럿을 최대한 활용할 수 있는 유용한 팁도 소개합니다. 더불어 코파일럿 파트너 프로그램을 통해 다른 회사와 협력하는 방법도 알아볼 예정입니다. 코파일럿을 활용할 수 있는 전반적인 영역을 살펴봅니다.

4.1 깃허브 코파일럿

2021년 6월, 마이크로소프트는 깃허브 코파일럿을 공개했습니다. 냇 프리드먼Nat Friedman은 블로그 게시물(https://oreil.ly/L4JcE)에서 개발자가 작업을 더 효율적으로 완료할 수 있도록 지원하여 능률을 높이는 'AI 페어 프로그래머'라고 설명했습니다.

코파일럿은 마이크로소프트와 오픈AI의 협력으로 탄생했습니다. 초기에는 코드 작업에 특화된 GPT-3의 변형 LLM인 코덱스Codex를 활용했습니다. 마이크로소프트는 코드 컨텍스트를 더잘 이해하는 새로운 패러다임인 Fill-In-the-Middle(FIM)[1]을 통합하여 LLM의 기능을 향상시켰습니다. 이를 통해 코드 제안의 품질이 향상되고 응답 시간이 단축되었습니다. 2024년 8월에는 GPT-4o 모델을 사용하는 업데이트를 적용했습니다. 모델 업데이트로 응답 속도는 더 빨라졌으며, 제안하는 코드의 완성도 또한 더 나아졌습니다. 코파일럿은 보안을 강화하기위해 AI 시스템을 통합하여 하드코딩된 자격 증명 및 SQL 인젝션 같은 취약점에 중점을 두고위험한 코드 패턴을 즉시 차단할 수 있습니다.

---

1 옮긴이_ 오픈AI의 논문 〈Efficient Training of Language Models to Fill in the Middle(FIM을 위한 언어 모델의 효율적 훈련)〉(https://arxiv.org/abs/2207.14255)에서 소개되었습니다. 트랜스포머 기반 언어 모델 중 지배적인 인과 디코더 기반 언어 모델이 왼쪽에서 오른쪽으로 다음 토큰을 순차적으로 예측하기 때문에 특정 위치에 텍스트를 생성하는 인필링(infilling) 작업에 한계를 보인다는 문제의식을 바탕으로 만들어졌습니다. FIM 모델은 주어진 문장의 중간 부분을 예측합니다. AI 코드 어시스턴트가 부분적으로 작성된 함수를 완성하고 코드의 특정 컴포넌트를 설명하는 문자열을 생성하는 등 코드 완성 작업을 효과적으로 수행할 수 있게 합니다.

4.1.1 요금 및 버전

30일 무료 체험판을 사용할 수 있습니다. 무료 체험이 끝난 후엔 다음 세 가지 요금제 중 선택할 수 있습니다.

개인용(Individual)

월 10달러 또는 연간 구독 시 100달러를 부과합니다. 여러 줄의 코드를 제안하는 등의 기능으로 코드 작업을 더욱 원활하게 만듭니다. 눈에 띄는 기능은 테스트를 빠르게 작성하는 기능으로, 코드의 신뢰성을 보장합니다. 코드의 취약점을 탐지하고 걸러내는 기능도 있습니다. 또한 공개 코드를 모방하는 코드 제안을 차단하는 기능[2]으로 여러분이 작성한 코드의 고유성과 독창성을 보장합니다.

비즈니스용(Business)

보다 포괄적인 패키지로 사용자당 월 19달러의 비용을 부과합니다. 개인용 코파일럿 요금제의 모든 기능에 비즈니스를 위한 기능이 추가됩니다. 라이선스 관리를 간소화하여 기업이 구독 및 접근 권한을 처리하는 데 큰 도움이 됩니다. 조직 전체의 정책을 관리할 수 있는 기능도 있어 거버넌스의 통일성과 프로젝트의 일관성을 유지할 수 있습니다. 중요한 점은 민감한 비즈니스 데이터를 안전하게 보호하는 데 필수인 최고 수준의 개인정보 보호 기능입니다. 또한 기업 프록시를 지원해 회사 네트워크 전반에서 안전하고 원활한 연결을 보장합니다.

엔터프라이즈용(Enterprise)

사용자당 39달러의 요금이 부과됩니다. 엔터프라이즈 요금제는 GPT-4o 모델을 사용해 조직 내부의 고유한 코드베이스로 시스템 커스터마이징이 가능합니다. 보다 정확하고 맞춤화된 코드를 제안하기 시작하므로 개발자의 생산성이 향상됩니다. 실무적인 관행을 적용하고 보안 규칙을 준수하도록 독려하기도 합니다. 조직에서 표준화된 코드를 작성하는 방식부터 선호하는 API, 프레임워크, 패키지까지 맞춤화됩니다.

---

2 옮긴이_ 코드 참조 기능은 깃허브에 공개된 사용 가능한 코드를 바탕으로 코드 완성을 제안합니다.

엔터프라이즈 버전의 또 다른 장점은 코볼과 포트란 같은 고전 프로그래밍 언어를 학습할 수 있다는 점입니다. 이런 언어는 깃허브의 공개 리포지터리에서 가져올 만한 학습 데이터가 부족하기 때문에 범용 LLM을 사내에 도입하는 건 그다지 효과적이지 않을 수 있습니다.

깃허브 시스템은 회사의 리포지터리를 지속적으로 주시하여 엔터프라이즈 에디션의 모델을 강화합니다. 최근 생성된 풀 리퀘스트와 병합은 물론 '좋아요'와 '싫어요' 피드백도 집중적으로 분석합니다. 기업이 사용하는 최신 방법과 전략을 파악하는 데 도움이 됩니다.

자체 설정 모델을 사용하면 조직 전체에 지식을 전파하는 데 도움이 됩니다. AI는 코드에 숨어 있는 미묘한 지식을 포착하고 공유합니다. 지속적인 학습을 통해 AI는 변화하는 코드베이스에 발맞추어 시간이 지날수록 더욱 정확한 도움을 제공합니다. 하지만 조직은 AI 도구를 개발 프로세스에 통합할 때 발생하는 개인정보 보호 및 지적 재산권 위험을 신중하게 관리해야 합니다.

NOTE 2023년 가트너의 조사(`https://oreil.ly/zXAQ-`)에 따르면 대기업 중 AI 어시스턴트 프로그래밍 도구를 사용하기 시작한 곳은 10% 미만에 불과했습니다. 보안과 정확성에 대한 우려가 작용했기 때문입니다. 그러나 기술이 빠르게 발전함에 따라 점점 더 많은 기업이 가까운 미래에 이러한 도구를 도입할 것으로 예상됩니다. 요컨대, AI 어시스턴트가 제공하는 이점은 너무 커서 외면할 수 없습니다.

4.1.2 사용 사례: AMD

자체 설정 모델에 대한 흥미로운 사례로 AMD^Advanced Micro Devices의 사례가 있습니다. 1969년에 설립된 이 회사는 CPU(중앙 처리 장치)의 선구자입니다. 오늘날 이 회사는 데이터 센터, 임베디드 시스템, 게임 플랫폼, PC용 반도체 분야의 선도 기업입니다(`https://oreil.ly/pOoMj`).

하드웨어 시스템 개발에 대한 기본 사항을 검토하며 시작해봅시다. 웹 애플리케이션과 같은 소프트웨어를 개발하는 것과는 완전히 다른 차원의 문제입니다. 핵심 과제는 개발자가 하드웨어 시스템을 속속들이 이해해야 한다는 것입니다. 범용 컴퓨터에서 작동하는 일반 소프트웨어와 달리 펌웨어는 하드웨어와 직접 통신합니다. 훨씬 더 정확한 정밀성과 호환성을 요구합니다.

정밀성은 매우 중요합니다. 펌웨어 개발에서의 실수는 엄청난 비용을 초래할 수 있기 때문입니다. 단 한 번의 오류로 수백만 달러의 재정적 손실을 입을 수 있습니다. 금전만이 아니라 시간도 중요한 비용입니다. 펌웨어 문제를 해결하려면 일반적으로 제조 공정을 재검토해야 하므로 일정이 몇 달이나 지연될 수 있습니다. 일정이 연기되면 제품의 출시뿐만 아니라 시장 경쟁력에도 영향을 미칩니다.

애자일 소프트웨어 개발에서 흔히 볼 수 있는 '빠르게 움직여라, 모든 것을 부숴라'라는 사고방식은 하드웨어 개발 환경에서는 통하지 않습니다. 위험이 매우 큽니다. 그렇기 때문에 펌웨어 개발자는 상세한 계획을 세우고 광범위한 테스트를 수행하는 데 상당한 시간과 노력을 쏟아야 합니다. 이 신중한 접근 방식은 펌웨어가 하드웨어와 결합되기 전에 최대한 견고하고 오류가 없도록 보장합니다.

2023년에 AMD는 코파일럿 도입을 검토하며 매우 높은 기준을 설정했고, 이에 대한 회의적인 시각도 상당했습니다. 파일럿 프로젝트에서 AMD는 베릴로그와 시스템베릴로그^{SystemVerilog} 같은 다양한 하드웨어 기술 언어$^{hardware description language}$(HDL)를 위한 맞춤형 코파일럿을 만들었습니다. HDL은 전자 회로, 특히 디지털 논리회로의 아키텍처, 설계 및 기능을 명시하기 위한 프로그래밍 언어입니다. 다양한 추상화 수준에서 전자 시스템을 모델링하고 시뮬레이션하는 데 필수입니다.

파일럿 테스트의 결과(`https://oreil.ly/TXMvQ`)는 예상을 훨씬 뛰어넘었습니다. 놀랍게도 코파일럿이 생성한 코드의 스타일이 소속 프로그래머가 작성한 것보다 AMD의 표준에 실제로 더 부합했습니다. 개선 효과가 매우 컸기에 일부 프로그래머는 자체 설정이 가능한 텍스트 편집기인 Vim에서 VS 코드로 옮겨가기도 했습니다.

4.1.3 사용 사례: 쇼피파이

쇼피파이 사례도 흥미롭습니다. 이 회사는 고객이 전자상거래 웹사이트를 구축할 수 있는 플랫폼을 운영합니다. 쇼피파이는 미국에서 약 10%, 유럽에서 약 6%의 시장점유율을 차지하고 있습니다.

대규모 사업에는 거대한 인프라가 필요합니다. 약 300개의 공개 리포지터리와 약 5000개의 비공개 리포지터리가 있었습니다. 또한 쇼피파이는 매일 약 1500회의 코드 배포를 수행하고 있습니다.

쇼피파이는 코파일럿을 발빠르게 도입한 회사 중 하나이며, 코파일럿은 개발자의 생산성을 향상시키는 데 획기적인 역할을 해왔습니다. 현재 약 2000명의 쇼피파이 개발자가 코파일럿을 사용하고(https://oreil.ly/ZI_9K) 있습니다. 70%가 도움이 된다고 답했고, 75%가 코파일럿을 자주 사용한다고 응답했습니다. 코파일럿의 코드 제안 중 약 26%가 채택되고 있었습니다.

물론 일부 기능은 아직 도입되지 않았습니다. 그럼에도 많은 개발자가 코드 완성 및 채팅 기능을 일상적으로 사용합니다. 다음은 코파일럿이 이뤄낸 주목할 만한 수확입니다.

코드 제안

개발자가 특정 코드 제안을 수용하지 않는다고 해서 완전한 손해는 아닙니다. 어떤 제안이든 더 나은 코드를 작성하기 위한 아이디어를 제공할 수 있습니다.

사용률

시간이 지날수록 사용량이 증가하는 것은 당연합니다. 일상적인 워크플로를 조정하고 새로운 기능에 익숙해지는 데는 시간이 걸립니다. 코파일럿에도 학습 곡선이 있습니다.

시니어 개발자의 활용

코파일럿 도입 초기에 경력 있는 개발자는 코파일럿을 실용적인 도구보다 장난감으로 여겼습니다. 하지만 시간이 지나면서 다른 개발자들의 성과를 지켜보며 코파일럿에 점차 관심을 두기 시작했습니다.

학습 증진

쇼피파이는 사람이 새로운 언어나 프레임워크를 시도하도록 유도하는 데 코파일럿이 효과적이라는 걸 알게 되었습니다. 예를 들어, 러스트의 채택이 눈에 띄게 증가했습니다.

약 백만 줄의 쇼피파이 코드베이스가 코파일럿을 사용하여 작성되었다는 사실은 코파일럿이 이 비즈니스에 매우 중요한 역할을 하고 있음을 보여줍니다.

4.1.4 사용 사례: 액센츄어

액센츄어는 혁신적인 기술과 시스템을 통해 고객사의 운영 및 성장을 개선하도록 지원하는 대규모 전문 서비스 기업입니다. 120여 개국에서 73만 명 이상의 직원(`https://investor.accenture.com`)이 근무하고 있습니다.

2023년 액센츄어는 450명의 사내 개발자(`https://oreil.ly/ku8Nd`)를 대상으로 코파일럿을 실험했습니다. 구체적인 과제나 목표는 설정하지 않았습니다. 대신 모든 개발자에게 평소처럼 업무를 수행하라고 요청했습니다.

액센츄어의 코파일럿 실험은 6개월에 걸쳐 진행되었습니다. 결과는 어땠을까요? 코파일럿의 코드 제안을 수용한 비율은 35%였으며, 그중 88%는 코드 리뷰 후에도 그대로 유지되었습니다. 생산성도 놀랄 만큼 향상되었습니다. 풀 리퀘스트는 50%, 병합률은 15% 증가했습니다. 효율성도 크게 개선되어 빌드 건수가 50% 증가하고 성공률이 45% 상승했습니다. 개발자들 역시 만족도가 높았는데, 무려 96%가 첫날부터 성공을 예감했다고 답했습니다.

이러한 결과를 확인한 액센츄어는 자사 5만여 명의 개발자(`https://oreil.ly/UgdoL`)에게 코파일럿 라이선스를 할당하기에 이릅니다.

4.1.5 보안

가트너가 2000명 이상의 최고정보책임자(CIO)를 대상으로 설문조사(`https://oreil.ly/k1oVc`)를 실시한 결과, 응답자의 66%가 2023년에 사이버 및 정보 보안에 가장 많은 자원을 투자할 계획인 것으로 나타났습니다. 이러한 추세는 수년 동안 지속되고 있습니다.

사이버 위협이 더욱 복잡하고 광범위해지고 있는 상황에서 보안 침해 사고는 막대한 재정적 손실, 평판 훼손, 법적 문제, 운영 중단을 초래할 수 있습니다. 또한 데이터 개인정보 보호 규정이 점점 더 엄격해짐에 따라 CIO는 벌금을 피하고 고객의 신뢰를 유지하기 위해 규정 준수에 주의를 기울여야 합니다.

깃허브는 코파일럿 프로그램의 보안을 주안점으로 삼고 있습니다. LLM 기반 시스템을 개발하여 안전하지 않은 코드 패턴이 발생하는 즉시 이를 발견하고 수정합니다.

코파일럿이 지원하는 깃허브의 고급 보안 기능(`https://oreil.ly/fZamu`)도 있습니다. 주요 기능은 다음과 같습니다.

코드 스캔

실시간으로 보안 취약점과 코드 오류를 검색합니다.

비밀 정보(secret) 스캔

개인 리포지터리에 체크인된 키와 토큰 같은 비밀 정보를 탐지할 수 있습니다.

종속성 검토

풀 리퀘스트를 병합하기 전에 종속성 변경이 미치는 영향을 보여주고 취약점에 대한 세부 정보도 제공합니다.

> **노트** 학생, 교사, 인기 오픈소스 프로젝트의 관리자에게는 코파일럿이 무료로 제공되지만 인증 과정이 필요합니다.

4.2 시작하기

코파일럿을 시작하려면, 먼저 깃허브 계정을 만들어야 합니다. 깃허브는 버전 관리와 공동 소프트웨어 개발을 지원하는 온라인 서비스입니다. 코드 리뷰와 프로젝트 관리 기능을 제공하는 도구인 깃을 기반으로 구축되었습니다.

계정을 설정한 후 화면 오른쪽 상단의 프로필 사진을 클릭합니다. [그림 4-1]의 왼쪽 이미지와 같이 드롭다운 메뉴가 표시됩니다.

[Your Copilot]을 선택해 요금제 유형을 선택한 뒤 [Get access to GitHub Copilot]을 클릭합니다. 그다음 결제 정보를 입력하고 저장하면 결제가 진행됩니다.

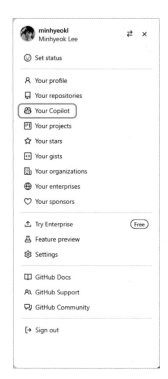
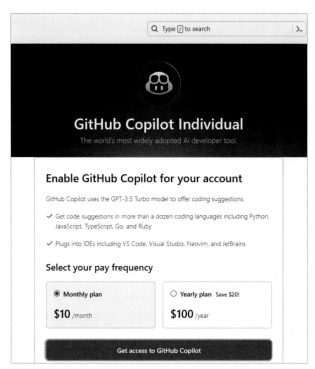

그림 4-1 프로필 드롭다운 메뉴에서 코파일럿 사용 여부를 설정합니다.

4.2.1 코드스페이스 및 비주얼 스튜디오 코드

코파일럿을 사용하는 방법에는 두 가지가 있습니다. 하나는 깃허브의 클라우드 기반 개발 환경인 코드스페이스를 통해 접근하는 방법입니다. 이는 비주얼 스튜디오 코드^{Visual Studio Code}(VS 코드)에서 실행되며 https://github.com에서 직접 사용할 수 있습니다.

또 다른 방법으로, 데스크톱 버전의 VS 코드를 사용하는 경우 코파일럿 확장 프로그램을 선택할 수 있습니다. 이 책에서는 VS 코드 확장 기능을 사용하는 데 중점을 두겠습니다.

IDE 자체는 무료입니다. [그림 4-2]는 VS 코드의 기본 화면입니다. 이 시스템은 윈도우(버전 7, 8, 10, 11), 맥OS, 우분투, 데비안, 페도라 등 여러 가지 리눅스 배포판을 포함한 다양한 플랫폼에서 실행할 수 있습니다.

그림 4-2 VS 코드의 기본 화면에는 활동 표시줄과 코드를 생성하고 표시하는 영역이 있습니다.

[그림 4-2]의 왼쪽에는 여러 버튼이 쌓인 활동 표시줄이 있습니다. 파일과 폴더를 읽어들이는 데 사용할 수 있습니다.

[그림 4-3]에서 화면 왼쪽 다섯 번째에 위치한 사각형 그룹 모양 버튼을 선택해 확장 프로그램을 설치할 영역으로 이동할 수도 있습니다. 검색창에 'GitHub Copilot'을 입력하면 관련 확장 프로그램이 표시됩니다. 맨 위에 GitHub가 제작한 확장 프로그램을 선택하고 [Install]을 클릭합니다.

그런 다음 화면 오른쪽 하단을 확인합니다. 코파일럿 버튼이 표시되면 서비스를 이용할 수 있는 것입니다.

그림 4-3 VS 코드에서 코파일럿 확장 기능을 설치할 수 있습니다.

[그림 4-2]의 중앙에 'Hello, Copilot!'을 출력하는 코드가 있습니다. 해당 코드는 코파일럿에 다음 프롬프트를 입력한 결과입니다.

'Hello, Copilot!'을 작성하세요.

#는 주석을 의미합니다. 코파일럿에게 코드를 생성하도록 지시하는 방법 중 하나입니다.

코드가 파이썬으로 작성되었다는 점에 주목하세요. 파일 확장자가 .py입니다. 코파일럿은 파일 확장자를 파악해 사용할 언어를 결정합니다.

화면 오른쪽 상단에는 프로그램을 실행하는 버튼이 있습니다. 클릭하면 VS 코드가 터미널을 실행합니다. 그러면 메시지가 출력된 것을 볼 수 있습니다.

4.2.2 코드 제안

VS 코드에서 코파일럿을 시작하는 방법은 간단합니다. 코드를 입력하기 시작하면 도구가 작동하여 입력한 내용을 바탕으로 코드를 제안하고 코드 스니펫을 생성합니다.

파이썬에서 함수의 헤더를 다음과 같이 입력하겠습니다.

```python
def find_factorial(number):
```

[그림 4-4]에서 볼 수 있듯이 코파일럿은 즉시 완전한 함수 본문을 제안합니다. 코드 제안으로 생성된 코드는 [그림 4-4]에 표시한 것처럼 회색 폰트의 **고스트 텍스트**ghost text로 표시됩니다.

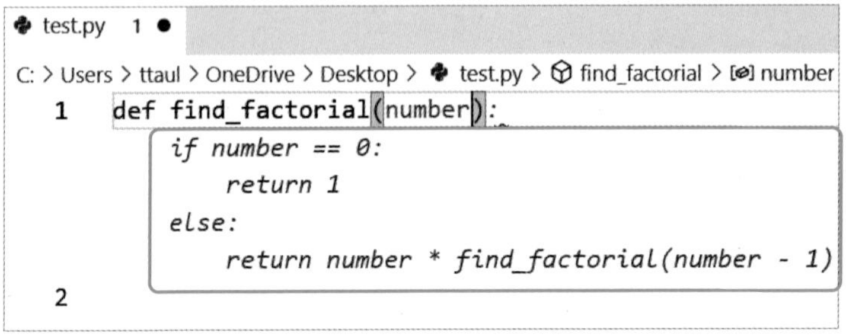

그림 4-4 코파일럿은 사용자가 함수 헤더를 작성하면 본문을 제안합니다.

제안하는 코드가 사용자에 따라 약간 다를 수 있다는 점을 유념하세요. 기반이 되는 LLM이 복잡한 확률 집합에 따라 작동하기 때문에 정상적인 현상입니다.

중요한 건 사용자의 입력을 바탕으로 팩토리얼을 계산하는 함수를 작성하려고 한다는 의도를 파악했다는 사실입니다. 코파일럿은 올바른 결과를 얻기 위해 필요한 if를 사용한 조건문을 제안했습니다.

[Tab] 키를 눌러 코드 제안을 수락할 수 있습니다. 하지만 원하는 내용이 아니라면 [Esc] 키를 눌러 건너뛰면 됩니다.

생성된 코드 위로 마우스를 가져가면 [그림 4-5]와 같이 마우스 커서 상단 부분에 옵션이 표시됩니다.

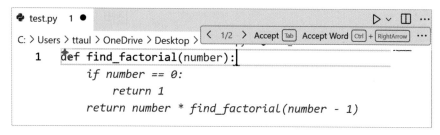

그림 4-5 생성된 코드 위로 마우스를 가져가면 오른쪽 상단에 더 많은 옵션이 표시됩니다.

[Tab] 키를 눌러 코드 제안을 수락할 수도 있습니다. 또는 [Ctrl] + [➡]를 눌러 코드를 한 단어씩 수락해도 됩니다. […] 버튼을 클릭하면 몇 줄만 수락하거나 툴바를 항상 표시하는 옵션이 나타납니다.

옵션 목록 왼쪽에 보이는 1/2는 생성된 코드를 기준으로 선택지 번호/전체 선택지 수를 나타냅니다. [그림 4-5]에서는 2개의 선택지 중, 첫 번째 선택지가 표시 중이라는 말입니다. [〉]를 클릭하면 두 번째 선택지로 이동합니다. 이어서 [〈]를 클릭하면 다시 첫 번째 선택지로 돌아갑니다.

[표 4-1]에 나열된 단축키를 사용해 옵션을 탐색할 수도 있습니다.

표 4-1 코드 제안을 탐색하기 위한 단축키

OS	다음 제안	이전 제안
맥OS	Option(⌥) 또는 Alt +]	Option(⌥) 또는 Alt + [
윈도우	Alt +]	Alt + [
리눅스	Alt +]	Alt + [

[Ctrl] + [Enter]를 누르면 [그림 4-6]에 표시한 것처럼 화면 오른쪽에 10개의 코드 제안 목록을 보여주는 별도의 탭이 만들어집니다.

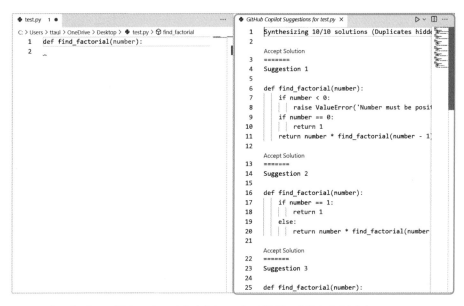

그림 4-6 [Ctrl] + [Enter]를 누르면 10가지 버전의 코드가 표시된 별도의 탭이 나타납니다.

목록 중 하나를 선택하려면 해당 코드 위에 있는 [Accept Solution]을 클릭합니다. 모든 제안을 거부하려면 탭을 닫으세요.

4.2.3 주석

4.2.1절에서 코파일럿이 하나 이상의 주석을 사용하여 코드를 작성하도록 유도하는 방법을 살펴봤습니다. 이를 위해 작업 중인 프로그래밍 언어의 구문으로 주석을 표시합니다.

이외에도 많은 일을 할 수 있습니다. 주석에 q:를 입력하면 챗GPT처럼 코파일럿과 상호작용할 수 있습니다. 예를 들어보겠습니다.

 # q: 객체 지향 프로그래밍에서 클래스란 무엇인가요?

 # a: 클래스는 객체를 생성하기 위한 청사진입니다. 객체는 속성과 메서드(함수)를 가집니다. 파이썬에서는 거의 모든 것이 객체입니다.

프로그래밍 언어의 관점에서도 답변을 얻을 수 있습니다. 이제 코파일럿에게 시스템 작동 방식에 대해 질문한다고 가정하겠습니다.

 # q: 인라인 코드 제안을 수락하는 단축키는 무엇인가요?

 # a: Tab

코파일럿에게 VS 코드의 기능에 대해 문의할 수도 있습니다.

 # q: VS 코드에서 사용자 설정 단축키는 무엇인가요?

 # a: Ctrl + ,

다른 IDE의 단축키에 대해서도 문의할 수 있습니다.

 # q: Atom 편집기에서 새 파일을 만드는 단축키는 무엇인가요?

 # a: ctrl + n

코파일럿은 여러분이 윈도우 시스템을 사용하는 걸 알고 이 플랫폼에 기반하여 답변을 제공하고 있다는 점에 유의하세요.

4.2.4 채팅

코파일럿 채팅은 챗GPT와 비슷하지만, 여러분의 코딩 환경에 맞춰져 있습니다. 구문을 파악하거나 버그를 해결하고 테스트 케이스를 정리하거나, 다양한 프로그래밍 아이디어를 이해할 때 등 코드에 대해 대화할 때 유용합니다. 오픈AI의 GPT-4 및 GPT-3.5 Turbo와 마이크로

소프트의 일부 자체 LLM으로 구동됩니다.

코드 분석, 풀 리퀘스트 처리, 문서 확인 또는 어떤 코딩 관련 질문이든 유용하게 사용할 수 있습니다. 또한 iOS 및 안드로이드용 깃허브 앱에서도 제공되는 기능이므로 이동 중에도 사용할 수 있습니다.

이 책에서는 VS 코드에서의 실행법에 집중하겠습니다. 즉, 새로운 확장 프로그램을 추가하는 것입니다. 'GitHub Copilot Chat'을 검색하세요. 설치가 완료되면 화면 왼쪽에 두 개의 작은 말풍선 버튼이 나타납니다. [그림 4-7]에서 확인할 수 있습니다.

그림 4-7 화면 왼쪽에 채팅 버튼이 나타납니다.

[그림 4-7]에 표시한 것처럼 채팅 패널 상단에 여러 버튼이 표시됩니다. 첫 번째 버튼은 [+] 모양으로 클릭하면 새로운 채팅 스레드를 시작합니다. 이는 컨텍스트가 작동하는 방식 때문에 중요합니다. 프롬프트를 입력하면 LLM은 대화 기록을 확인합니다. 채팅이 주제와 무관하게 진행되면 별로 도움이 되지 않는 답변을 받을 수 있습니다. 각각의 채팅은 특정 주제에만 집중하고, 새로운 주제에 대해서는 채팅을 새로 시작할 것을 권장합니다.

다음은 시계 모양의 히스토리 버튼으로, 이전 채팅 스레드의 목록을 보여줍니다. 여기서 기존 채팅 스레드를 선택해 채팅을 이어갈 수 있습니다.

[…] 버튼을 클릭하면 편집기 내에서 채팅을 사용하는 메뉴가 나타납니다. 조금 더 넓은 화면에서 채팅을 하고 싶을 때 추천합니다.

[그림 4-8]의 채팅창 하단에는 시스템에 질문을 하는 입력란이 있습니다.

채팅 시스템에는 다양한 명령어가 있습니다. 하나는 `@workspace`[3]로, 작업 영역에 열려 있는 파일을 참조합니다. 예를 들어 파이썬으로 작성된 계산 프로그램이 있는 경우 다음과 같이 입력할 수 있습니다.

@workspace /explain

[그림 4-8]은 채팅이 프로그램 파일을 분석해 심층적인 설명을 제공한 화면입니다.

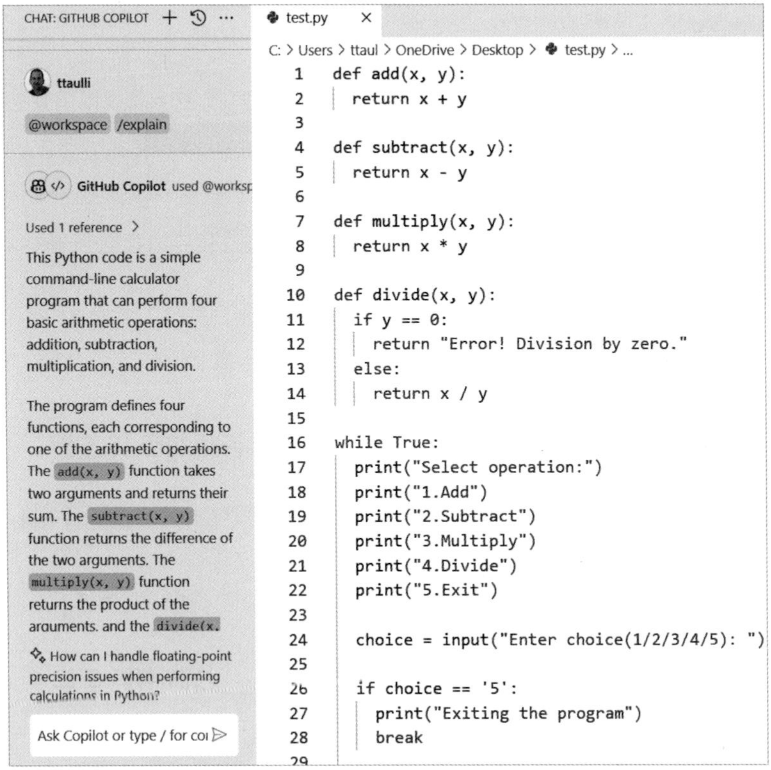

CHAT: GITHUB COPILOT
ttaulli
@workspace /explain
GitHub Copilot used @worksp
Used 1 reference
This Python code is a simple command-line calculator program that can perform four basic arithmetic operations: addition, subtraction, multiplication, and division.
The program defines four functions, each corresponding to one of the arithmetic operations. The add(x, y) function takes two arguments and returns their sum. The subtract(x, y) function returns the difference of the two arguments. The multiply(x, y) function returns the product of the arguments. and the divide(x.
How can I handle floating-point precision issues when performing calculations in Python?
Ask Copilot or type / for coi
test.py
C: > Users > ttaul > OneDrive > Desktop > test.py > ...
def add(x, y):
return x + y
def subtract(x, y):
return x - y
def multiply(x, y):
return x * y
def divide(x, y):
if y == 0:
return "Error! Division by zero."
else:
return x / y
while True:
print("Select operation:")
print("1.Add")
print("2.Subtract")
print("3.Multiply")
print("4.Divide")
print("5.Exit")
choice = input("Enter choice(1/2/3/4/5): ")
if choice == '5':
print("Exiting the program")
break

그림 4-8 코드를 설명하는 데 채팅을 사용할 수 있습니다.

---

3 옮긴이_ 2023년 11월 깃허브 코파일럿은 채팅에 '에이전트'라는 새로운 기능을 도입하면서 `@workspace`와 `@vscode` 두 개의 에이전트를 소개했으며, 몇 개월 뒤 `@terminal` 에이전트를 추가했습니다. 다만 원서에서는 `@vscode`를 소개할 때만 'Agent'라는 용어를 사용하므로 그에 따릅니다.

코드의 일부만 설명해 달라고 요청할 수도 있습니다. 관심 있는 부분을 드래그하고 마우스 오른쪽 버튼으로 클릭하면 [그림 4-9]와 같은 메뉴가 나타납니다.

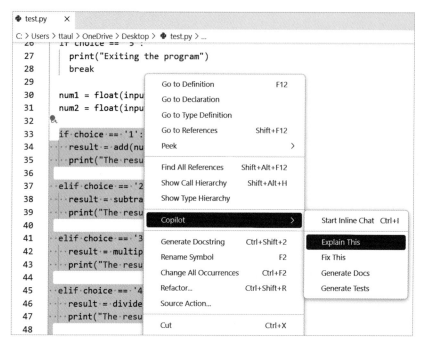

그림 4-9 코드 일부를 드래그한 후 마우스 오른쪽 버튼을 눌러 해당 부분을 중심으로 채팅합니다.

코드를 설명할 뿐만 아니라 코드를 수정하거나 문서 또는 테스트를 생성할 수도 있습니다.

또 다른 유용한 명령어는 **/new**입니다. 새 프로젝트나 기능을 위한 기본 구조scaffold를 만듭니다.

/new 웹사이트의 데이터를 스크래핑하는 파이썬 스크립트를 작성하세요.

/new 이름, 나이, 학년 필드가 있는 학생용 자바 클래스를 생성하세요.

/new 플라스크를 사용해 간단한 REST API를 구축하세요.

/new 숫자 배열을 오름차순으로 정렬하는 자바스크립트 함수를 작성하세요.

/new 사용자, 게시글, 댓글 테이블로 블로그의 SQL 데이터베이스 스키마를 설계하세요.

프롬프트에 대한 응답으로 채팅 시스템이 주요 단계를 보여준 다음 코드를 제공합니다. 여러 가지 옵션도 제공합니다. [그림 4-10]에서 볼 수 있듯이 상단에 메뉴 표시줄이 있습니다.

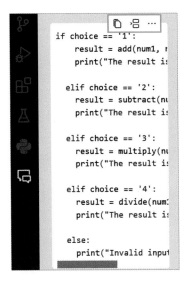

그림 4-10 채팅의 코드 맨 위에는 코드로 수행할 작업을 선택할 수 있습니다.

메뉴 표시줄의 첫 번째 버튼은 코드를 복사하며, 다음 버튼은 파일에서 커서가 있는 위치에 코드를 삽입합니다. [Ctrl] + [Enter]를 단축키로 사용할 수도 있습니다. 가장 오른쪽에 보이는 […] 버튼을 클릭하면 코드를 새 파일이나 터미널에 삽입하는 메뉴가 나옵니다.

새 주피터 노트북을 만드는 명령어 /newNotebook도 있습니다. 새로운 노트북에서 수행할 작업을 지정해 목적에 맞는 노트북을 만들 수 있습니다.

/newNotebook matplotlib 라이브러리를 사용해 csv 파일의 데이터를 시각화하는 노트북을 만드세요.

/newNotebook 머신러닝을 위해 데이터를 전처리하고 정리하는 노트북을 만드세요.

/newNotebook scikit-learn 라이브러리를 사용해 간단한 선형 회귀 모델을 구현하는 노트북을 만드세요.

/newNotebook 시계열 데이터를 분석하기 위한 노트북을 만드세요.

/newNotebook 웹사이트에서 데이터를 스크래핑하고 분석하는 노트북을 만드세요.

채팅은 /terminal 명령어도 제공합니다. 디렉터리 탐색, 스크립트 실행, 패키지 설치 등 터미널 작업에 대해 질문하거나 도움을 받을 수 있습니다.

> /terminal 모든 환경 변수를 나열하는 명령은 무엇인가요?
>
> /terminal grep을 사용해 여러 파일에서 특정 텍스트를 찾으려면 어떻게 해야 하나요?
>
> /terminal find 명령을 사용해 파일 권한으로 파일을 검색하려면 어떻게 해야 하나요?
>
> /terminal 명령의 출력을 파일로 리디렉션하려면 어떻게 하나요?
>
> /terminal awk를 사용해 텍스트 파일을 어떻게 처리하나요?

그리고 에이전트인 @vscode가 있습니다. VS 코드의 기능, 탐색, 구성 또는 확장 프로그램에 대해 질문하고 도움을 받을 수 있습니다.

> @vscode 편집기를 여러 개의 창으로 분할하려면 어떻게 하나요?
>
> @vscode 키보드 단축키를 자체 설정하려면 어떻게 해야 하나요?
>
> @vscode 멀티루트 워크스페이스는 어떻게 설정하나요?
>
> @vscode VS 코드에서 작업 자동화를 어떻게 구성해야 하나요?
>
> @vscode VS 코드로 도커 설정법과 사용법은 무엇인가요?

/api 명령어가 있습니다. API 생성, 테스트 또는 통합을 포함하여 API 개발이나 사용에 대해 질문하거나 도움을 받을 수 있습니다.

> /api Node.js에서 JSON 데이터로 POST 요청을 하려면 어떻게 하나요?
>
> /api Express.js API에서 CORS 문제를 어떻게 처리하나요?
>
> /api Django REST API에서 사용자를 어떻게 인증하나요?
>
> /api에서 Rails API에서 페이지네이션을 하려면 어떻게 해야 하나요?
>
> /api ASP.NET Core에서 API 버전을 어떻게 관리하나요?

VS 코드의 컨텍스트[4]에서 **/api**를 사용할 수도 있습니다.

> @vscode /api 새로운 명령을 만들려면 어떻게 하나요?
>
> @vscode /api 설정을 읽고 쓰려면 어떻게 해야 하나요?
>
> @vscode /api 새 웹뷰 패널을 만들려면 어떻게 하나요?
>
> @vscode /api 파일 시스템과 상호작용하려면 어떻게 해야 하나요?
>
> @vscode /api 활동 표시줄에 새로운 항목을 추가하려면 어떻게 하나요?

깃허브에 저장된 코드를 지식 기반으로 삼은 답변도 받을 수 있습니다. **@github**를 입력하고 #을 입력해 나오는 자동 완성 목록에서 원하는 지식 기반을 선택해 질문을 입력합니다(VS 코드 17.11 프리뷰 3 이상의 버전부터 지원합니다).

> @GitHub #GitHub Engineering 루비에서 기능 플래그가 활성화되었는지 확인하는 방법을 알려주세요.
>
> @GitHub #GitHub A11y Docs index.js에서 개선해야 하는 접근성 문제를 알려주세요.

채팅을 지우려면 **/clear** 명령어를 사용합니다.

4.2.5 인라인 채팅

코드에서 채팅 기능을 사용할 수 있습니다. 코드를 드래그한 다음 윈도우의 경우 [Ctrl] + [I], 맥OS의 경우 [Cmd] + [I]를 누릅니다. 그러면 [그림 4–11]과 같은 팝업이 표시됩니다.

---

4 옮긴이_ VS 코드는 확장성을 염두에 두고 설계되었으므로 Extension API로 대부분의 사용자 인터페이스나 기능을 개발하거나 추가할 수 있습니다. https://code.visualstudio.com/api를 참고하세요.

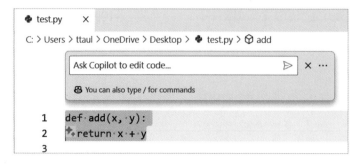

그림 4-11 인라인 채팅을 이용해 코드 내에서도 코파일럿의 도움을 받을 수 있습니다.

인라인 채팅을 사용하면 개발자가 작업 흐름을 유지할 수 있습니다. 앞서 설명한 단축키를 사용하여 코드에 대해 질문할 수 있으며, 설명은 채팅 패널에 표시됩니다.

또한 [그림 4-12]에 표시해두었듯, 코드 옆에 주황색 별표 버튼이 나타납니다. 버튼을 클릭하면 코드를 수정하고, 설명을 듣거나 다시 작성하는 등 요청 가능한 옵션이 표시됩니다. [그림 4-12]에서 확인할 수 있습니다.

```
test.py    ×
C: > Users > ttaul > OneDrive > Desktop > test.py > add
    1    def add(x, y):
    2        return x + y
    3
    4    def subtract(x, y):
    5        return x - y
    6
```

그림 4-12 주황색 별표 버튼을 클릭하면 코드와 직접 상호작용할 수 있습니다.

인라인 채팅을 사용한 예시를 살펴보겠습니다. 다음과 같은 프롬프트를 사용하겠습니다.

 버블 정렬을 위한 함수를 작성하세요.

코파일럿은 적절한 코드를 작성합니다. 하지만 더 빠른 정렬 방법이 있는지 알아보고 싶다고 가정하겠습니다. 함수를 드래그하고 인라인 채팅을 실행합니다. [그림 4-13]은 코파일럿의 응답 화면입니다.

```
1   def bubble_sort(arr):
2       n = len(arr)
3       for i in range(n):
4           for j in range(0, n-i-1):
5               if arr[j] > arr[j+1]:
6                   arr[j], arr[j+1] = arr[j+1], arr[j]
7       return arr
8
```

> 더 빠른 정렬 방법이 있다면 코드를 보여주세요.   🎤 ▷   ⌨ ✕
>
> 🐙 GitHub Copilot
>
> Made changes.
>
> [Accept] [Discard] ↻ 🗎   ⓘ Accept or discard 1 change

```
9    def quick_sort(arr):
10       if len(arr) <= 1:
11           return arr
12       pivot = arr[len(arr) // 2]
13       left = [x for x in arr if x < pivot]
14       middle = [x for x in arr if x == pivot]
15       right = [x for x in arr if x > pivot]
16       return quick_sort(left) + middle + quick_sort(right)
17
18   sorted_arr = quick_sort(arr)
19   print(sorted_arr)
```

그림 4-13 인라인 채팅에서 상단의 버블 정렬보다 더 빠른 정렬을 만들어 달라는 요청에 응답했습니다.

채팅은 퀵 정렬 알고리듬을 제안하고 이를 '차이 모드diff mode'로 표시합니다. 두 가지 접근 방식을 비교하고 대조할 수 있습니다. 새로운 코드는 전체를 수락할 수도 있고 일부만 수용할 수도 있습니다.

4.2.6 탭 열기

표준 소프트웨어 개발 프로젝트를 진행할 때 IDE는 앱의 각 부분을 담당하는 여러 파일로 가득 차게 됩니다. 리액트React를 사용하는 웹 프로젝트를 예로 들면, .jsx 및 .js 파일 등 컴포넌트 파일을 비롯해 .html, .css, .json, .env 파일도 있습니다.

코파일럿에게 이런 소건은 유익합니다. 코파일럿은 작업을 더 잘 이해할수록 성능이 향상됩니다. 즉, 현재 작업 중인 파일의 모든 내용을 고려합니다. 열려 있는 다른 파일의 경우 전부를 검사하기보다는 현재 수행 중인 작업과 관련된 부분에 집중합니다. 또한 코파일럿은 프로젝트의 나머지 파일은 보지 않으므로 개인정보를 보호할 수 있습니다.

4.2.7 명령줄 인터페이스

명령줄 인터페이스에서 코파일럿을 사용할 수 있습니다. 코파일럿은 명령어 설명과 명령어 제안 두 가지 주요 기능을 제공합니다. 깃허브 CLI(https://cli.github.com)를 설치한 다음 깃허브 계정으로 로그인해야 합니다.

```
$ gh auth login
```

다음으로 코파일럿을 설치합니다.

```
$ gh extension install github/gh-copilot
```

확장 프로그램을 업그레이드할 수 있습니다.

```
$ gh extension upgrade gh-copilot
```

다음은 코파일럿에게 명령어에 대한 설명을 요청하는 예시입니다.

 gh copilot explain xcopy

[그림 4–14]는 출력 결과입니다.

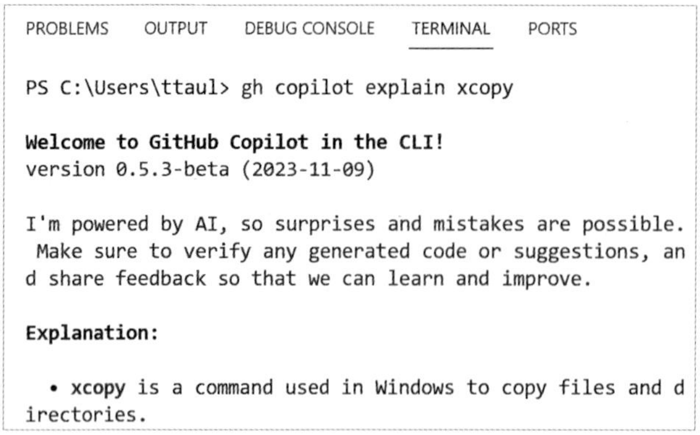

```
PROBLEMS    OUTPUT    DEBUG CONSOLE    TERMINAL    PORTS

PS C:\Users\ttaul> gh copilot explain xcopy

Welcome to GitHub Copilot in the CLI!
version 0.5.3-beta (2023-11-09)

I'm powered by AI, so surprises and mistakes are possible.
 Make sure to verify any generated code or suggestions, an
d share feedback so that we can learn and improve.

Explanation:

  • xcopy is a command used in Windows to copy files and d
  irectories.
```

그림 4-14 코파일럿이 CLI에서 xcopy 명령에 대해 설명합니다.

다음은 코파일럿이 명령어를 제안하도록 하는 방법입니다.

 gh copilot suggest

코파일럿은 어떤 유형의 명령어에 대한 도움을 원하는지 물어봅니다. 일반 셸 명령어, gh 명령어 또는 git 명령어 중 하나를 지정하세요. 그런 다음 해당 명령어가 수행할 작업을 묻습니다. 다음은 예시입니다.

 시스템에서 환경 변수를 조회하고 설정하는 명령어는 무엇인가요?

[그림 4-15]는 사용할 명령어를 제안하는 코파일럿의 응답입니다. 이를 복사하거나 코파일럿에게 명령어를 설명하거나 수정하도록 추가 도움을 요청할 수 있습니다.

```
> gh copilot suggest

? What kind of command can I help you with?
> generic shell command

? What would you like the shell command to do?
> 시스템에서 환경 변수를 조회하고 설정하는 명령어는 무엇인가요?

Suggestion:

  echo $PATH (조회)


  export (설정)



? Select an option  [Use arrows to move, type to filter]
> Copy command to clipboard
  Explain command
  Execute command
  Revise command
  Rate response
  Exit
```

그림 4-15 코파일럿의 제안 기능은 명령줄 인터페이스에서 사용자가 제공한 입력에 따라 명령어를 제안합니다.

4.3 코파일럿 파트너 프로그램

개발자는 종종 서드파티 도구를 사용해 앱을 개선하고 데이터를 보다 효과적으로 활용합니다. 스플렁크Splunk는 로그 분석과 데이터 분석에 탁월한 도구로 많이 사용되고 있습니다. 개발자는 스플렁크의 뛰어난 검색 및 보고 기능 덕분에 앱을 지속적으로 모니터링하고 문제를 신속하게 해결합니다. 그리고 뉴 렐릭New Relic은 앱이 원활하게 실행되도록 실시간 인사이트와 진단을 제공합니다. 성능 문제를 빠르게 발견하고 수정하여 사용자 경험을 개선할 수 있습니다. 데이터 독Datadog도 빼놓을 수 없습니다. 인프라와 애플리케이션을 모두 모니터링하는 데 핵심적인 역할을 합니다. 광범위한 통합 기능을 제공하여 개발자는 다양한 소스의 데이터를 수집하고 통합하며 시각화합니다. 이를 통해 성능을 향상시키고 리소스를 관리하는 데 현명한 결정을 내릴 수 있습니다.

이러한 시스템의 중요성을 고려해 깃허브는 코파일럿 파트너 프로그램을 도입했습니다. 플러그인을 통해 사용할 수 있는 인기 있는 통합 플랫폼의 라인업이 확장되고 있습니다.[5]

초기 파트너 중 하나는 벡터 데이터베이스 아스트라 DB를 개발한 데이터스택스Datastax입니다. 이 플러그인을 사용하면 개발자가 채팅을 통해 데이터베이스 생성 속도를 높일 수 있습니다. 예를 들어 코딩 표준에 부합하도록 데이터베이스의 구조와 메타데이터에 대한 코드 제안을 제공받으면, 더 깔끔하고 유지보수가 쉬운 코드를 작성할 수 있습니다.

질문하려면 @datastax 태그를 사용하세요. 프롬프트 예시(`https://oreil.ly/4QQrB`)는 다음과 같습니다.

chat_prod 데이터베이스에 대해 알려주세요.

테이블의 스키마에 대해 알려주세요.

chat 테이블에서 읽을 SQL 쿼리를 작성하세요.

---

5 옮긴이_ 2024년 5월 21일 마이크로소프트는 연례 개발자 콘퍼런스 '빌드 2024'에서 '깃허브 코파일럿 익스텐션(GitHub Copilot Extensions)'을 제한적으로 출시했습니다. 기존 깃허브 코파일럿 익스텐션이 외부 애플리케이션 내에서 코파일럿에 접근하는 기능을 제공했다면, 새로운 깃허브 코파일럿 익스텐션은 깃허브 코파일럿 채팅에 외부 도구의 기능을 통합하는 깃허브 앱입니다. 개발자는 DataStax, Sentry, Azure, Docker 등 코파일럿 파트너 생태계를 IDE나 깃허브 앱에 통합하여 자연어로 상호작용하며 몰입 상태를 유지할 수 있습니다. 깃허브 마켓플레이스에서 설치 가능하며, 기업은 자체 개발 도구를 위한 비공개 익스텐션을 만들어 내부 API 라이브러리나 지식 기반을 대화 형식으로 활용할 수 있습니다.

안과용 AI 분야 특허를 보유한 AI 연구원이자 코파일럿의 열렬한 사용자인 메리 브렌다 아코다[Mary–Brenda Akoda]는 이렇게 말했습니다. "한번은 코파일럿을 사용해 전체 모델 개발 프로세스에 대한 코드를 1시간 내에 작성했습니다. 보통은 훨씬 더 많은 시간과 노력을 쏟았어야 하는 작업이었습니다. 흥미롭게도 코파일럿을 지원하지 않는 온라인 IDE를 사용할 때 개발 과정이 얼마나 번거롭고 느릴지 실감했습니다."

4.4 결론

코파일럿은 개발자의 생산성과 코드 품질을 크게 향상시켜 코드 작업을 위한 필수적인 AI 도구로 빠르게 자리 잡았습니다. 이 장에서는 복잡한 코드 블록을 제안하는 기능, 견고한 보안 조치, 인상적인 성능, VS 코드에서 사용할 때의 편의성 등을 간략히 설명했습니다. 코파일럿의 채팅 및 인라인 채팅 같은 기능을 사용하면 코딩 중에도 AI와 상호작용할 수 있습니다. 비록 여전히 사람의 지도가 필요하지만, 코파일럿은 AI 어시스턴트 코딩의 미래를 엿볼 수 있는 도구[6]임에 분명합니다.

6　옮긴이_ 2024년 4월 29일 깃허브는 클라우드 기반 IDE인 '코파일럿 워크스페이스'를 공개하며, 이를 '태스크 기반 AI 어시스턴트'로 소개했습니다. 기존 코파일럿은 코드 작성 및 제안에 중점을 두었지만 이제 브레인스토밍과 기획 영역까지 지원하여 전체 개발 프로세스를 포괄하는, '코파일럿–네이티브' 개발 환경을 구축합니다. 2024년 5월 기준 프리뷰 상태이며, 사전 신청이 가능합니다.

## CHAPTER 5

기타 AI 어시스턴트
프로그래밍 도구

아마존 Q 디벨로퍼, 구글 제미나이 코드 어시스트, 리플릿 같은 고급 AI 어시스턴트 프로그래밍
도구에 대해 자세히 설명합니다.

깃허브 코파일럿이 AI 어시스턴트 프로그래밍 도구 중 가장 주목받고 있지만, 이외에도 훌륭한 도구가 많습니다. 개발자는 일상적인 코딩 작업에서 일반적으로 도구 여러 개를 조합해서 사용합니다. 대부분의 도구는 깃허브 코파일럿의 방식을 따르기 때문에 사용법을 익히는 데 그리 어렵지 않습니다. 주석을 사용하여 명령을 시작하고 단축키를 사용해 빠른 제안을 받을 수 있으며, 유용한 채팅 기능도 갖췄습니다.

이 장에서는 다양한 AI 프로그래밍 도구들을 살펴보겠습니다. 아마존과 같은 대기업의 도구부터 스타트업에서 개발한 흥미로운 도구까지 확인합니다. 또한 메타의 코드라마와 같은 오픈소스 옵션도 짚어봅니다. 분명 주목할 가치가 있습니다.

5.1 아마존 Q 디벨로퍼

2024년 4월 30일 아마존 Q 디벨로퍼^{Amazon Q Developer}가 정식 출시되었습니다. 이전까지 아마존의 프로그래밍 전용 AI 어시스턴트였던 코드위스퍼러의 다양한 프로그래밍 언어와 IDE 통합 등 모든 기능이 이전되었고 커스터마이징 및 비즈니스 사용 사례에 맞춘 기능이 추가되었습니다. 무엇보다 코드를 생성하고 변환하며 소프트웨어 업데이트와 코드 문서화 등의 작업을 자동 처리하는 AI 에이전트를 호출할 수 있게 되었습니다.

명령줄 인터페이스와 IDE, AWS 관리 콘솔 등 다양한 플랫폼에서 사용할 수 있습니다. 확장 프로그램을 다운로드하여 설치하고 AWS 빌더 ID로 로그인하여 사용을 시작할 수 있습니다.

아마존 Q 디벨로퍼는 두 가지 요금제를 제공합니다.

- **무료 버전**: 코드 제안을 제공하고 참조 추적기 기능으로 오픈소스 코드의 출처를 추적하며, 보안 검사를 수행합니다. 아마존 Q 디벨로퍼 에이전트를 사용하여 월 5회 한도로 소프트웨어 개발 작업을 가속화하고, 월 1000줄의 코드를 변환할 수 있습니다.
- **프로 버전**: 사용자당 월 19달러입니다. 접근 권한을 관리하고 그룹 전체 정책을 관리할 수 있으며 조직 내 분석 대시보드도 제공합니다. 아마존 Q 디벨로퍼 에이전트는 월 4000줄의 코드 변환을 지원합니다. 내부 코드베이스에 맞게 아마존 Q를 커스터마이징하여 더 관련성 높은 코드 추천을 생성하는 기능을 프리뷰로 제공하고 있습니다.

아마존 Q는 프로그래밍과 관련된 개념과 코드 스니펫을 설명하고, 코드와 단위 테스트를 생성하며, 디버깅 또는 리팩터링을 포함하여 코드를 개선할 수 있습니다. 먼저 IDE에서 코드 파일의 섹션을 드래그하고, 마우스 오른쪽 버튼을 클릭하여 컨텍스트 창을 엽니다. 아마존 Q를 선택하면 설명, 리팩터링, 수정, 최적화 또는 프롬프트로 보내기 중 하나를 선택할 수 있습니다. 프롬프트로 보내기를 선택하면, 아마존 Q가 선택된 코드를 채팅 패널로 복사하고, 코드에 대한 질문을 입력할 수 있습니다.

아마존 Q와 대화하며 AWS에 대해 질문하고 소프트웨어 개발과 관련한 지원을 받을 수 있습니다. 개발자는 AWS 서비스 선택, AWS 명령줄 인터페이스 사용 방법, 문서, 모범 사례, AWS 리소스 등에 관련하여 질문할 수 있습니다. 다음은 프롬프트 예시입니다.

파이썬 함수를 작성해 S3 버킷에 파일을 업로드합니다.

키네시스 스트림에서 레코드를 처리하기 위해 파이썬 람다 핸들러를 작성합니다.

정렬 키를 사용하여 DynamoDB 테이블의 항목을 쿼리하는 자바 메서드를 작성합니다.

AWS 명령줄 인터페이스를 사용해 인스턴스 ID별로 EC2 인스턴스를 중지하는 배시 스크립트를 작성합니다.

AWS CDK를 사용하여 TypeScript로 PostgreSQL 엔진을 사용하는 RDS 인스턴스를 생성합니다.

아마존 Q 디벨로퍼는 전체 소프트웨어 수명 주기를 지원하는 어시스턴트입니다. 실제로, 아마존 Q 디벨로퍼는 여러 줄의 코드를 제안하는 AI 어시스턴트 중에서 가장 높은 수준의 코드 수용률을 자랑합니다. BT 그룹은 아마존 Q가 제안한 코드의 37%를, 호주 중앙은행은 50%를 수용했다고 보고했습니다.

글로벌 인슈어테그 기업인 볼트네그는 소프트웨어 개발 과정에서 중복되는 수작업을 제거해 시장 진출 시간을 단축하고자 했습니다. 아마존 Q가 코드를 생성하고 문서화하는 과정을 간소화해 개발 워크플로를 혁신적으로 개선할 수 있었습니다. 코드 문서화 시간이 75% 줄었고 특히 파이썬 독스트링의 경우 작성하는 시간이 90%까지 절감되면서, 개발자의 생산성이 높아지고 코드 품질도 개선되었습니다.

5.2 제미나이 코드 어시스트

2024년 4월 9일 구글은 연례 콘퍼런스 '구글 클라우드 넥스트 2024'에서 AI 코딩 어시스턴트인 '듀엣 AI 포 디벨로퍼Duet AI for Developer'를 '제미나이 코드 어시스트Gemini Code Assist'로 변경한다고 발표했습니다. 제미나이 1.5 프로 모델을 활용하며 코드를 생성하고 완성하며 그 과정에 대화 기능을 제공합니다. 제미나이 1.5는 최대 백만 개의 토큰을 처리하는 큰 컨텍스트 창으로 코드를 이해하는 성능이 향상됐으며 3만 줄 이상의 코드 또는 70만 단어 이상의 코드베이스를 처리할 수 있습니다.

제미나이 코드 어시스트를 활용하면 코드를 작성하는 동안 코드 자동 완성을 사용할 수 있고, 주석으로 함수나 코드 블록을 생성하며 단위 테스트도 생성할 수 있습니다. 이외에도 디버깅, 코드 이해, 코드 문서화 등 다양한 도움을 받습니다.

넥스트 2024에서 소개한 제미나이 코드 어시스트의 신규 기능은 다음과 같습니다.

- **전체 코드베이스 인식**: 새로운 기능 추가, 파일 간 종속성 업데이트, 버전 업그레이드 지원, 포괄적인 코드 리뷰 등 전체 코드베이스에 걸친 대규모 변경 작업이 가능해졌습니다.
- **코드 맞춤 설정**: 기업은 제미나이 코드 어시스트를 자사의 비공개 코드베이스에 연결하여 맞춤 설정할 수 있어, 개발자들에게 컨텍스트 인식 코드 생성 기능을 제공할 수 있습니다. 아울러 깃랩과 깃허브, 비트버킷 등 다양한 소스코드 저장소에도 접근이 가능하도록 연결성을 확대했습니다.

제미나이 코드 어시스트는 12개월 약정 시 월 19달러에 사용할 수 있습니다. 구글은 사내 개발자들에게 제미나이 코드 어시스트를 배포한 결과, 일반적인 개발 작업을 완료하는 시간이 40% 이상 단축됐으며 새로운 코드를 작성하는 데는 시간이 55% 단축되는 효과를 확인했다고 밝혔습니다.

5.3 탭나인

탭나인은 AI 어시스턴트 프로그래밍 도구의 길을 열었습니다. 2013년 회사를 설립한 드로어 와이스Dror Weiss와 에란 야하브Eran Yahav는 1990년대부터 소프트웨어 개발 분야에서 코드를 분석하고 시뮬레이션하며 겪은 복잡한 문제들을 AI로 해결할 수 있을지 고민했습니다.

실제로 AI는 도움이 되었습니다. 다만 트랜스포머 모델이 등장하기 이전이었기에 독자적인 모델을 구축해야만 했습니다. 이는 소프트웨어 개발에서 AI의 역할을 깊이 이해하는 자양분이 되었습니다. 몇 년이 흐른 지금, 탭나인은 트랜스포머 모델을 도입했습니다.

탭나인은 보안시스템에 막대한 투자를 해왔습니다. 클라우드 기반 또는 사내 탭나인의 추론 서버로 전송되기 이전에 코드의 각 문자는 토큰화되고 암호화됩니다. 탭나인은 사용자 데이터를 저장하지 않으며, 직원들도 데이터를 읽을 수 없습니다. 또한 SOC-2 규정을 준수합니다.

모델 학습을 위해 MIT, Apache, BSD 같은 허용적permissive 라이선스가 있는 오픈소스 코드를 사용합니다. 이는 지식재산권 보호에 관심이 많은 조직에 중요합니다. 또한 학습에 사용하는 코드의 투명성을 중요하게 생각합니다. 심지어 개발자가 자신의 리포지터리를 탭나인의 학습 데이터에 사용되지 않도록 설정하는 방법도 제공합니다. 생성 모델의 학습과 관련하여 라이선스에 신중하게 접근하고 있음을 보여줍니다. 탭나인은 세 가지 요금제를 운영합니다.

- 베이직 요금제: 무료 요금제로 개인 사용자를 대상으로 짧은 코드 자동 완성과 커뮤니티 지원 등의 기본 기능을 제공합니다.
- 프로 요금제: 사용자당 월 12달러입니다. 개발자와 소규모 팀이 더 빠르고 효율적으로 고품질의 코드를 작성할 수 있도록 돕기 위해 구축되었습니다. IDE 내에서 코드와 테스트, 문서를 생성하는 개인화된 AI 채팅 에이전트를 제공합니다.
- 엔터프라이즈 요금제: 포괄적인 보안, 제어 및 자체 설정 기능을 원하는 대규모 조직을 대상으로 합니다. 무제한 사용자, 맞춤형 AI 모델, 비공개 배포 옵션, 프리미엄 지원을 제공합니다. 요금은 1년 약정 시 월 39달러입니다.

탭나인은 매월 백만 명 이상의 사용자가 이용하며, 특히 구글, 아마존, 넷플릭스, 아틀라시안 등의 거대 기술 기업을 주요 고객사로 확보하고 있습니다.

5.4 리플릿

리플릿은 다양한 프로그래밍 언어를 지원하고 애플리케이션을 호스팅할 수 있는(이른바 리플Repl) 다재다능한 웹 기반 IDE입니다. 구글 문서와 유사한 풍부한 협업 기능을 갖췄습니다. 리플릿은 맥OS, 윈도우, 리눅스, 안드로이드, iOS용 데스크톱 버전을 개발하여 사용 범위를 넓혔습니다. 플랫폼은 약 2300만 명의 개발자로 구성된 탄탄한 커뮤니티를 자랑합니다.

리플릿(https://blog.replit.com/ai4all)은 2016년 암자드 마사드Amjad Masad, 파리스 마사드Faris Masad, 하야 오데Haya Odeh가 설립했습니다. 암자드는 리플릿 설립 10년 전부터 그 개념을 구상해왔으며, 야후와 페이스북에서 엔지니어로 일하며 개발 도구를 구축하기 위한 기술을 갈고닦았습니다. 또한 코드아카데미 설립에도 주도적으로 참여해 코딩 분야의 혁신적인 기술과 교육에 대한 헌신을 보여주었습니다.

리플릿은 세 가지 요금제를 운영합니다.

- 스타터 요금제: 무료이며, 초보자를 위한 기본 작업 공간을 제공합니다. 리플릿 AI의 일부 기능을 사용할 수 있으며, 커뮤니티의 지원을 받습니다.
- 리플릿 코어 요금제: 월 20달러, 연 220달러입니다. AI 채팅에서 무제한의 응답을 받을 수 있으며, 고급 리플릿 AI 기능에도 접근 가능합니다. 개인 프로젝트를 무제한으로 생성할 수 있으며 문제 해결이나 기술 지원이 필요할 때 전문적인 도움을 실시간으로 받을 수 있습니다.
- 팀 요금제[1]: 사용자당 월 40달러에 이용할 수 있으며, 팀 전체가 리플릿의 강력한 기능을 활용할 수 있도록 설계되었습니다. 동적인 대시보드를 제공하고 코드 리뷰와 병합 속도를 높이며 팀의 효율적인 협업을 지원합니다.

리플릿의 마케팅 및 디자인 담당 부사장인 데이비드 황은 리플릿에 대해 이렇게 설명합니다.

> 리플릿은 올인원 소프트웨어 제작 플랫폼입니다. 개발 환경, 코드 작성, 프로덕션 배포 등 소프트웨어 개발 프로세스에서 사용자가 경험하는 마찰을 줄이도록 설계되었습니다. 덕분에 리플릿은 코드 생성에 그치지 않고 AI를 통합할 수 있습니다. 코드 완성 모델 또한 자체 언어 모델에 의해 구동됩니다.

리플릿의 LLM은 무려 1조 개의 토큰으로 학습해 30개의 프로그래밍 언어를 이해할 수 있습니다. 리플릿에서 작업할 때 공개 리플에 작성한 코드를 포함한 모든 키보드 입력 내용은 리플릿 AI를 추가로 학습시키는 데 사용될 수 있습니다. 작업 내용을 비공개로 유지하고 학습 데이터에서 제외하고 싶다면 리플을 비공개로 설정할 수 있습니다. 리플릿 AI를 사용할 때도 여러분이 작성한 코드에 대한 권리는 보장됩니다. 공개 리플의 코드는 리플릿의 라이선스 정보에 명시된 대로 자동으로 MIT 라이선스가 적용됩니다.

---

1 옮긴이_ 팀 요금제는 2024년 4월 2일 연례 개발자 콘퍼런스에서 리플릿 베타 버전으로 출시되었으며 6월 초 기준 대기자 명단에 등록한 일부 고객에게 제공되고 있습니다.

[그림 5-1]은 리플릿의 편집 화면입니다. 왼쪽 상단에는 파일 트리와 검색 상자가 있습니다. 가운데에 편집기가 있고 화면 오른쪽에 출력(예: 콘솔)이 표시되며 왼쪽 하단에는 사용 가능한 도구가 표시됩니다. AI를 선택하면 오른쪽 패널에 채팅 기능이 나타납니다.

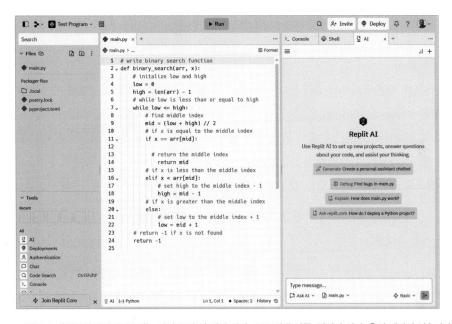

그림 5-1 리플릿의 인터페이스에는 파일 트리 및 검색 상자, 도구 선택 버튼, 편집기 상자, 출력 패널이 있습니다.

코드를 드래그한 뒤 마우스 오른쪽 버튼으로 클릭하면 AI 관련 메뉴 2가지가 표시됩니다.

Explain with AI(설명)

코드에 대한 유용한 설명을 제공합니다. 설명이 정확하지 않은 경우 [Retry] 버튼을 클릭하여 리플릿에게 재요청합니다. 구체적인 질문이 있는 경우에는 설명 상자 맨 하단의 [Reply in Chat] 옵션을 선택합니다. 리플릿은 코딩 과정을 지원하기 위해 '문서에 질문하기', '코드 편집', '코드 생성' 등의 유용한 기능도 제공합니다.

Modify with AI(수정)

프롬프트를 통해 코드를 수정할 수 있습니다. 예를 들어 이진 탐색을 위한 코드 섹션을 드래그한 후 해당 파이썬 코드를 자바스크립트 함수로 변환하도록 요청하는 프롬프트나 해당 코드에서 재귀적 접근 방식을 사용하도록 변경해 달라고 요청하는 프롬프트를 입력할 수 있습니다. 리플릿은 코드를 실험하고 개선하는 데 유연하고 상호작용적인 방식을 제공합니다.

리플릿 도구의 사용자 친화성과 강력한 기능을 보여주는 흥미로운 사례를 소개하겠습니다.

당뇨병 앱

런던의 iOS 개발자 마르완 엘와라키^{Marwan Elwaraki}는 남동생이 당뇨병을 진단받자 아내와 함께 혈당 수치를 모니터링하는 앱을 만들기로 결심했습니다. 마르완은 자신이 만든 앱을 이렇게 소개합니다. '비행기 안에서 위젯 앱과 혈당 추적기의 API를 연결하는 잠금 화면 위젯을 프로토타입으로 간편하게 만들었습니다. 동생의 혈당 수치를 바로 확인할 수 있고, 실시간으로 기록하기 위해 앱을 열 필요가 없어졌습니다.'

메시지를 전송하는 버튼을 추가했고 메시지 기능을 개선했습니다. 그런 다음 iOS 앱 스토어에 앱을 출시했습니다.

마르완은 모바일 프런트엔드 개발자로 파이썬이나 백엔드 개발에는 경험이 거의 없었고, 아내는 코딩 경험이 전무한 제품 관리자였습니다. 처음에는 챗GPT를 사용했지만 리플릿 AI가 엄청난 차이를 만들었습니다. '리플릿 AI는 앱의 거의 모든 백엔드를 구축했고 최소한 재검토하는 데 도움이 되었습니다. 개발자의 생산성이 향상된다는 이야기는 제게는 분명한 사실입니다'라고 마르완은 사용 소감을 전했습니다.

해커톤에서 스타트업으로

마이크로소프트, 스냅챗, 웨이모에서 제품 관리자로 인상적인 경력을 쌓은 프리야 칼리아나라만^{Priyaa Kalyanaraman}은 크래프트 벤처스 AI 해커톤에 참가했습니다. 리플릿 AI를 활용해 콘텐츠 제작을 단순화하고 재미를 더하는 앱을 개발하여 1만 달러의 상금을 거머쥐면서 대상을 수상했습니다. 프리야는 제품 관리 전문가로서의 경험을 살려 세부 사양을 꼼꼼하게 준비하고 앱을 논리적으로 구조화했습니다. 앱은 그녀의 스타트업 리카의 기반이 되었고, 이후 프리 시드 투자를 성공적으로 유치합니다.

5.5 코드GPT

VS 코드 확장 프로그램입니다. 무료 요금제부터 사용자당 월 19.99달러의 팀 요금제까지 선택지가 다양합니다. 구독을 약정하기 전에 서비스를 사용해볼 수 있는 10일 무료 체험판도 제공합니다(https://bit.ly/4ct1RGE).

코드GPT의 흥미로운 점은 다양한 LLM과 통합할 수 있다는 점입니다. 여기에는 오픈AI, 구글, 앤트로픽, 메타, 미스트랄AI,[2] 코히어 등이 개발한 모델이 포함됩니다. 허깅 페이스에서 계정을 생성하고 API 토큰을 획득하면 다양한 오픈소스 플랫폼에 접근할 수 있어 활용도가 더욱 확장됩니다.

모델을 선택한 후에는 다음과 같은 요소에 따라 모델을 구성할 수 있습니다.

- 프롬프트 및 응답을 위한 최대 토큰 수
- Temperature
- 윈도우 메모리window memory(모델이 참조할 수 있는 과거 대화의 범위)

코드GPT의 또 다른 흥미로운 특징은 API를 제공한다는 사실입니다. 챗봇과 가상 비서 등 다양한 애플리케이션에서 인간과 유사한 텍스트를 이해하고 생성하는 기능을 구축할 수 있습니다. RESTful API 설계로 다양한 플랫폼과의 호환성을 높이고 통합 과정을 간편하게 만듭니다. 또한 파이썬과 자바스크립트 SDK를 제공해 유연하게 API를 구현할 수 있습니다. 코드GPT의 API는 코딩 프로세스를 변혁하려는 이니셔티브의 일환으로, 다양한 개발 프로젝트에서 정교한 AI 도구를 사용할 수 있도록 하는 것을 목표로 합니다.

5.6 코디

2013년, 퀸 슬랙과 베양 리우Beyang Liu는 코드 검색 도구를 개발하기 위해 소스그래프를 설립합니다. 비양은 구글에서 근무하는 동안 코드 인텔리전스 및 인사이트 플랫폼의 이점을 직접

---

2 옮긴이_ 2024년 7월, 미스트랄AI는 코드 작업에 특화된 생성형 AI 코드스트랄 맘바(Codestral Mamba)를 공개했습니다. 트랜스포머 아키텍처가 아닌 맘바 아키텍처를 채택하여 빠른 응답 시간과 긴 시퀀스 처리 능력으로 코드 생산성을 높였습니다. 코드스트랄은 80개 이상의 프로그래밍 언어를 학습했으며 3만 2000개 토큰의 컨텍스트 창을 제공합니다.

경험했는데, 특히 대규모 코드베이스를 처리하는 데 유용했습니다.

소스그래프의 주요 목표는 '빅 코드$^{\text{big code}}$ [3] 문제를 해결할 수 있는 고급 도구를 만드는 것이었습니다. 2023년 소스그래프의 보고서 'AI 시대의 빅 코드'(https://oreil.ly/Pu6Gp)에 따르면 개발자의 약 77%가 3년 동안 코드베이스가 5배 증가했다고 보고했습니다. 더불어 72%는 급증하는 빅 코드 규모가 회사의 혁신 역량과 경쟁력에 실질적인 위협이 될 수 있다고 우려했습니다.

소스그래프는 AI를 전략의 핵심축으로 삼아 코디라는 AI 기반 코드 생성 시스템을 개발했습니다. 코디는 앤트로픽과 오픈AI의 LLM을 사용합니다. 스타코더^{Starcoder}도 사용 가능합니다. 베양 리우는 코디의 장점을 이렇게 설명합니다.

> 우리는 코디를 위해 검색 기능을 활용했습니다. 개발자 시간의 80%는 코드를 작성하는 것이 아니라 코드를 읽고 이해하는 데 사용됩니다. 코디는 전체 코드베이스를 탐색하면서도 다른 라이브러리와 프레임워크를 쉽게 추가할 수 있도록 지원합니다. 전반적으로 개선된 결과를 얻을 수 있습니다.

코디에 사용할 수 있는 프롬프트를 소개하겠습니다.

> 리포지터리의 전체적인 구조를 알려주세요.
>
> 이 파일의 역할을 알려주세요.
>
> X 컴포넌트는 어디에 정의되어 있나요?

무료 요금제와 두 종류의 유료 요금제를 제공합니다.

- **무료 요금제**: 코드 자동 완성, 채팅, 컨텍스트 인식 같은 다양한 기능을 포함합니다.
- **프로 버전**: 사용자당 월 9달러입니다. 다음과 같은 혜택이 있습니다.
  - 자동 완성, 메시지, 명령어 기능 무제한
  - 대규모 코드베이스에서 개인화 지원
  - 다양한 LLM 선택지
  - 더 높은 수준의 지원

3　옮긴이_ 복잡하고 방대한 코드베이스를 의미하며, 코드 유지보수를 비롯하여 협업과 확장성 측면에서 상당한 문제를 야기합니다.

- **엔터프라이즈 에디션**: 대규모 조직의 요구사항에 맞게 조정됩니다. 사용자당 월 19달러의 요금이 부과됩니다.

  - 사용자 관리
  - 단일 테넌트 배포
  - 감사 로그
  - 조직 사용량 통합 관리 기능
  - 베타 기간 동안 일일 요금 한도
  - 웹 및 API 접근
  - 사용자 맞춤형 LLM

풀스택 개발자이자 코디의 오픈소스 기여자인 디팍 쿠마^{Deepak Kumar}는 코디에 대해 많은 기대를 표현했습니다.

> 제가 가장 주목하는 기능은 채팅과 명령어입니다. 저는 채팅을 사용하여 코딩 관련 질문에 답하거나 프로젝트의 초기 아이디어를 구상하거나 버그를 수정합니다. 명령어는 미리 정의된 자체 설정 프롬프트로, 문서 작성 및 테스트 추가와 같은 임시 작업을 마무리하는 데 유용합니다.

2021년 7월, 소스그래프는 앤드리슨 호로위츠, 인사이트 파트너스, 지오데식 캐피털 등을 포함한 투자자들로부터 1억 2500만 달러의 시리즈 D 투자를 유치하며 26억 2500만 달러의 기업 가치(https://oreil.ly/bSI3N)를 인정받았습니다.

5.7 코드WP

워드프레스는 간편하고 다재다능하며 다양한 테마와 플러그인을 제공해 인기를 끄는 오픈소스 콘텐츠 관리 시스템^{contents management system}(CMS)입니다. 블로그 플랫폼으로 출발했지만, 이제는 전자상거래, 포트폴리오, 기업 웹사이트 등 다양한 유형의 웹사이트를 구축할 수 있습니다. 사용자 친화적인 인터페이스와 커스터마이징 가능한 옵션이 매력적입니다. W3Techs에 따르면, 인터넷상의 모든 웹사이트의 약 45.8%가 이 플랫폼을 기반으로 구축되었습니다(https://oreil.ly/NiXTW). 웹 상당 부분을 워드프레스가 주도하고 있는 셈입니다.

AI 어시스턴트 프로그래밍 도구는 워드프레스 개발을 획기적으로 개선하며, 코드WP는 그 잠재력을 적극적으로 활용하고 있습니다. 코드WP는 고교 시절 워드프레스 대행사를 창립한 제임스 르페이지James LePage가 설립했습니다. 비즈니스는 급속도로 성장했으나 노동 집약적이라는 한계가 있었습니다. 하지만 AI 어시스턴트 프로그래밍 기술의 도입으로 생산성이 크게 향상되었습니다. 제임스가 워드프레스 개발의 일반적인 사용 사례를 깊이 이해하고 있었기에 AI 기술의 효과를 한층 높일 수 있었습니다.

코드WP는 웹 기반 플랫폼으로, 무료 버전과 두 가지 유료 옵션을 제공합니다. 연간 구독 시 최대 33%의 할인 혜택이 있습니다.

- **프로 요금제**: 사용자당 월 18달러입니다. AI 어시스턴트와 폭넓게 상호작용할 수 있으며, 프로젝트별로 맞춤형 코드 생성과 제안을 받을 수 있습니다.
- **에이전시 요금제**: 사용자당 월 48달러를 부과하며, 웹 개발 및 마케팅 기업을 위한 상품입니다. 프로젝트 수에 제한이 없으며, 팀원을 무제한으로 추가하여 협업할 수 있는 기능을 제공합니다.

코드WP 사이트(`https://codewp.ai`)에 접속하여 계정을 만듭니다. [Create New]를 클릭한 다음 [New Code]를 선택해 코드를 작성하거나 [New Chat]을 선택해 질문을 합니다.

화면 왼쪽에는 스니펫을 저장하고 대화를 추적하고 프로젝트 목록을 확인할 수 있는 옵션이 있습니다. 가운데에는 작업 중인 파일의 편집기가 있으며 [New File] 버튼으로 새 파일을 만들 수 있습니다. 오른쪽에는 채팅 기능이 있습니다. 채팅에는 다음과 같은 프롬프트를 입력할 수 있습니다.

'Books' 레이블을 가진 'book'이라는 커스텀 포스트 타입을 등록합니다.

WP_Widget 클래스를 사용하여 'My Widget'이라는 워드프레스 위젯을 만듭니다.

register_activation_hook 함수를 위한 커스텀 플러그인 활성화 훅을 만듭니다.

코드WP는 워드프레스 생태계 내의 다양한 핵심 구성 요소를 지원합니다. 우커머스WooCommerce, WP심플페이WPSimplePay, 그래비티 폼Gravity Forms, 서치WPSearchWP, 컨택트 폼 7Contact Form 7 같은 주요 도구와의 호환성이 포함됩니다.

코드WP는 라이브 프리뷰 옵션이 있어 코드가 어떤 방식으로 작동할지 즉시 확인할 수 있으므로 테스트와 디버깅이 간편합니다. 또한 워드프레스 프로젝트에서 작업할 때 배포 프로세스를 간소화합니다. 통합 도구를 사용하면 코드를 워드프레스 사이트로 쉽게 전송할 수 있어 실제 환경에서 코드를 적용하고 테스트하는 작업이 훨씬 효율적입니다.

5.8 워프

명령줄 인터페이스command-line interface(CLI)는 1960년대에 등장하여 멀틱스나 유닉스와 같은 초기 운영 체제와 함께 성장했습니다. 이후 수년 동안 그래픽 인터페이스가 발전했지만 CLI는 여전히 간소한 전통을 지켜왔습니다. 텍스트로 명령을 입력하면 군더더기 없이 필요한 정보만 반환합니다.

단순한 인터페이스이지만 광범위하게 사용됩니다. 클라우드 시스템을 관리하고, 컴퓨터의 파일과 프로그램을 처리하고, 원활한 워크플로를 구축하는 데 필수입니다. 작업 자동화, 데이터 처리, 네트워크 관리, 소프트웨어 개발 등에 효율적입니다.

명령줄 인터페이스를 익히면 작업 속도가 빨라지고 정확도가 높아집니다. 여러 명령어를 조합하여 복잡한 작업을 처리할 수 있다는 점은 돋보이는 장점입니다. 또한 명령줄을 프로그래밍할 수 있으므로 원하는 대로 조정하고 작업을 자동화할 수 있습니다. 즉, 개발자는 자신의 작업을 더욱 매끄럽고 효율적으로 설정할 수 있습니다.

명령줄 인터페이스는 강력하지만 완벽하지는 않습니다. 가장 큰 문제는 협업에 적합하지 않아 생산성과 팀워크를 저해할 수 있다는 점입니다. 터미널 세션을 종료하면 작업 내용이 모두 사라지기 때문에 불편합니다. 명령줄은 일반적으로 한 대의 기기에 고정되어 다른 기기로의 전환이 번거롭습니다. 터미널은 특히 까다로운 작업에서는 부담스럽게 느껴질 수도 있습니다. 마지막으로 CLI 명령과 그 문법에 익숙해지는 건 많은 사람에게 쉽지 않은 일입니다.

워프Warp(https://www.warp.dev)는 이를 혁신하는 선도적인 스타트업입니다. 창립자이자 CEO인 잭 로이드Zach Lloyd는 2020년에 회사를 설립했습니다. 그 전에는 구글에서 구글 스프레드시트의 수석 엔지니어로 근무했습니다(https://oreil.ly/_Zhk7). '20여 년 개발자로 일하면서 사용한 CLI는 강력하고 매우 유용하지만 개선의 여지가 많다'고 말합니다.

워프는 빠르고 효율적이라고 알려진 프로그래밍 언어인 러스트[Rust]로 개발되었습니다. 일반적인 자바스크립트를 고수하는 대신 러스트의 강점을 활용하여 기본적으로 데스크톱 애플리케이션으로 실행되지만, 필요할 경우 웹 브라우저에서도 실행되어 터미널 세션을 공유하고 원격으로 협업이 가능합니다. 러스트를 활용한 기발한 전환 덕분에 모든 사용자에게 더 부드럽고 빠른 경험을 제공하며 애플리케이션과의 상호작용을 크게 개선합니다.

워프는 업그레이드된 터미널과 같습니다. 선택, 커서 위치 지정, 완성 메뉴 같은 고급 텍스트 입력 기능을 제공하여 사용자가 명령어 히스토리를 원활하게 탐색할 수 있습니다. 따라서 긴 텍스트를 스크롤해야 하는 번거로움이 사라집니다. 또한 간단한 클릭 한 번으로 출력을 복사할 수 있습니다.

워프에서 모든 명령과 그 출력은 개별 블록으로 구성됩니다. 블록 위로 마우스를 가져가면 과거 명령을 다시 확인할 수 있습니다. 블록을 선택하면 오른쪽 클릭 메뉴를 통해 워프 AI를 사용할 수 있어 오류에 대한 설명과 해결책을 제공받습니다. 이는 제한적인 안내만 제공하고 오류 메시지를 해석하고 문제를 해결하기 위해 사용자의 전문 지식에 크게 의존했던 기존 명령줄 인터페이스와는 완전히 대조적입니다.

워프 AI는 채팅 기능도 제공합니다. 프롬프트를 #으로 시작하면 사용할 수 있습니다. 다음과 같은 질문을 해보겠습니다.

> # grep을 사용하여 재귀 검색에서 디렉터리를 제외하는 방법을 알려주세요.

이 질문에 대한 워프의 답변은 터미널에 복사하여 사용할 수 있습니다. 로이드는 자신의 개발 작업에 코파일럿을 적극적으로 활용하는데 '코파일럿과 워프는 매우 잘 어우러진다'고 말합니다.

인스타그램의 공동 창립자인 마이크 크리거[Mike Krieger]는 워프를 애용합니다. '직장에서 매일 워프를 사용하는데 가장 마음에 드는 점은 속도입니다. 작동 속도도 빠르지만 사용하며 경험하는 반응 속도가 뛰어납니다. 특히 입력하거나 검색할 때 만족스럽습니다. 워프는 터미널을 현대화했고, 앞으로 워프가 어떤 방향으로 나아갈지 기대됩니다(https://oreil.ly/VwV0f)'고 말했습니다.

워프는 맥OS, 리눅스, 윈도우에서 사용할 수 있습니다. 웹 버전도 있습니다. 요금제는 세 가지 등급으로 나뉩니다.

- **무료 요금제**: 월 최대 40회의 워프 AI 요청을 제공합니다.
- **팀 에디션 요금제**: 사용자당 월 25달러로 최대 750회의 워프 AI 요청이 가능합니다.
- **엔터프라이즈 요금제**: 특정 요구사항이 있는 대규모 조직에 적합한 요금제로 맞춤형 요금이 책정됩니다.

5.9 비토 AI

아마르 고엘Amar Goel과 아난드 다스Anand Das는 2006년에 온라인 광고 회사 PubMatic을 설립하고 2020년에 상장했습니다. 그들은 PubMatic을 운영하던 중 AI를 활용하면 코딩 생산성을 높일 수 있다는 잠재성을 깨닫고 비토 AI에 대한 아이디어를 구체화합니다. 마이크로소프트와 언스트앤영에서 제품 리드로 일한 경험이 있는 무케시 아가르왈Mukesh Aggarwal이 창업 팀에 합류했습니다.

비토는 20개 언어를 지원하며, 힌디어와 영어가 혼합된 힝글리시와 같은 독특한 언어 또한 구사합니다.

자주 사용하는 코딩 구조에 대한 자체 설정 프롬프트 템플릿을 생성하여 개발 프로세스를 간소화할 수 있습니다. 또한 플랫폼에는 보안 및 성능 검사가 포함되어 코드의 안전성과 효율성을 높이기 위한 최적화 방안을 제안합니다.

비토는 약 24만 개의 토큰으로 구성된 방대한 컨텍스트 창을 통해 이해와 분석 능력을 강화했습니다. 또한 사용자 컴퓨터에 로컬로 구축된 벡터 데이터베이스를 활용하므로 대규모 코드베이스를 효과적으로 처리하여 관련성 높고 정확한 결과를 생성합니다. 광범위한 개발 프로젝트 관리 시 효율성과 효과성에 크게 기여하는 기능입니다.

메모리 누수를 처리하는 데도 효과적입니다. 프로그램이 컴퓨터의 RAM을 사용한 다음 반환하지 않으면 메모리 누수가 발생합니다. 계속되면 골치 아픈 문제가 될 수 있습니다. 프로그램이 계속 실행되면서 메모리 누수가 지속되면 사용 가능한 메모리가 점점 줄어듭니다. 메모리가 충분하지 않아 시스템이 스왑 영역을 사용하기 시작하면 성능이 저하됩니다. 심한 경우 메모리 부족으로 인해 프로그램이나 컴퓨터 전체가 다운될 수도 있습니다. 메모리 누수를 발견하고 수정하기는 쉽지 않습니다. 즉시 문제를 일으키기보다 프로그램이 한동안 실행되면서 발생하므로 문제를 파악하고 해결하기가 더욱 어렵습니다. 하지만 비토는 잠재적인 메모리 누수를 감지할 수 있습니다. IDE에서 선택한 코드 삽입 옵션을 사용하고 다음과 같은 프롬프트를 입력하면 됩니다.

 코드에 문제가 있는지 확인합니다.

놀랍게도 비토는 문제점을 지적할 뿐만 아니라 수정 사항도 제안합니다.

개인정보 보호 측면에서, 비토는 사용자의 실제 코드를 저장하지 않지만 생성되는 메타데이터는 계속 보관합니다. 두 가지 버전을 사용할 수 있습니다.

- **무료 요금제**: 개인 사용자를 위한 요금제입니다.
- **유료 요금제**: 사용자당 월 15달러입니다. 무제한 AI 코드 완성 기능과 24만 토큰의 컨텍스트 길이를 이용할 수 있어 전반적인 코드 작업이 수월해집니다.

> **노트** 비토의 내부 분석 결과(https://oreil.ly/xKYaw)에 따르면, 비토 사용자는 생산성이 31% 높아졌다고 보고했습니다. 또한 그들은 한 달에 200회 가까이 비토를 사용했습니다. 현재 이 플랫폼은 약 10만 명의 사용자를 보유하고 있습니다.

5.10 커서

커서Cursor(https://cursor.sh)의 개발사 애니스피어는 분명 대담한 비전(https://oreil.ly/E2IrW)을 가지고 있습니다.

> 앞으로 몇 년 안에, 우리는 세상에서 가장 유용하고 기쁨이 되며 재미있는 코드 에디터를 만들고자 합니다. 커서는 버그를 작성할 수 없는 곳이어야 합니다. 50줄의 의사코드(pseudocode)로 2000줄 이상의 대규모 코드 변경을 포함하는 풀 리퀘스트를 작성할 수 있는 편집기입니다. 어떤 코드베이스에 대한 질문이라도 즉시 답변을 얻을 수 있는 도구가 되어야 합니다. 어쩌면 코드 자체가 사라지기 시작하는 인터페이스가 될 수도 있습니다.

한편, 커서는 여전히 강력한 성능을 자랑합니다. 오픈AI와 같은 투자자들의 관심도 받고 있습니다. 2023년 10월에는 800만 달러의 투자 유치에 성공하여 총 자본금이 1100만 달러에 이르렀습니다.

GPT-4o와 GPT-4 모델을 선택할 수 있지만, 기능을 강화한 독점 모델도 제공합니다. 커서는 14억 개의 벡터와 15만 개의 코드베이스를 인덱싱했습니다. 또한 머클 트리Merkle-tree와 같은 고급 AI 기술을 통합하여 그 효율성을 한층 높였습니다.

커서는 VS 코드의 코드베이스 전체를 복사해와서fork 개발되었으며 윈도우, 맥OS, 리눅스와 호환됩니다. 새로운 IDE를 배워야 하는 수고를 덜어줍니다. 커서를 다운로드하면 기존 VS 코드 확장 프로그램을 편리하게 가져올 수 있습니다. 명령줄 인터페이스에서 바로 AI 기능을 활용할 수 있어 익숙한 개발 환경에서 벗어나지 않고도 코드 작업에 고급 기능을 원활하게 통합할 수 있습니다.

예를 들어 채팅 영역에서 문서를 쉽게 불러와서 질문할 수 있습니다. 다음은 프롬프트 예시입니다.

 @python docs

또는 @를 사용해 특정 파일로 작업할 수 있습니다. 다음과 같이 입력할 수 있습니다.

 @the_app.ts의 기능은 무엇인가요?

커서는 터미널에서 직접 디버깅할 수 있는 기능을 제공합니다. AI가 파일을 분석하여 논리적 과정을 통해 문제를 찾아내고 해결하려 시도하면서 문제 해결 경험을 간소화합니다.

커서의 초기 사용자인 풀스택 웹 개발자 제프리 바일스Jeffrey Biles의 사용 소감을 인용합니다.

> 한 번의 키 입력으로 앱 컨텍스트를 AI에 빠르게 로드할 수 있다는 점이 정말 마음에 듭니다. 질문에 답하고, 구문을 기억하고, 코드의 작은 부분을 리팩터링하고, 반복되는 코드(boilerplate code)를 작성하는 데 유용합니다. 하지만 여러 파일에 분산된 대규모 데이터 모델을 이해해야 할 때는 한계에 부딪힙니다. 그러나 이는 컨텍스트 창이 커지는 등 모델이 개선되면서 더 나아질 것입니다.

토시 벨라가$^{Tosh\ Velaga}$ 역시 커서를 사용합니다. 그는 소프트웨어 엔지니어이자 타입블록 (https://typeblock.co), 스테이블 디퓨전을 개발하는 STBL 등 여러 AI 회사의 설립자입니다. 그는 이렇게 말합니다.

> [Command] + [L] 단축키로 코드에 대해 질문할 수 있는 기능을 제일 좋아합니다. 익숙하지 않은 백엔드 언어로 작성된 새로운 코드베이스에서 작업할 때 속도가 빨라집니다. 또 다른 장점은 자체 API 키를 가져와서 비용을 절감하고 GPT-4o와 GPT-4 사이를 전환할 수 있다는 점입니다.

5.11 코드 라마

AI 어시스턴트 개발에 주력하는 오픈소스 프로젝트가 점점 증가하고 있으며, 학계에서도 뜨거운 주제입니다. 이 분야에서 가장 유명한 업체는 메타입니다. 메타의 코드 라마$^{Code\ Llama}$(https://bit.ly/3LUiAXI)는 2023년 8월 출시 이후 큰 반향을 일으켰습니다.

코드 라마는 라마 2 LLM을 기반으로 구축되었습니다. 라마 2[4]는 무려 2조 개의 토큰을 학습했으며 컨텍스트 길이는 4096 토큰입니다. 백만 개 이상의 인간이 작성한 주석$^{human\ annotation}$ 데이터를 활용하여 파인 튜닝된 모델을 포함하여 정확성과 신뢰성을 높였습니다.

라마 2를 기반으로 대화에 최적화된 라마 2-챗 LLM은 다른 오픈소스 채팅 모델보다 주요 벤치마크에서 우수한 성능을 보입니다. 특히 유용성과 안전성 측면에서 두각을 나타냅니다. 또한 허깅 페이스 같은 플랫폼과 통합되어 있으며 마이크로소프트, 아마존 등의 회사와 클라우드 서비스 배포를 위한 주요 파트너십을 맺고 있습니다.

코드 라마는 파이썬, C++, 자바, PHP, 자바스크립트, C#, 배시 같은 대부분의 주요 언어를 지원하는 다재다능한 모델입니다. 각각 70억, 130억, 340억 개 매개변수 규모의 세 가지 모델 크기로 제공됩니다. 모두 5000억 개에 달하는 방대한 양의 토큰을 학습했습니다. 특히 7B 및 13B 모델은 기존 스크립트에 코드를 삽입할 수 있는 Fill-In-the-Middle 기능을 갖추고 있

---

4 옮긴이_ 2024년 4월 메타는 라마 3를 출시했습니다. 15조 개의 토큰(라마 2의 약 7배)으로 학습했으며 코드를 생성하는 성능이 크게 개선됐습니다. 컨텍스트 창 또한 8K(라마 2의 2배)로 길어졌습니다. 또한, 7월에 공개한 라마 3.1은 4050억 개의 매개변수(405B)로 훈련했습니다. 이는 오픈소스 모델 중 역대 최대 규모로, GPT-4o나 클로드 3.5 소네트 등 폐쇄형 모델의 성능에 비견된다고 밝혔습니다.

어 코드 완성과 같은 작업에 유용합니다. 7B 모델은 단일 GPU에서 실행할 수 있어 일반적으로 더 빠릅니다. 하지만 예상대로 34B 모델이 더 강력한 성능을 자랑합니다.

코드 라마는 라마 2 기본 모델을 뛰어넘는 기능을 제공합니다. 모든 모델은 최대 10만 토큰 길이의 긴 컨텍스트 창을 허용하여 긴 프로그램을 작성할 때 유용하며 디버깅도 쉬워집니다.

코드 라마에는 기본형 모델인 코드 라마 이외에도 목적별로 추가 학습을 거친 특화 모델이 있습니다. 파이썬 버전은 파이썬 중심 데이터셋 토큰 1000억 개를 추가 학습했습니다. 인스트럭트 버전은 인간의 지시를 보다 잘 따르도록 자연어를 추가적으로 학습했습니다.

코드 라마 34B는 인상적인 결과를 보여주었습니다. HumanEval에서는 53.7%, MBPP에서는 56.2%의 높은 점수를 기록했습니다(https://oreil.ly/JNY1n). 다른 오픈소스 프로젝트보다 우수한 성적이며, 챗GPT와 동등한 수준의 성능입니다. 또한 보안 테스트로 철저하게 검증했으며 메타의 평가로는 챗GPT보다 더 안전한 응답을 제공합니다.

5.12 기타 오픈소스 모델

코드 생성을 위한 오픈소스에서 멋진 혁신이 일어나고 있습니다. 눈에 띄는 플랫폼을 알아보겠습니다.

5.12.1 스테이블코드

스테이블코드StableCode는 인기 있는 텍스트-이미지 변환 시스템인 스테이블 디퓨전Stable Diffusion을 개발한 스태빌리티 AI가 고안했습니다. 스테이블코드는 허깅 페이스와 서비스나우 리서치기 공동으로 신행한 오픈소스 프로젝트 빅코드BigCode를 기반으로 학습했습니다. 빅코드는 깃허브에 공개된 코드를 모아 데이터셋 더 스택The Stack을 구축했습니다. 더 스택은 358개의 프로그래밍 언어로 쓰인 코드를 모은 데이터셋으로 6.4TB의 방대한 규모[5]를 가져 AI 모델을 학습시

---

5 옮긴이_ 2024년 2월 28일에 '더 스택' 데이터셋의 두 번째 버전이 출시되었습니다. 619개의 프로그래밍 언어로 구성된 약 67.5TB의 데이터를 포함합니다. 첫 번째 버전과 비교하여 다양한 소스에서 추가 데이터를 수집했고, 라이선스가 표시되지 않은 파일도 포함한 것이 특징입니다.

키기에 완벽한 자료입니다.

스테이블코드는 선형 편향 어텐션^{Attention with Linear Biases}(ALiBi) 방식 대신 회전 위치 임베딩^{Rotary} ^{Position Embedding}(RoPE)을 사용하는 고유한 기술을 보유합니다. 데이터 정제 작업을 포함하여 상당한 수준으로 파인 튜닝되었으며 파이썬, 고, 자바, 자바스크립트, C, 마크다운, C++ 같은 언어를 지원하는 매우 유연한 모델입니다.

스테이블코드의 모델은 다음과 같습니다.

StableCode-Completion-Alpha-3B-4k

30억 개의 매개변수가 있는 디코더 전용 모델로, 다양한 언어를 처리하는 데 뛰어나며 4000개 토큰의 컨텍스트 길이를 가집니다.

StableCode-Instruct-Alpha-3B

역시 30억 개의 매개변수를 가진 이 버전은 지시문 처리에 최적화되었습니다.

StableCode-Complete-Alpha-3B

마찬가지로 30억 개의 매개변수를 가진 해당 버전은 광범위한 코드 완성 작업에 탁월한 성능을 발휘하며, 최대 16000개의 토큰을 처리할 수 있습니다.

5.12.2 알파코드

구글의 딥마인드는 알파코드^{AlphaCode} AI 시스템을 개발했습니다. 경쟁 프로그래밍^{competitive} ^{programming} 대회를 주최하는 플랫폼인 코드포스^{Codeforces} 대회에서 상위 54%에 속하는 성적을 거두는 등 프로그래밍 대회에서 좋은 성과를 내고 있습니다. 알파코드는 비판적 사고, 논리력, 알고리즘, 코딩 기술, 자연어 이해력이 복합적으로 필요한 난도 높은 다양한 과제를 수행할 수 있었습니다. 이는 사이언스지(https://oreil.ly/6E7cK)에도 높게 평가되었습니다.

코드 경진 대회는 보통 머리를 쥐어짜는 복잡한 알고리즘과 이론적 문제를 다루는데, 이는 일상적인 프로그래밍 작업과는 조금 다릅니다. 알파코드가 해결해야 했던 '백스페이스^{Backspace}' 문제를 예로 들겠습니다. 백스페이스 문제는 변수 s에 저장된 문자열에 백스페이스를 사용하면

변수 t에 저장된 문자열로 바꿀 수 있는지 확인하는 문제입니다. 경쟁 프로그래밍이 요구하는 고급 문제 해결 능력을 발휘하기 위해서는 복잡한 문제를 해결하는 것 외에도 스마트한 알고리듬을 고안해내야만 합니다.

딥마인드는 알파코드의 기술을 통해 코드 생성의 완전한 자동화를 목표하고 있으며, 이는 AI가 주도하는 코딩의 중요한 진전을 이루어낼 것입니다.

5.12.3 폴리코더

폴리코더^{PolyCoder}는 특히 C 프로그래밍 속도를 높이는 데 뛰어나서 게임 개발자에게 매력적인 모델입니다. 다양한 프로그래밍 언어로 된 코드를 요약하는 데도 능숙합니다. 다양한 데이터로 학습했기에 C, C++, 자바, 파이썬, 자바스크립트 등 언어의 공통 패턴과 구조를 잘 포착합니다.

폴리코더는 12가지 프로그래밍 언어를 포함하는 249GB의 데이터를 학습했으며 27억 개의 매개변수를 가집니다.

5.12.4 코드T5

코드T5는 사전 학습된 올인원 인코더-디코더 모델을 사용합니다. 따라서 코드에서 버그를 발견하거나 코드 클론^{code clone}을 찾는 등의 다양한 코딩 작업에 능숙하고 새로운 구조를 만드는 데도 뛰어납니다.

프로그래밍 언어에 내장된 심층 구조를 최대한 활용해 코드를 정확하게 이해하고 생성하는 능력을 향상시키는 특별한 트릭이 설계에 포함되어 있습니다.

코드T5는 CodeXGLUE(일반 언어 이해력을 평가하는 벤치마크)의 14가지 과제(`https://oreil.ly/frVS6`)에서 그 능력을 입증했습니다. 코드 생성, 코드 요약, 언어 변경, 최적화 등 생성 작업에서 이전 모델인 PLBART를 뛰어넘었습니다. 버그 탐지, 무단 복사^{copycat} 코드발견 등 이해 작업에도 탁월한 성능을 발휘했습니다.

5.12.5 엔터프라이즈 소프트웨어 기업의 모델

주요 대형 소프트웨어 기업인 SAP, 서비스나우, 세일스포스 등은 자체적으로 코드 생성 시스템을 개발하고 있습니다. 방대한 고객층, 풍부한 자원, 광범위한 유통망, 신뢰할 수 있는 브랜드 등 주요한 경쟁 우위를 확보하고 있습니다. 대규모 인재 풀도 큰 도움이 됩니다. 게다가 시장 트렌드와 표준을 주도할 만큼 시장에서 큰 비중을 차지합니다.

새로운 기술을 기존 제품과 통합하여 완전한 솔루션을 제공함으로써 고객들을 계속 유치할 수 있습니다. 이미 인프라와 글로벌 입지를 확보했기에 이러한 신기술을 빠르게 확장해 현재와 미래 시장 수요를 충족할 수 있습니다. 다음은 이러한 회사의 코드 생성 시스템 일부입니다.

코드 빌더

개발자는 세일스포스의 CRM을 쉽게 맞춤화할(https://oreil.ly/qpHLM) 수 있습니다. 최신 세일스포스 언어와 프레임워크를 사용하여 작업을 완벽하게 처리할 수 있습니다. 또한 개발자는 자유롭게 VS 코드의 확장 기능을 만들고 공유하며 실험하는 대규모 오픈 플레이그라운드인 오픈 VSX 마켓플레이스의 서드파티 확장 기능을 활용할 수 있습니다. 가장 큰 장점은 별도의 설치나 설정 없이 웹 브라우저에서 곧바로 코드 빌더를 사용할 수 있다는 점입니다.

빌드 코드

자바 및 자바스크립트 애플리케이션 개발에 최적화되어 있으며, SAP의 줄^{Joule} 코파일럿이 연동되어 개발을 지원합니다. SAP의 HANA(고성능 분석 어플라이언스) 같은 강력한 데이터베이스 시스템도 활용할 수 있습니다.

스타코더 LLM

서비스나우와 허깅 페이스가 공동으로 개발했습니다. 150억 개의 매개변수를 기반으로 80개 이상의 프로그래밍 언어로 된 토큰 1조 개를 학습했습니다. 거버넌스와 안전성, 일반적인 규정을 준수하며 철저하게 허용적 라이선스가 적용된 코드만을 학습했습니다.

5.13 결론

AI 어시스턴트 프로그래밍 도구는 프로그래밍 분야에 새로운 지평을 열고 있습니다. 아마존, 구글, 메타, 세일스포스 등 대기업이 이 분야를 선도하고 있지만, 깔끔한 기능과 합리적인 가격으로 주목받는 스타트업들도 있습니다. 오픈소스 프로젝트 역시 최고 수준의 AI 코딩 어시스턴트를 무료로 제공하며 신선한 바람을 일으키고 있습니다.

AI 모델이 점점 더 크고 영리해지면서 코드를 작성하고 설명하며 수정하는 능력은 더욱 정교해지고 있습니다. 앞서가는 기업들은 향후 AI 코딩 어시스턴트를 개발자의 기존 작업 환경에 자연스럽게 통합할 것입니다.

## CHAPTER 6

챗GPT 및
기타 범용 LLM

정규식 처리, 스타터 코드, 깃허브 액션과 같은 작업에 AI 어시스턴트를 사용하는 방법을 다룹니다.

코드를 작성할 수 있는 범용 LLM에 대해 자세히 알아보겠습니다. 이 모델들은 코딩에 특화된 모델처럼 IDE와의 통합, 정교한 보안 같은 기능을 모두 갖추고 있지는 않지만 인상적인 능력을 보입니다. 또한 이들은 코딩뿐만 아니라 기획과 브레인스토밍에도 탁월합니다.

챗GPT, 제미나이, 클로드 같은 대중적인 챗봇을 살펴봅니다. 설정 방법, 요금, 각종 기능, 그리고 이들을 최대한 활용하는 방법을 안내합니다.

6.1 챗GPT

챗GPT는 Chat Generative Pretrained Transformer의 약자로, 2022년 11월 30일에 출시되었습니다. 오픈AI는 마케팅에 별로 힘을 쏟지 않았는데, 그럴 필요도 없었습니다. 챗GPT는 폭발적인 인기를 끌며 순식간에 입소문을 탔습니다.

단 5일 만에 백만 명의 사용자를 끌어모았고, 몇 달 만에 사용자 수가 1억 명으로 폭증했습니다(https://oreil.ly/jgzv7). 인터넷 역사상 가장 빠르게 성장한 플랫폼이 되었습니다.

오픈AI에서 정책 개발을 담당하는 산디니 아가르왈Sandhini Agarwal은 '이렇게나 많은 사람이 사용하리라고는 꿈에도 생각지 못했습니다. 우리는 모델을 너무 오랫동안 다루다 보니 가끔 다른 사람들에게는 얼마나 놀라운 존재인지 잊어버리곤 합니다'라고 말했습니다.

열기는 식지 않고 달아오르기만 했습니다. 9월까지 챗GPT는 15억 회 이상의 방문을 기록했고, 2022년 2800만 달러에 불과했던 수익은 13억 달러(https://oreil.ly/Xlv3B)로 도약합니다. 오픈AI의 API를 활용한 비즈니스도 한몫했습니다.

오픈AI를 간략하게 살펴보겠습니다. 2015년에 설립되었으며 일론 머스크Elon Musk, 샘 올트먼Sam Altman, 그렉 브록먼Greg Brockman, 일리야 수츠케버Ilya Sutskever, 존 슐먼John Schulman, 보이치에흐 자렘바Wojciech Zaremba 등 여러 실리콘밸리 유명 인사의 후원을 받았습니다. 그들은 시작부터 최대 10억 달러를 투자할 준비를 마쳤습니다.

오픈AI는 비영리 단체로 시작했으며, 대부분 데이터 과학 및 AI 분야의 박사 학위 소지자로 구성되어 학구적인 분위기가 강했습니다. 대부분의 중요한 작업에서 인간을 능가하는 기술인 인공 일반 지능artificial general intelligence(AGI)의 실현이라는 목표를 추구했습니다. 이 목표는 AGI를 인류의 유익을 위해 사용하고, 사람들을 해치거나 소수에게 과도한 권력을 부여하지 않는다는 이타적인 요소를 아우릅니다.

초기 오픈AI는 연구에 집중하고 그 결과를 다른 사람들과 공유했습니다. 연구 결과와 코드를 공개하고 다른 기관과 협력했습니다. 하지만 선진적인 생성형 AI 시스템을 구축하는 데 드는 비용은 만만치 않았습니다.

포부를 실현하고 적임자를 영입하기 위해 오픈AI는 2019년 '이익을 제한하는' 영리^{capped profit} 회사를 설립했습니다. 벤처 캐피털과 전략적 투자자로부터 합법적으로 투자받을 뿐 아니라 직원들에게도 지분을 나눠줄 수 있게 되었습니다. 같은 해 마이크로소프트는 10억 달러를 투자했고, 이후 몇 차례의 투자 라운드를 진행하며 총 약 30억 달러를 투자합니다. 2023년 4월, 이 거대 기술 기업은 무려 100억 달러를 투자하며 승부수를 띄웠습니다.

6.2 GPT 모델의 코드 생성 능력

오픈AI의 GPT 모델의 코드 생성 능력은 놀랍도록 다재다능합니다. 광범위한 출처에서 가져온 다양한 학습 데이터 덕분입니다. GPT 모델은 코드 생성 능력이 다수의 벤치마크에서 인간 수준의 성능을 보이며, 대부분의 프로그래밍 언어에서 GPT-4부터 GPT-4o까지 지속해 발전하고 있습니다. 이 같은 성장은 새 모델이 나올 때마다 GPT가 자연어로 표현된 복잡한 지시를 따르고 기술적이고 창의적인 작업을 심도 있게 생성하는 능력이 향상된 결과입니다.

코드 생성 능력을 평가하는 벤치마크인 HumanEval(https://bit.ly/4c2TaBG)을 기준으로 볼 때, 오픈AI의 신규 모델은 계속해서 성능이 좋아지고 있습니다. 2023년 3월에 출시한 GPT-4는 정확도가 67%였고, 1년 뒤 2024년 4월에 출시한 GPT-4 Turbo는 87.1%, 2024년 5월에 출시한 GPT-4o는 90.2%였습니다. 2024년 7월 출시한 GPT-4o mini의 정확도는 GPT-4 Turbo와 비슷한 87.2%입니다(https://bit.ly/4dfIyAs). GPT-4o mini는 GPT-4o를 경량화한 모델로 GPT-4o보다 빠르고 저렴합니다.

기본 GPT 모델에 코드 생성을 위한 개선 사항을 적용하면 성능은 더 우수해집니다. GPT-4

에 정교한 AI 에이전트를 생성하는 프레임워크 리플렉션Reflexion[1]을 적용한 HumanEval의 정확도는 88%로 GPT-4와 GPT-4o mini의 정확도보다 높습니다. 똑같이 GPT-4o에 리플렉션을 적용하면 정확도는 98.2%로 올라갑니다. 이렇게 코드 생성을 위한 특정 개선 사항을 적용하면 GPT 모델은 더 높은 성능을 낼 수 있습니다.

아직 GPT 모델만으로는 복잡한 프로그래밍 과정에 좋은 결과를 내지 못합니다. 논문 〈GPT-4 Technical Report〉(https://bit.ly/3A1djLn)에 따르면 GPT-4는 경쟁 프로그래밍 플랫폼 코드포스에서 전체 참가자의 하위 5%에 속하는 Newbie 등급을 받았습니다. 그렇다고 해서 GPT 모델이 경쟁 프로그래밍 문제를 해결할 수 없는 건 아닙니다. 구글이 경쟁 프로그래밍 관련 데이터로 훈련한 제미나이 기반 모델 알파코드2AlphaCode2는 코드포스에서 하위 85%에 해당하는 Specialist 등급을 받았습니다(https://bit.ly/3Wi2ZWK). 앞서 언급한 것처럼 GPT 모델에 특정 개선을 적용하면 프로그래밍 성능이 향상된다는 사실을 알 수 있습니다.

6.3 챗GPT 탐색하기

프리미엄 버전인 챗GPT 플러스를 사용합니다. 월 구독료는 20달러입니다. 챗GPT 플러스에는 다음 기능이 제공됩니다.

접속 우선권

사용량이 많은 시간대에 우선적으로 접근할 수 있습니다.

신속한 응답

더 빠른 답변을 받을 수 있어 더 원활하고 재미있는 채팅이 가능해집니다.

사전 접근

새롭거나 향상된 기능을 먼저 사용해볼 수 있습니다.

---

1 옮긴이_ 언어적 피드백을 통해 LLM 에이전트를 강화하는 프레임워크입니다. AI 에이전트가 스스로의 생성 작업 과정을 모니터링하고 성능을 평가하면, 자기 반성(Self-Reflection) 모델이 언어적인 피드백을 구체적으로 제공합니다. 피드백은 메모리에 저장되어 이후 에이전트의 의사 결정에 활용됩니다.

최신 모델[2]

최첨단 언어 모델을 사용합니다.

[그림 6-1]은 챗GPT의 인터페이스입니다. 화면 상단에서 모델명이 적힌 드롭다운 메뉴(❶) 위로 마우스를 가져가 원하는 모델을 선택할 수 있습니다. 연필 버튼(❷)은 새로운 채팅 세션을 만듭니다. 오른쪽 상단에는 사용자 프로필(❸)이 표시되며, 여기에서 챗GPT 요금제에 대한 정보를 얻고, 설정을 변경하고, 사용자 맞춤형 명령어를 추가할 수 있습니다. 사용자 인터페이스의 테마를 변경할 수도 있습니다. 옵션에는 시스템, 어두운 모드, 밝은 모드가 포함됩니다. 그리고 하단에는 프롬프트를 입력할 수 있는 입력 상자(❹)가 있습니다.

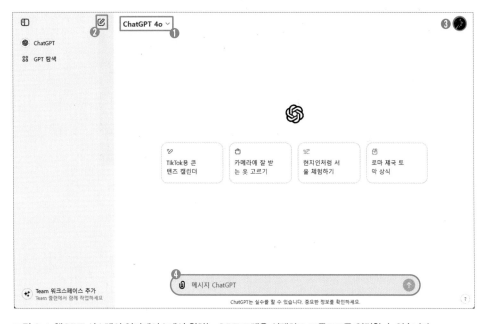

그림 6-1 챗GPT 시스템의 인터페이스에서 원하는 GPT 모델을 선택하고 프롬프트를 입력할 수 있습니다.

챗GPT의 기능을 몇 개만 살펴봅시다. 챗GPT로 코드를 작성하고 싶다고 입력합니다.

---

2 **옮긴이_** 2024년 5월 13일부터 Plus 사용자에게는 무료 사용자보다 최대 5배 더 많은 메시지를 지원합니다. 또한 Plus 사용자는 GPT-4o 모델에 3시간마다 80개의 메시지를, GPT-4 모델에는 3시간마다 40개의 메시지를 보낼 수 있습니다. 단, 사용하지 않은 메시지는 누적되지 않습니다. 반면 무료 사용자는 GPT-4o 사용량 한도에 도달하면 자동으로 GPT-4o mini로 전환됩니다.

숫자의 팩토리얼을 계산하는 파이썬 코드 스니펫을 작성하세요.

[그림 6-2]와 같이 응답합니다.

다음은 숫자의 팩토리얼을 계산하는 파이썬 코드 스니펫입니다:

```python
def factorial(n):
    if n < 0:
        return "Invalid input, please enter a non-negative integer."
    elif n == 0 or n == 1:
        return 1
    else:
        result = 1
        for i in range(2, n + 1):
            result *= i
        return result

# 예시 사용
number = 5
print(f"The factorial of {number} is {factorial(number)}")
```

이 코드는 주어진 숫자의 팩토리얼을 반복문을 사용하여 계산합니다. `n`이 0 또는 1이면 결과는 1입니다. 그 외의 경우에는 2부터 `n`까지의 모든 수를 곱하여 결과를 반환합니다.

그림 6-2 챗GPT는 메시지에 대한 응답으로 파이썬 코드 스니펫을 생성합니다.

코드를 만드는 다른 방법이 있는지 알아보고 싶다면 다음과 같이 물어볼 수 있습니다.

 이 코드를 만드는 또 다른 방법은 무엇인가요?

챗GPT는 반복문을 이용한 또 다른 코드를 제안합니다. 반복문을 이해하지 못한다면 다시 물어볼 수도 있습니다. 각각의 채팅 세션은 [그림 6-3]에서 볼 수 있듯이 화면 왼쪽에 자동으로 기록됩니다. 챗GPT는 채팅에 'Calculate Factorial in Python(파이썬의 팩토리얼 계산)'이라는 레이블을 붙입니다. 원한다면 옆에 있는 […] 버튼을 클릭해 이름을 변경하거나 삭제해도 됩니다.

그림 6-3 챗GPT는 화면 왼쪽 상단에 채팅 세션을 기록합니다.

새 세션을 만들고 싶다면 상단의 연필 버튼을 클릭합니다. 각 세션은 독립적으로 진행됩니다. 따라서 이후 다른 세션에서 팩토리얼 계산을 위해 만들었던 코드에 대해 질문하면, 챗GPT는 그 코드를 기억하지 못합니다.

다음으로 고려해야 할 사항은 채팅 세션의 컨텍스트 창입니다. 이는 모델이 이전 대화나 텍스트를 얼마나 많이 '기억'하고 사용하여 일관되고 컨텍스트에 맞는 응답을 생성할 수 있는지를 결정합니다. 현재 챗GPT가 지원하는 모델인 GPT-4와 GPT-4o, GPT-4o mini의 컨텍스트 창은 모두 128K입니다.

NOTE 모든 채팅 스레드를 삭제하려면 화면 오른쪽 상단의 프로필을 클릭하고 [설정]을 선택합니다. 그다음 모든 채팅 삭제하기 메뉴의 [모두 삭제] 버튼을 클릭합니다.

프로필을 선택한 다음 설정을 선택하거나 드롭다운 메뉴를 클릭하면, 챗GPT 데이터와 관련한 나른 옵션을 찾을 수 있습니다.

임시 채팅과 모두를 위한 모델 개선

모두를 위한 모델 개선 설정을 비활성화하거나 임시 채팅을 선택하면 챗GPT와 나누었던 대화가 AI 모델을 학습하고 개선하는 데 사용되지 않습니다. 채팅은 화면 왼쪽의 기록에 계속 표시되지만 임시 채팅의 경우에는 기록에도 나타나지 않습니다. 다만 오픈AI는 법적 규제로 새로운 채팅을 30일 동안 저장하며, 30일이 지나면 모든 채팅을 영구적으로 삭제합니다.

채팅 공유

챗GPT와의 특정 채팅을 고유한 URL로 생성하여 다른 사람들과 공유할 수 있습니다. 공유 링크에 접근한 사람은 누구나 채팅을 볼 수 있지만, 대화를 계속 이어갈 수는 없습니다. 원본 채팅을 삭제하면 공유 링크도 삭제됩니다.

데이터 내보내기

등록된 이메일로 모든 챗GPT 대화가 담긴 다운로드 가능한 파일 링크를 받게 됩니다. 다운로드 링크는 24시간 후에 만료됩니다.

NOTE 때때로 챗GPT가 텍스트 생성 도중에 멈출 수 있습니다. 일반적으로 [계속] 버튼이 나타납니다. 해당 버튼을 클릭하면 텍스트가 계속 생성됩니다. 버튼이 없는 경우 프롬프트에 '출력 계속'을 입력하세요. 원하는 결과가 나오지 않으면 [중지] 버튼을 클릭해 중지할 수도 있습니다.

6.3.1 모바일 앱

챗GPT는 iOS와 안드로이드 기기 모두에서 사용 가능합니다. 앱은 웹 버전과 상당히 유사합니다.

휴대폰에서 챗GPT와 음성으로 채팅할 수 있습니다. 작은 화면에서 타이핑하는 것이 불편하다면, 매우 편리한 기능입니다. 홈 화면 오른쪽 하단의 헤드폰 버튼을 탭하여 대화를 시작합니다. 챗GPT가 응답할 다섯 가지 음성 중에서 원하는 음성을 선택할 수 있습니다. 음성 시스템은 위스퍼Whisper라는 생성형 AI 텍스트 음성 변환 모델로 작동합니다.

챗GPT의 모바일 버전은 어시스턴트와 사진을 공유할 수 있어 채팅을 더욱 재미있게 만들어줍니다. 사물, 랜드마크, 코드 등 무엇이든 사진을 찍어 챗GPT와 채팅을 시작할 수 있습니다. 또한 이미지를 생성하거나 편집할 수도 있습니다.

6.3.2 맞춤형 지침

챗GPT의 맞춤형 지침을 활용하면 필요에 맞게 응답 방식을 조정할 수 있습니다. 이 기능을 사용하면 매번 새로운 프롬프트를 입력하거나 응답을 파인 튜닝할 필요 없이 시간을 절약할 수 있습니다. 프로필에서 맞춤형 지침을 설정할 수 있습니다.

맞춤형 지침을 설정할 때 다음 두 가지 질문에 답해야 합니다.

챗GPT가 더 나은 응답을 제공해 드리기 위해 사용자님에 대해 알아두어야 할 것이 있다면 무엇인 가요?

챗GPT가 어떻게 응답했으면 하시나요?

예를 들어보겠습니다.

챗GPT가 더 나은 응답을 제공해 드리기 위해 사용자님에 대해 알아두어야 할 것이 있다면 무엇인가 요?

저는 PEP 8 스타일 가이드를 따르는 팀에서 일하는 프로그래머입니다. 저희는 깔끔하고 읽기 쉬운 코드를 중요하게 생각하며 모범 사례를 준수합니다. 저는 주로 데이터 처리 및 분석 작업을 하고 있으며 효율적이고 구조화된 코드를 작성하는 데 도움이 필요할 때가 많습니다.

챗GPT가 어떻게 응답했으면 하시나요?

챗GPT에서 PEP 8 스타일 가이드를 준수하는 파이썬 코드 스니펫을 제공해주길 바랍니다. 가독성과 코딩 모범 사례를 우선시해야 합니다. 솔루션을 제안할 때는 특정 접근 방식을 권장하는 이유와 그것이 PEP 8 표준을 어떻게 준수하는지에 대해 설명해주세요. 또한 현재 작업과 관련된 일반적인 함정이나 오류를 지적하고 이를 피하기 위한 팁을 제공해주세요.

6.4 웹 브라우징

챗GPT를 구동하는 언어 모델은 세계의 많은 정보를 학습하지만, 학습 데이터의 시점이 고정되어[3] 최신 정보를 제공하지 못하는 한계가 있습니다. GPT-4나 GPT-4o 모델을 선택할 때 활성화되는 웹 브라우징web browsing 기능은 사용자가 질문할 때 자동으로 키워드 검색을 수행하여 관련 결과를 가져오면서 모델의 지식을 최신 상태로 유지하고 정확한 정보를 제공할 수 있게 해줍니다.

그림 6-4 웹 브라우징 기능을 사용하면 검색 결과를 출력합니다.

6.5 반복적인 작업

소프트웨어 개발은 여러 단계로 이루어져 복잡해지기 쉽습니다. 기획과 코딩, 테스트는 일부에 지나지 않습니다. 개발자는 동일한 일상적인 코드를 작성하고, 버그를 수정하고, 코드를 검토하는 데 시간을 허비합니다. 동일하거나 유사한 코드를 반복적으로 작성하는 일은 특히 단조로운 데다 많은 시간을 잡아먹습니다. 물론 이러한 작업들도 중요하지만 흥미롭고 창의력을 발휘할 수 있는 부분은 아닙니다. 게다가 계속해서 새로운 프로그래밍 언어, 프레임워크, 도구가 나오는데, 이것들을 따라가려 들면 정신없이 바빠집니다.

---

3 옮긴이_ GPT-4o는 최대 2023년 10월 데이터까지 학습했다고 공식 문서(https://platform.openai.com/docs/models/gpt-4o)에 기록되었으나, 2023년 10월 이전 데이터에 대해서도 모른다고 하거나 부정확한 경우가 있으므로 실제 사용 시 유의해야 합니다.

챗GPT와 같은 LLM은 소프트웨어 개발 작업의 지루함을 덜어줄 수 있습니다. 다음 몇 절에서는 이러한 영역들을 자세히 살펴보겠습니다.

6.5.1 정규 표현식

정규 표현식regular expressions, 간단히 정규식regex은 텍스트 작업에 유용합니다. 문자열에서 패턴을 찾아내는 강력한 찾기 및 바꾸기 기능이라고 생각하면 됩니다. 문제는 정규 표현식이 완전히 새로운 기호와 명령어로 이루어진 언어를 배우는 것과 같다는 것입니다. 백슬래시, 점, 괄호 등 온갖 기호들의 이상한 조합을 모두 기억하려 들면 머리가 지끈지끈합니다.

예를 들어 다음과 같은 정규식 패턴을 보겠습니다.

```
^(?=.*[a-z])(?=.*[A-Z])(?=.*\d)(?=.*[@$!%*?&])[A-Za-z\d@$!%*?&]{8,}$
```

이 패턴은 강력한 비밀번호를 위해 강도를 검증하는 데 사용됩니다. 최소 8자 이상이며, 대문자 하나, 소문자 하나, 숫자 하나, 특수문자 하나를 포함하도록 요구합니다.

이런 걸 직접 작성하는 건 즐겁지 않을 겁니다. 챗GPT가 대신 생성할 수 있습니다. 자주 쓰이는 일반적인 예를 살펴보겠습니다.

표준 이메일 주소를 검증하는 정규 표현식 패턴을 만듭니다. 이메일은 알파벳이나 숫자로 시작하고 선택적으로 점, 하이픈 또는 밑줄을 포함할 수 있습니다. 그런 다음 '@' 기호가 오고 또 다른 알파벳이나 숫자, 점이 이어집니다. 마지막으로 도메인 이름은 2~6자 길이여야 합니다.

```
^[a-zA-Z0-9._-]+@[a-zA-Z0-9.-]+\.[a-zA-Z]{2,6}$
```

URL을 검증하는 정규 표현식 패턴을 작성합니다. URL은 'http' 또는 'https'로 시작할 수 있으며, 뒤에 '://'가 옵니다. 그런 다음 알파벳이나 숫자, 점을 포함할 수 있는 도메인 이름이 이어집니다. 도메인 뒤에는 선택적으로 '/'로 시작하는 경로가 올 수 있으며, 경로는 알파벳이나 숫자, 슬래시, 점, 하이픈을 포함할 수 있습니다. URL은 선택적으로 '/'로 끝날 수 있습니다.

```
^(https?:\/\/)?([\da-z.-]+)\.([a-z.]{2,6})([\/\w.-]*)*\/?$
```

MM/DD/YYYY 형식의 날짜를 검증하는 정규 표현식 패턴을 만듭니다. 월은 01에서 12 사이, 일은 01에서 31 사이, 연도는 1900년대 또는 2000년대여야 합니다.

```
^(0[1-9]¦1[0-2])\/(0[1-9]¦[12][0-9]¦3[01])\/(19¦20)\d\d$
```

IPv4 주소를 검증하기 위한 정규 표현식 패턴을 작성합니다. 각 옥텟은 0에서 255 사이의 숫자여야 하며, 옥텟은 점으로 구분되어야 합니다.

```
^(25[0-5]¦2[0-4]\d¦[0-1]?\d\d?)\.((25[0-5]¦2[0-4]\d¦[0-1]?\d\d?)\.){2}
(25[0-5]¦2[0-4]\d¦[0-1]?\d\d?)$
```

챗GPT는 정규식 패턴을 해석하는 데도 도움을 줄 수 있습니다. 프롬프트 예시입니다.

이 정규식은 무엇인가요? ^(\(\d{3}\)\s?¦\d{3}[-.])\d{3}[-.]\d{4}$

이 정규식은 북미 전화 번호 형식과 일치하도록 설계되었다고 응답할 것입니다.

6.5.2 스타터 코드

스타터 코드starter code는 작업을 시작하는 데 도움이 되는 초기 코드 스니펫 또는 템플릿입니다. 시간을 크게 절약하며 학습 도구로도 사용할 수 있습니다. 코딩을 처음 접하는 경우 스타터 코드를 몇 개만 살펴봐도 작동 방식을 파악하는 데 도움이 될 수 있습니다. 또한 스타터 코드는 특히 모든 사람이 같은 정보를 공유해야 하는 대규모 팀에서 일관성을 유지하는 데 도움이 됩니다. 다음은 한 가지 예입니다.

```
const express = require('express');
const app = express();
const port = 3000;

app.get('/', (req, res) => {
 res.send('Hello, World!');
});

app.listen(port, () => {
 console.log('Server running at http://localhost:${port}');
});
```

노드JS의 인기 있는 웹 프레임워크인 익스프레스JSExpress.js를 사용하여 만든 기본 웹 서버의 간결하고 명확한 예시입니다. 이 코드는 단순하고 핵심 요소를 사용하기 때문에 좋은 스타터 코드입니다. [표 6-1]에는 스타터 코드를 요청하는 프롬프트를 정리했습니다.

표 6-1 스타터 코드 입력 프롬프트

프로그래밍 언어/프레임워크	프롬프트 예시
노드JS/익스프레스JS	기본 익스프레스JS 서버의 예시를 보여주세요.
리액트(자바스크립트)	간단한 리액트 컴포넌트를 만드는 방법을 알려주세요.
자바스크립트	자바스크립트로 간단한 함수를 정의하는 방법을 알려주세요.
안드로이드(자바)	자바로 작성된 기본 안드로이드 액티비티의 스타터 코드를 말해주세요.
파이썬/플라스크	기본적인 플라스크 애플리케이션의 예시를 들어주세요.
뷰JS(자바스크립트)	기본 뷰 인스턴스를 설정하는 방법을 보여주세요.
장고(파이썬)	간단한 뷰를 가진 새로운 장고 프로젝트를 시작하는 방법을 알려주세요.
스위프트(iOS)	스위프트로 작성된 UIViewController의 스타터 코드는 무엇인가요?

6.5.3 깃허브 README

깃허브 **README** 파일은 리포지터리의 시작을 알리는 인사말과 같습니다. 프로젝트의 목적, 기능, 사용 방법 등 프로젝트의 전반적인 내용을 알려줍니다. 일반적으로 **README.md**라는 이름으로, 가독성을 높이고 내용을 쉽게 정리하기 위해 마크다운^{markdown} 문법으로 작성됩니다. 리포지터리의 메인 페이지에서 README 파일을 확인할 수 있습니다.

README를 꼼꼼하게 작성하는 건 중요합니다. 프로젝트를 확인하는 모든 사용자가 모든 사항을 더 원활하게 이해하도록 지원하며, 프로젝트를 사용하든 프로젝트에 기여하든 그들에게 프로젝트의 방향성을 명확하게 짚어줍니다. 규칙과 예상되는 사항도 명시합니다.

README를 작성하는 건 쉬운 일은 아닙니다. 상세한 정보를 제공하면서도 간결성을 유지하는 균형이 필요합니다. 코딩에 집중하는 개발자는 자신에게 당연한 사항이 다른 사람에게는 당연하지 않다는 사실을 간과하고 중요한 부분을 건너뛸 수 있습니다.

README를 잘 작성하려면 약간의 글쓰기 실력이 필요하지만 개발자에게 요구되는 자질은 아닙니다. 또한 프로젝트가 발전하고 변경됨에 따라 README를 최신 상태로 유지하는 것 자체가 또 다른 과제가 됩니다.

챗GPT를 활용한다면 README를 수월하게 작성할 수 있으며 그 내용도 만족스러울 것입니다. 예를 들어 레시피를 검색할 수 있는 멋진 앱을 만들었다고 상상해보세요. 다음은 README를 작성하기 위한 프롬프트입니다.

뷰JS로 개발한 '레시피 파인더(Recipe Finder)' 프로젝트를 설명하는 GitHub README를 작성하세요. 이 프로젝트는 사용자가 가지고 있는 재료를 입력하면 그 재료로 요리할 수 있는 레시피 목록을 제안합니다. 리포지터리를 복제하고, npm install을 실행하고, .env 파일에 API 키를 입력한 다음 npm start를 실행하면 앱이 실행됩니다.

챗GPT는 프로젝트 소개를 작성한 다음 기능, 시작하기, 사용법, 기여, 라이선스, 감사의 글 등의 섹션을 포함시켰습니다.

일부 README 섹션의 경우 챗GPT가 가정하여 작성했습니다. 예를 들어, 프로젝트가 MIT 라이선스를 사용한다고 명시했습니다. 하지만 프로젝트에 대해 더 자세한 내용을 제공하도록 챗GPT에 계속해서 요청할 수 있습니다.

6.6 크로스 브라우저 호환성

크로스 브라우저 호환성cross-browser compatibility은 웹사이트나 웹 애플리케이션이 다양한 브라우저에서 올바르게 작동하는지 확인하는 것입니다. 사용자가 크롬, 파이어폭스, 사파리, 엣지 등 다양한 브라우저를 사용하기 때문에 크로스 브라우저 호환성은 중요합니다.

챗GPT가 이 문제를 해결하는 데 어떻게 도움이 될 수 있는지 보여드리겠습니다. [표 6-2]에 유용한 프롬프트를 정리했습니다.

표 6-2 브라우저 호환성 확인을 위한 프롬프트

카테고리	프롬프트 예시
HTML5 및 CSS3 기능	입력 필드에 플레이스홀더 속성을 사용하고 싶은데 이전 버전의 인터넷 익스플로러에서는 작동하지 않습니다. 대체 방법은 무엇인가요?
CSS 접두사	CSS에서 전환 속성을 사용하고 싶지만 모든 브라우저에서 호환되는지 확인하고 싶습니다. 어떻게 작성해야 하나요?
자바스크립트 기능	자바스크립트의 `fetch` 함수를 사용해 HTTP 요청을 하고 있는데 인터넷 익스플로러에서는 지원되지 않습니다. 어떤 방법이 있을까요?

6.7 배시 명령

컴퓨터 시스템과 상호작용하기 위해 터미널에 입력하는 명령어를 **배시**bash **명령어**라고 합니다. 파일을 이동하고, 컴퓨터가 수행 중인 작업을 확인하며 파일을 조작할 수 있습니다.

특히 유닉스/리눅스 환경을 처음 접하는 사용자라면 배시 명령어를 익히기가 매우 어려울 수 있습니다. 일부 명령어는 처음 작성하기에는 생소하고 난해하며, 숙련되려면 상당한 시간과 연습이 필요합니다. 또한 각각의 명령어에는 다양한 옵션과 변형이 존재합니다. 물론 인터넷에서 관련 자료를 찾아볼 수 있지만, 전문가조차 자주 사용하지 않거나 최근에 익혔던 명령어를 잊어버리기 쉽습니다.

배시 명령어를 작업하는 데 챗GPT를 활용하는 프롬프트 예시입니다.

디렉터리의 모든 파일을 수정 시간순으로 정렬하려면 어떤 배시 명령어를 사용해야 하나요?

파일의 라인 수를 세는 배시 명령어는 무엇인가요?

단일 명령어로 디렉터리를 만들고 그 디렉터리로 이동하려면 어떻게 해야 하나요?

명령어의 출력을 파일로 리디렉션하려면 어떻게 해야 하나요?

시스템에서 실행 중인 특정 프로세스를 검색하는 배시 명령어는 무엇인가요?

디렉터리를 ZIP 파일로 압축하려면 어떤 명령어를 사용해야 하나요?

파일의 권한을 변경하려면 어떤 명령어를 사용해야 하나요?

6.8 깃허브 액션

깃허브 액션은 깃허브에 내장된 지속적 통합 및 지속적 배포(CI/CD) 도구입니다. 개발자가 리포지터리에서 직접 소프트웨어 개발 워크플로를 설정하고 자체 설정 및 실행할 수 있습니다. 기본적으로 깃허브 액션 워크플로는 워크플로 파일에 정의된 자동화된 프로세스의 집합입니다. 프로세스는 명령 실행, 프로세스 설정 또는 액션 실행 같은 각기 다른 작업을 수행하는 작업으로 구성됩니다. YAML 구문으로 작성되며 코드 푸시, 새 이슈 생성 또는 예약된 시간 같은 특정 작업이 발생할 때 작동합니다. 깃허브 액션을 사용하면 개발자는 깃허브에서 바로 코드를 빌드하고 테스트하며 배포할 수 있으므로 소프트웨어 개발 프로세스가 더욱 원활하고 자동화됩니다. 다른 개발자의 작업을 공유하고 재사용하거나 수정할 수 있어 자동화된 소프트웨어 개발 환경에서 팀워크와 노하우를 공유하는 데 유용합니다.

챗GPT로 깃허브 액션을 만드는 프롬프트입니다.

휴고(Hugo)를 사용해 정적 웹사이트를 빌드하고 깃허브 페이지에 배포하는 깃허브 액션 워크플로 템플릿을 만드세요.

메이븐(Maven)을 사용하는 자바 프로젝트에 대한 깃허브 액션 워크플로 템플릿을 생성하세요. 코드 컴파일, 테스트 실행, 애플리케이션 패키징 단계를 포함합니다.

도커 컨테이너 애플리케이션용 깃허브 액션 워크플로 템플릿을 만드세요. 도커 이미지를 빌드하고 도커 허브에 푸시하며, 쿠버네티스 클러스터에 배포하는 단계를 포함합니다.

리액트 네이티브 모바일 애플리케이션용 깃허브 액션 워크플로 템플릿을 생성하세요. 종속성을 설치하고 앱을 빌드하며 APK를 지정된 구글 드라이브 폴더에 업로드하는 단계를 포함합니다.

6.9 GPTs

챗GPT는 GPTs라는 기능을 통해 사용자가 직접 특정 목적에 맞게 커스터마이징할 수 있습니다. 이 기능은 매우 쉽게 구성되어 누구나 몇 분 안에 완성할 수 있습니다.

예를 들어 소프트웨어 개발 스타일 가이드를 위한 GPTs를 만든다고 가정해보겠습니다. 이 GPT에는 모든 사람이 이해할 수 있도록 변수 이름을 지정하는 방법, 코드를 들여쓰는 올바른 방법, 팀이 따르는 특정 프로그래밍 패턴이나 관행과 같은 핵심적인 지침을 담아두겠습니다. 비유하자면 코드 작성을 위한 드레스 코드입니다.

가장 중요한 사상은 규칙적이고 깔끔하게 만드는 것입니다. 이렇게 하면 모든 사람이 코드를 더 쉽게 읽고 이해할 수 있으므로 대규모 프로젝트에서 큰 도움이 될 것입니다.

하지만 이런 가이드를 준수하는 것은 다소 부담될 수 있습니다. 이미 개별적으로 코드 스타일이 있을 것이기에, 새로운 규성을 따르는 것은 적응을 필요로 합니다.

이런 상황에서 GPT를 활용하면 자신만의 스타일로 작성한 코드를, 특정 가이드에 맞추어 일괄적으로 조정할 수 있을 것입니다. 직접 만들어보겠습니다. 먼저 챗GPT 홈 화면의 왼쪽 바에서 [GPT 탐색]을 클릭합니다.

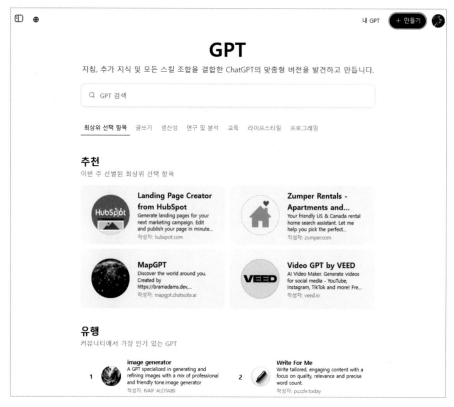

그림 6-5 GPT 화면에 들어오면 추천 GPT와 최근 인기 있는 GPT를 확인할 수 있으며, 검색을 통해 사용자가 필요한 것을 직접 찾을 수도 있습니다.

GPT 화면에서 우측 상단의 [+ 만들기]를 클릭하면 [그림 6-6]처럼 두 개의 패널로 구성된 화면이 표시됩니다.

[그림 6-6]의 왼쪽 패널은 GPT에 직접 정보를 입력하여 빌드하는 영역이고, 오른쪽 패널은 빌드한 GPTs를 바로 테스트할 수 있는 미리 보기 영역입니다. 개발 스타일 가이드와 함께 작동하도록 하려면 프롬프트가 다음과 같이 표시되어야 합니다.

 소프트웨어 개발 스타일 가이드를 시행하는 시스템을 만드세요.

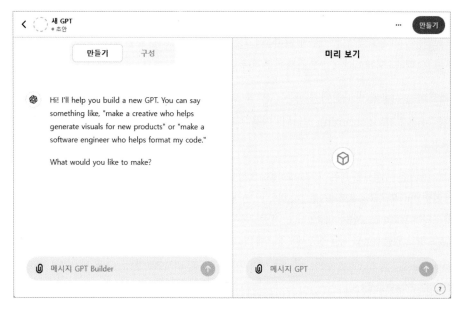

그림 6-6 GPT 빌더를 사용하면 원하는 GPT를 만들 수 있습니다.

왼쪽 패널에서 챗GPT가 GPTs를 만들기 위한 질문을 하고 있습니다. 이 질문에 대화하는 형태로도 원하는 GPT를 만들 수 있습니다. 이번 예시에서 만들고자 하는 내용을 입력하니, '코드 스타일리스트'라는 GPT 이름을 제안해줍니다.

그런 다음 DALL-E 3을 사용해 GPT의 프로필 이미지를 생성합니다. 적합한 이미지가 있다면 직접 이미지를 업로드할 수도 있습니다.

그다음엔 언어, 관행, 지침, 규칙, 피해야 할 사항 등과 같은 세부 사항을 묻습니다. 파이썬 언어를 기본으로, 몇 가지 다른 요구사항을 제공한다고 가정하겠습니다.

그런 다음 패널 상단에서 [구성] 탭을 선택합니다. 이 영역에서는 스타일 가이드를 직접 업로드할 수 있습니다.

이번에는 오른쪽 패널로 이동해 직접 만든 GPT를 실험할 수 있습니다. 코드를 작성하도록 요청하면 자동으로 파이썬 언어로 적용한 코드 가이드를 준수하며 결과물을 생성합니다.

오른쪽 상단의 [만들기] 버튼을 클릭해 이 GPT를 저장합니다. 그러면 사용자의 메인 화면에 표시되고, 해당 GPT 버튼을 클릭하면 바로 사용할 수 있습니다.

오픈AI는 사용자가 직접 만든 GPTs를 공유하거나 다른 사용자의 GPTs를 활용할 수 있는 GPT 스토어를 만들었습니다.[4] 앞서 살펴본 [그림 6-3]의 챗GPT 화면 왼쪽의 [GPT 탐색]을 선택하면 [그림 6-5]에 나온 GPT 스토어로 이동합니다.

GPT 스토어는 사용자가 자신이 원하는 GPT를 탐색하기 편하도록 카테고리로 정리되어 있는데, 그중 하나가 'Programming'입니다. 다음은 GPT 스토어에 있는, 개발에 유용한 GPT를 소개합니다.

- GPTavern은 '프롬프트 프로그래밍'이라는 독특한 접근 방식을 통해 코딩을 가르치도록 설계된 혁신적인 플랫폼입니다. 코딩 프로세스를 간소화하는 20개 이상의 단축키를 제공하며 코드 학습을 위한 75개의 스타터 프로젝트 모음을 제공합니다. 이 플랫폼은 대화형 플랫폼으로 사용자가 질문을 하고, 사진을 업로드하고, 명령 메뉴와 사용 설명서에 접근해 안내를 받을 수 있습니다.
- DesignerGPT는 피에트로 쉬라노[Pietro Schirano]가 만든 GPT로, 미적으로 만족스러운 웹사이트 제작 및 호스팅을 전문으로 합니다.
- Godofprompt.ai에서 제공하는 Screenshot To Code GPT는 사용자가 웹사이트의 스크린샷을 업로드한 후 이를 깨끗한 HTML, Tailwind, 자바스크립트 코드로 변환할 수 있는 기능을 제공합니다.
- Pyxl.ai에서 제공하는 마인드맵/도표/차트-PRO 빌더는 코드와 데이터베이스를 시각화하는 데 도움이 됩니다. 사용자 친화적인 드래그 앤 드롭 편집기로 순서도, 차트, 시퀀스를 만들 수 있어 복잡한 데이터 구조를 이해하고 정리하는 데 도움이 됩니다.
- Code Guru는 라이언 J. 탑스[Ryan J. Topps]가 개발했으며 코드 리뷰, 풀 리퀘스트 작성, 함수 생성 및 최적화, 테스트 작성, 기존 코드에 대한 주석 달기 등 다양한 서비스를 제공합니다.

노트 GPT를 만들 때 외부 API를 활용하여 GPT에 기능을 추가할 수 있습니다.

6.10 제미나이

챗GPT의 등장으로 종래에 AI 영역의 강자로 여겨지던 구글은 난처한 상황에 직면했습니다. 구글은 AI에 꾸준히 많은 투자를 진행했지만, 생성형 AI 시장에서는 오히려 후발주자가 되었습니다. 구글은 생성형 AI의 기술 정확성에 대한 의구심과 기업의 수익을 책임지는 광고에 미

---

4 옮긴이_ 일반 사용자에게 공개하기 위한 GPTs 빌드는 팀 계정 사용자만 가능하며(월 25달러), GPTs 제작은 플러스 계정으로도 가능합니다. 2024년 5월 발표된 GPT-4o 모델과 함께, GPTs의 사용은 모든 사용자가 무료로 이용할 수 있게 되었습니다.

칠 영향에 대한 우려로 생성형 AI 도입을 망설였습니다. 그러나 2023년 초, 구글의 주가가 하락하자 상황이 달라졌습니다. 회사는 움직이기로 결심했고, 챗GPT에 대응하기 위해 바드[Bard]를 출시했습니다. 바드는 초반에 몇 가지 문제를 보였지만 점차 개선되어 다양한 구글 앱에 통합되었고, 이는 회사의 주가 회복에도 기여했습니다.

2024년 2월, 구글은 바드 플랫폼의 이름을 제미나이[Gemini]로 변경했습니다. 현재 제미나이는 제미나이 플래시 1.5 모델을 사용하는 무료 버전과, 월 19.99달러의 비용이 드는 Gemini Advanced[5]라는 프리미엄 버전을 제공하고 있습니다. 프리미엄 버전은 구글의 제미나이 프로 1.5 모델을 사용합니다. 구글은 '제미나이는 난도 높은 개발 프로젝트에서 아이디어를 검토하고 다양한 개발 방식을 평가하는 데 도움을 줄 수 있다'고 설명했습니다.

구글은 안드로이드와 iOS용 제미나이 모바일 앱도 출시했습니다. 이 앱을 통해 사용자는 타이핑, 음성 또는 이미지를 사용하여 AI와 상호작용할 수 있습니다. [그림 6-7]은 제미나이의 인터페이스입니다.

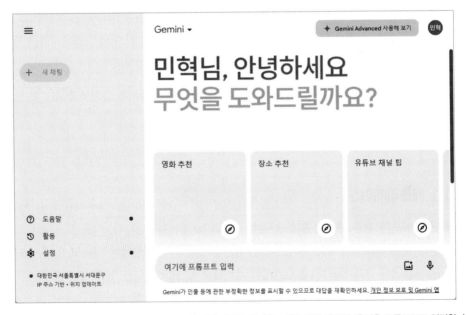

그림 6-7 제미나이 사용자 인터페이스를 통해 채팅 세션을 관리하고 텍스트와 이미지, 음성을 프롬프트로 입력할 수 있습니다.

---

5 옮긴이_ 어드밴스드 버전은 제미나이 프로 1.5 모델을 활용하고 더 긴 컨텍스트도 사용할 수 있습니다. 더불어 구글 드라이브 2TB를 제공하고 다양한 구글 서비스에서도 활용할 수 있도록 되어 있습니다. 2024년 6월 기준 월 구독료는 원화로 29,000원입니다.

챗GPT와 마찬가지로 화면 왼쪽에 채팅 세션 목록이 표시됩니다. 목록을 숨기려면 위의 햄버거(≡) 버튼을 클릭합니다. 모든 채팅의 경우 오른쪽에 있는 작은 버튼을 눌러 이름을 변경하거나 삭제할 수 있습니다. 편리하게 보관하고 싶은 채팅을 고정할 수 있는 멋진 기능도 있습니다.

항목이 발생한 시점에 따라 전체 또는 일부만 지우려면 왼쪽 하단으로 이동해 [활동]을 클릭합니다. [활동] 탭에서는 사용기록을 관리할 수 있습니다.

화면 중앙에는 제미나이 사용 방법에 대한 유용한 팁과 질문 예시가 나와 있습니다. 하단에는 프롬프트를 입력할 수 있는 공간이 있고, 하단에는 사용 시 주의 사항이 안내되었습니다. 그리고 오른쪽에는 이미지를 업로드하는 버튼이 있습니다. 제미나이는 텍스트를 추출하고, 이미지에서 사물을 인식하여 그에 대한 질문에 답하고, 창의적인 텍스트 형식을 만들 수도 있습니다.

입력 상자의 오른쪽에는 마이크 버튼도 있습니다. 음성이나 오디오로 입력하여 제미나이에서 텍스트를 생성할 수 있습니다.

제미나이는 2024년 6월 기준으로 제한적인 확장 프로그램만 지원하고 있습니다. 항공편, 호텔, 지도, 워크스페이스, 유튜브 같은 구글 애플리케이션만 지원하며 타사 확장 프로그램은 제공하지 않습니다.

마지막으로 제미나이는 인터넷에 실시간으로 접근할 수 있습니다. 출처를 확인할 수 있도록 답변 생성 시 정보의 출처를 포함하여 출력합니다.

6.10.1 애플리케이션

엑셀과 구글 시트와 같은 생산성 앱은 단순한 스프레드시트 이상입니다. 이들은 고유한 프로그래밍 언어를 가지고 있기에 기능을 더 강화할 수 있습니다. 엑셀에는 Visual Basic for Applications(VBA)라는 강력한 프로그래밍 시스템이 있습니다. 이를 통해 자체 설정 스크립트와 프로그램을 작성할 수 있으며, 반복적인 작업을 자동화하고, 특별한 기능을 만들며, 데이터를 분석하는 데 유용합니다. 또한 피벗 테이블과 파워 쿼리 같은 준비된 함수도 많이 제공하며, 파워 BI와의 연동을 통해 뛰어난 데이터 시각화와 분석이 가능합니다.

구글 스프레드시트는 자바스크립트와 비슷한 언어인 구글 앱스 스크립트Apps Script를 사용할 수 있습니다. 또한 구글 드라이브와 지메일 등 구글 앱들과 통합하여 사용할 수 있습니다. 자체적으로 제공하는 함수도 많으며, 구글 워크스페이스 마켓플레이스에서 다양한 확장 프로그램을 연동할 수도 있습니다. 완전한 클라우드 기반이므로 다른 사람과의 협업에 매우 적합하며, 그룹 프로젝트에 유용합니다.

제미나이는 복잡한 엑셀 함수를 설명할 수 있습니다.

 다음 Excel 수식을 설명해주세요. =sum(offset(a1,1,0,count(a:a),1))

또한 VBA 스크립트를 작성하는 데도 유용합니다. 다음은 프롬프트 예시입니다.

 사용자 로그인 정보를 입력하는 폼을 엑셀에서 VBA로 만드는 방법을 알려주세요.

특정 데이터를 암호로 보호하기 위한 엑셀 VBA 스크립트 작성을 도와주세요.

엑셀 사용자 로그인 시트에서 이메일 주소와 날짜 형식을 검증하는 VBA 코드를 작성해주세요.

엑셀에서 사용자 로그인 정보 업데이트에 대해 자동 이메일 알림을 보내는 것이 가능한가요?

이 모든 기능이 유용하지만, 스프레드시트 작업에서는 데이터, 수식, 스크립트 간의 관계를 이해하는 것이 중요합니다. 이들 간의 상호작용을 잘 이해해야 오류 없이 강력한 모델을 구축할 수 있습니다. 데이터에서 무언가를 변경하면 그 변화가 수식을 통해 연계된 다른 값에 영향을 줄 수 있으며, 최종 결과가 예상과 다르게 나올 수 있기 때문입니다.

하지만 제미나이는 엑셀 스프레드시트를 불러오고 분석할 수 있습니다. 불러온 시트를 단계별로 이해하거나 데이터 또는 논리의 특정 영역을 자세히 살피는 등의 질문을 할 수노 있습니다. 도서 판매 데이터를 담은 엑셀 스프레드시트를 분석하는 상황을 가정하겠습니다.

작가가 벌어들인 가장 높은 인세 금액을 엑셀에서 찾는 방법을 알려주세요.

각 책의 재고 회전율을 엑셀에서 계산하고 싶습니다. 어떤 수식을 사용해야 하나요?

엑셀에서 재주문 수준에 따라 더 많은 재고를 주문해야 하는 시점을 알려주는 재고 부족 알림을 만드는 방법은 무엇인가요?

엑셀에서 긍정적인 리뷰(평점 4 이상)의 비율을 계산하는 방법은 무엇인가요?

6.10.2 코딩을 위한 제미나이

제미나이는 20개 이상의 프로그래밍 언어를 이해합니다. 프롬프트에 작업 요청을 해보겠습니다.

 섭씨 온도를 화씨로 변환하는 타입스크립트 함수를 생성해주세요.

[그림 6-8]은 제미나이의 응답입니다.

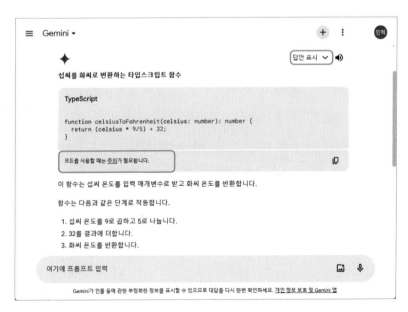

그림 6-8 타입스크립트 함수 생성 요청에 대한 제미나이의 출력입니다.

오른쪽 상단에는 [답안 표시] 버튼이 있습니다. 클릭하면 제미나이 응답을 세 종류로 확인할 수 있습니다. 사용자는 이 중에서 목적에 더 적합한 답변을 선택할 수 있습니다.

챗GPT와 마찬가지로 제미나이의 답변 역시 주석을 함께 제공하며, 코드 형식으로 복사할 수 있습니다.

[그림 6-8]에서 생성된 코드 아래에 '코드를 사용할 때는 주의가 필요합니다'라는 메시지가 표시되어 있습니다. 이를 클릭하면 코딩 활용에 대해 다음과 같은 주의사항이 안내됩니다.

> **Gemini가 코딩을 도울 수 있나요?**
> 네, Gemini는 코딩을 지원하거나 코딩과 관련된 주제를 지원할 수 있지만, 코드나 코딩에 대한 설명을 활용하는 것은 사용자의 책임입니다. 따라서 사용하기 전에 모든 코드에 오류, 버그, 취약점이 있는지 신중하게 테스트 및 검토해야 합니다. 코드에는 오픈소스 라이선스가 적용될 수 있으며 Gemini가 관련 정보를 제공합니다. Gemini가 출처를 언급하는 경우와 방법에 대해 자세히 알아보세요.

[그림 6-9]는 출력에 대한 다양한 옵션을 표시한 화면입니다.

그림 6-9 하단의 더 보기(⋮) 버튼을 클릭하면 출력값 전체를 복사할 수 있습니다.

제미나이의 답변에는 다음과 같은 옵션이 있습니다.

평가
'좋아요' 또는 '싫어요'를 클릭해 응답에 대한 피드백을 제공할 수 있습니다.

이 응답 수정하기
필터 버튼을 클릭해 응답을 더 짧게, 더 길게, 더 간단하게, 더 평이하게, 더 전문적으로 만들 수 있는 옵션이 있습니다.

공유

응답을 공개 링크로 공유할 수 있습니다. 구글 문서나 지메일 초안으로 내보낼 수도 있습니다.

응답을 다시 확인하세요

구글 로고를 클릭하면 제미나이가 응답의 정확성을 검토합니다. 이 경우 제안된 출력값에 근거가 되거나 반대되는 링크를 제공하기도 합니다.

6.11 클로드

2021년, 다리오 아모데이[Dario Amodei]와 다니엘라 아모데이[Daniela Amodei] 남매는 스타트업 앤트로픽[Anthropic]을 설립했습니다. 이들은 오픈AI의 주요 임원이었지만, 오픈AI와는 다른 종류의 생성형 AI 플랫폼을 만들겠다는 아이디어를 가지고 있었습니다. 이들의 목표는 편향성을 최소화하는 등 더 안전한 AI를 만드는 것이었습니다. 이 목표는 보다 윤리적인 **헌법적 AI**[constitutional AI]로 알려지게 되었습니다.

앤트로픽의 생성형 AI 모델인 클로드[Claude]는 강력한 코딩 능력을 가졌습니다. 파이썬 코딩 테스트인 Codex HumanEval에서 71.2%라는 높은 점수(`https://oreil.ly/Rj-sM`)[6]를 받았습니다.[7]

클로드의 가장 큰 장점은 긴 컨텍스트 창으로, 2024년 7월 기준 프로페셔널 플랜이나 API 활용 시 200K(약 350페이지 규모) 토큰까지 지원합니다. 이를 활용하면 대용량 PDF와 같은 파일을 업로드하여 질문과 답변에 활용할 수 있습니다.

[그림 6-10]은 클로드의 초기 화면입니다.

---

6 옮긴이_ 클로드 2 모델의 2023년 7월 기준 점수입니다.

7 옮긴이_ 클로드의 최고 성능 모델인 클로드 3.5 Sonnet는 92.0%를 기록했고, GPT-4o는 90.2%, 제미나이 1.5 프로는 84.1%의 성능을 보였습니다(2024년 7월, 0-shot 기준, `https://bit.ly/3zovXfQ`).

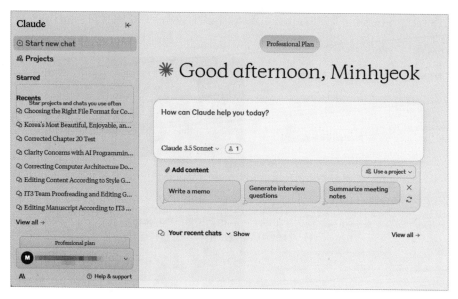

그림 6-10 클로드 메인 화면은 주요 활용 예시와 더불어 사용자의 이전 사용기록을 확인할 수 있도록 구성되었습니다. 사용자는 이 화면에서 프롬프트를 입력하거나 파일을 업로드하여 질문할 수 있습니다.

상단에 메시지를 입력하고 파일을 최대 5개 업로드할 수 있습니다. 사이드바에는 프로젝트 메뉴와 이전 대화 목록이 있습니다. 클로드에 다음 프롬프트를 입력해보겠습니다.

> 문자열을 반전시키는 자바스크립트 함수를 작성해주세요.

챗GPT와 마찬가지로 클로드는 무료 플랜을 제공합니다. 하지만 월 20달러를 지불하면 프로페셔널 플랜을 사용할 수도 있습니다. 업그레이드를 통해 최고 성능 모델 사용, 5배 더 많은 사용 용량, 트래픽이 많은 시점에서 우선적인 출력, 프로젝트 기능, 새로운 기능 선공개 등의 혜택을 받을 수 있습니다.

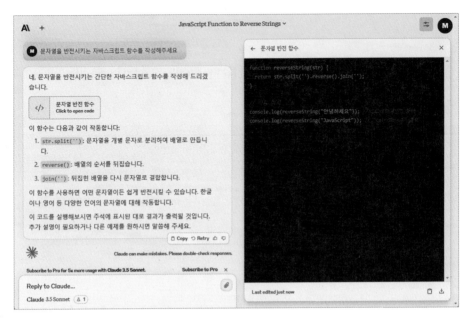

그림 6-11 클로드가 요청에 따라 자바스크립트 함수를 생성합니다.

6.12 결론

챗GPT, 제미나이, 클로드 같은 주요 생성형 AI 모델을 살펴봤습니다. 코드 생성, 확장 프로그램, 웹 브라우징, 대용량 데이터 처리 등의 기능도 확인했습니다. 물론 전문 프로그래밍 어시스턴트와 같지는 않지만 소프트웨어 개발 과정에서 쉽게 활용할 수 있을 것입니다. 그리고 이러한 서비스는 계속 발전하여 AI 기반 프로그래밍 혁신을 가져올 것으로 예상됩니다.

CHAPTER **7**

기획

AI 어시스턴트를 사용해 소프트웨어 프로젝트를 구성하고 기획하는 법을 살펴봅니다. 브레인스토밍, 시장 조사, 요구사항 정의서와 요구사항 명세서, 테스트 주도 개발 등의 내용을 다룹니다.

소프트웨어 개발의 초기 단계에서는 아이디어를 구체화하고, 실행 가능한 계획을 수립합니다. 우리는 챗GPT를 사용해 효과적으로 브레인스토밍하고 마지막 세부 사항까지 철저하게 계획할 것입니다. 시장 조사를 수행하고 트렌드를 주시하며 경쟁사를 분석할 것입니다. 화이트보딩에 대해서도 다룰 텐데, 이는 아이디어를 시각적으로 표현하고 발전시키는 재미있는 방법입니다. 또한 애자일과 스크럼 같은 방법을 살펴보고, 이러한 방법들을 소프트웨어 프로젝트에 맞게 조정하는 방법을 다룹니다. 이제, 프로젝트 기획에 본격적으로 돌입합니다.

7.1 브레인스토밍

매일 수천 개의 소프트웨어 제품이 쏟아져 나오기에 돋보이는 제품을 만드는 것은 결코 쉬운 일이 아닙니다. 그러나 챗GPT와 같은 AI를 활용하면 아이디어를 구상하는 데 도움을 받을 수 있습니다. 다음과 같은 프롬프트로 다양한 접근 방식을 제공받을 수 있습니다.

 신제품에 대한 아이디어를 브레인스토밍하는 기법에는 어떤 것이 있나요? 인터넷을 사용해 이 질문을 조사하세요.

챗GPT는 유용한 접근 방식을 10개 제시했는데, 그중 일부를 소개합니다.

- 5 Whys 기법: 문제로부터 출발하여 '왜'라는 질문을 계속 던집니다. 무엇이 잘못되었는지 되짚어 보는 데 유용합니다.
- Bad Idea 기법: 일부러 끔찍한 아이디어를 떠올려봅니다. 왜 해당 아이디어가 나쁜지 토론하다 보면 실제로 기발한 해결책이 떠오를 수 있습니다.
- 스타버스팅 기법: 답변이 아닌 질문에 초점을 맞춥니다. 별 모양의 다이어그램을 만들어 누가, 무엇을, 언제, 어디서, 왜, 어떻게 등의 질문으로 채웁니다.

스타버스팅starbursting 접근 방식을 활용하고 싶다면 다음 프롬프트를 통해 체험할 수 있습니다.

스타버스팅 기법을 사용하여 소프트웨어 제품에 대한 새로운 아이디어를 어떻게 구상할 수 있을까요?

챗GPT는 이 주제에 스타버스팅 접근 방식을 적용했습니다.

- 누가(Who): 소프트웨어를 사용할 대상을 생각해보세요.

- 무엇을(What): 소프트웨어가 해결하려는 문제가 무엇인지 정의하세요. 이미 출시된 제품과 어떤 점에서 차별화되나요?

- 언제(When): 소프트웨어를 사용하고 출시하며 업데이트하거나 수정하기에 가장 적절한 시기를 파악하세요.

- 어디서(Where): 소프트웨어를 사용할 수 있는 플랫폼이나 기기를 고려하세요.

- 왜(Why): 당신의 소프트웨어가 필수적인 이유에 대해 숙고해보세요. 사람들이 다른 서비스 대신 이 서비스를 선택해야 하는 이유는 무엇인가요?

- 어떻게(How): 소프트웨어의 작동 방식, 구축 및 판매 방법, 도움이 필요한 사용자를 지원하는 방법을 생각해보세요.

이 과정을 거치면 새로운 소프트웨어 제품 아이디어를 보다 명확하게 파악하게 됩니다.

이제 아이디어 목록을 작성하고 싶다고 가정하겠습니다. 특정 카테고리에 집중하고, 목표 대상을 파악하고, 해결하고자 하는 문제를 이해하는 것이 가장 좋습니다. 다음은 새로운 아이디어 목록을 작성하는 예시 프롬프트입니다.

노인을 위한 건강 추적 앱을 개발하고 싶습니다. 노인들이 만성 질환을 관리하고 약물 복용 일정을 지키는 데 어려움을 겪는 문제를 해결하고자 합니다. 고령자 친화적인 앱을 만들고 보다 효과적으로 건강을 관리할 수 있도록 지원하려면 어떤 기능을 포함하면 좋을까요?

목표 고객은 재정 관리를 어려워하는 대학생입니다. 예산 관리 앱에 어떤 기능이 포함되어야 지출 내역을 추적하고, 돈을 절약하고, 재무 계획을 쉽게 이해할 수 있을까요?

정규 수업 수강 시간을 내기 어려운 바쁜 직장인들을 위한 언어 학습 앱을 만들고 싶습니다. 고객들의 빠듯한 일정을 고려하여 짧고 효과적인 언어 학습 세션을 제공하기 위해 어떤 기능을 제안할 수 있을까요?

챗GPT가 만들어내는 아이디어는 훌륭할까요? 와튼 스쿨 교수진은 이 내용을 MBA 혁신 수업 (https://oreil.ly/V7N31)에서 시험했습니다. 학생들에게 새로운 제품 또는 서비스 아이디어를 제시하게 했습니다. GPT-4 모델을 활용해 챗GPT에게도 동일한 작업을 수행하게 했습니다. 기숙사생에게 적합한 요리 키트, 딱딱한 교실 의자용 쿠션 등 다양한 아이디어가 쏟아져 나왔습니다. 이렇게 학생들과 챗GPT의 아이디어를 모은 뒤, 온라인으로 구매 의향을 조사했습니다.

평균적으로 학생들의 아이디어 중 약 40%가 상당히 좋은 평가를 받았으며, 챗GPT는 그보다 약간 더 높은 49%를 기록했습니다. 교수들은 전반적인 평가에 만족하지 않고 상위 10%의 아이디어에 집중했습니다. 판도를 바꿀 수 있는 진정한 잠재력이 있는 아이디어입니다. 놀랍게도, 최고 수준의 아이디어 40개 중 학생들의 아이디어는 단 5개였습니다.

7.2 시장 조사

소프트웨어 프로젝트를 시작하기 전에 몇 가지 중요한 질문을 하는 것이 좋습니다. 해당 소프트웨어가 실제로 필요한가요? 고객이 기꺼이 돈을 지불할 의사가 있나요? 그렇다면 그 시장의 규모는 어떤가요?

시장 조사는 중요합니다. 미래를 점치는 수정 구슬이 될 수는 없지만, 성공하지 못할지도 모르는 일에 시간과 에너지를 쏟아붓는 위험을 줄이는 데는 분명 도움이 됩니다.

사실 많은 신제품이 외면당해 사라지는 것이 현실입니다. 하버드 대학교 교수이자 베스트셀러 작가인 클레이튼 크리스텐슨Clayton Christensen은 연구 결과 신제품의 약 80%가 실패한다 (https://oreil.ly/6BJ2H)는 사실을 발견했습니다.

소프트웨어 프로젝트의 경우 그 수치는 훨씬 더 높을 것으로 보입니다. [표 7-1]에 대표적인 소프트웨어 실패 사례를 정리했습니다.

표 7-1 실패한 소프트웨어 애플리케이션

제품/서비스	출시 연도	실패 이유
프렌드스터	2002	기술적 문제, 확장성 문제, 페이스북의 역전
마이크로소프트 준	2006	음악 소비 방식의 변화에 적응하지 못하고 IPod과의 경쟁에서 패배
윈도우 비스타	2007	높은 시스템 요구 사양, 호환성 문제, 보안 경고
구글 웨이브	2009	복잡한 사용자 인터페이스, 불명확한 용도와 목적, 사용자 부족
구글 플러스	2011	수많은 결함, 부정확한 데이터, 열악한 탐색 기능
바인	2013	인스타그램, 스냅챗과 같은 경쟁사 대비 존재감 축소
아마존 파이어 폰	2014	높은 가격, 제한적인 앱 선택지, 매력적이지 않은 기능
퀴비	2020	숏폼 콘텐츠 이해 부족, 포화 시장에서 치열한 경쟁, 코로나19 영향

큰 실패작 중 하나는 1982년 스티븐 스필버그Steven Spielberg의 영화 〈E.T.〉의 비디오 게임입니다. 아타리는 유니버설 픽처스에 무려 2100만 달러의 판권료(https://oreil.ly/pu8Gu)를 지불했고, 홍보에 500만 달러를 추가로 투입했습니다.

그렇게 탄생한 게임은 너무 복잡하고 재미도 없어 큰 인기를 끌지 못했습니다. 결국 400만 개의 카트리지 중 절반이 넘는 250만 개가 재고로 남았고, 아타리는 이 재고를 모두 뉴멕시코의 사막에 파묻었습니다.

시장 조사에 챗GPT를 어떻게 활용할 수 있는지 자세히 알아봅시다. 우선, 타깃 고객을 파악해야 합니다. 이 소프트웨어를 가장 많이 사용할 사람이 누구인지 생각해보세요. 다음 프롬프트로 사용자에 대한 브레인스토밍을 시작해봅시다.

 프로젝트 관리 소프트웨어 프로그램의 잠재적 구매자가 될 타깃 고객의 인구통계학적 특성은 어떻게 예상되나요?

응답을 바탕으로 마케팅 전략을 수립하는 데 필수적인 사용자 페르소나 설정 작업을 챗GPT에게 맡길 수 있습니다. 페르소나는 제품을 사용할 수 있는 다양한 사용자를 대표하는 인물이라고 생각하면 됩니다. 사용자 페르소나의 세부 정보에는 나이, 관심사, 직업과 라이프스타일 등이 포함됩니다. 페르소나를 정립함으로써 고객이 누구이며 무엇을 원하는지 이해하게 됩니다.

챗GPT에 프로젝트 관리 소프트웨어의 사용자 페르소나를 요청하면 다음과 같은 답을 얻습니다.

페르소나 1: IT 프로젝트 매니저 – 김민준

- **나이**: 35세
- **직업**: IT 프로젝트 매니저
- **산업**: 소프트웨어 개발
- **회사 규모**: 중견기업 (직원 수 200명)
- **교육 수준**: 컴퓨터 공학 학사, PMP 자격증 보유
- **기술 수준**: 고급 (다양한 프로젝트 관리 도구 및 소프트웨어 사용 경험)
- **목표**:
    - 개발 팀의 업무 효율성을 극대화하고, 프로젝트 일정을 준수하기 위해 체계적인 관리 도구가 필요
    - 여러 프로젝트의 진행 상황을 실시간으로 모니터링하고 보고서를 작성하여 경영진에게 보고
- **필요사항**:
    - 사용하기 쉬운 UI/UX
    - 실시간 협업 및 커뮤니케이션 기능
    - 일정 관리 및 Gantt 차트 지원
    - Jira, Slack 등의 기존 도구와의 통합성
- **고충**:
    - 현재 사용하는 도구의 복잡한 인터페이스로 인해 팀원들이 적응하는 데 어려움이 있음
    - 다양한 프로젝트가 동시에 진행되면서 생기는 일정 관리의 어려움

페르소나 2: 마케팅 팀 리더 – 이지은

- **나이**: 29세
- **직업**: 마케팅 팀 리더
- **산업**: 마케팅 및 광고
- **회사 규모**: 중소기업 (직원 수 50명)
- **교육 수준**: 경영학 학사
- **기술 수준**: 중급 (주로 마케팅 도구와 프로젝트 관리 소프트웨어 사용)

- **목표**:
  - 마케팅 캠페인의 진행 상황을 체계적으로 관리하고, 각 캠페인의 성과를 분석하여 보고
  - 팀원들의 작업을 효율적으로 배분하고, 작업 완료 상태를 실시간으로 파악
- **필요사항**:
  - 직관적인 대시보드
  - 캠페인 관리 및 일정 관리 기능
  - 팀원들의 작업 상태를 쉽게 확인할 수 있는 기능
  - Google Drive, Trello 등과의 연동
- **고충**:
  - 팀원들의 작업 진행 상황을 파악하는 데 시간이 많이 소요됨
  - 여러 캠페인을 동시에 진행하면서 일정 관리에 어려움을 겪음

페르소나 3: 건설 프로젝트 관리자 – 박재성

- **나이**: 42세
- **직업**: 건설 프로젝트 관리자
- **산업**: 건설 및 엔지니어링
- **회사 규모**: 대기업 (직원 수 1000명 이상)
- **교육 수준**: 토목공학 석사
- **기술 수준**: 중급 (건설 관리 소프트웨어와 프로젝트 관리 도구 사용 경험)
- **목표**:
  - 대규모 건설 프로젝트의 진행 상황을 체계적으로 관리하고, 예상 일정을 준수
  - 현장 작업자들과의 원활한 커뮤니케이션 유지
- **필요사항**:
  - 프로젝트 단계별 관리 기능
  - 모바일 접근성 (현장에서 사용 가능)
  - 자원 관리 및 비용 추적 기능
  - AutoCAD, MS Project 등과의 호환성
- **고충**:
  - 현장과 사무실 간의 소통이 원활하지 않아 일정 관리에 차질이 생김
  - 자원 및 비용 관리의 복잡성

이와 같은 사용자 페르소나를 통해 프로젝트 관리 소프트웨어의 타깃 고객의 요구사항과 고충을 명확히 파악하고, 이들을 만족시키기 위한 기능과 서비스를 개발할 수 있습니다.

챗GPT는 특정 데이터를 수집하기 위한 설문조사와 질문지 초안을 작성하는 데도 유용합니다.

프로젝트 관리 소프트웨어를 구매할 때 고객이 무엇을 중요하게 여기는지 파악하려는 목적의 설문조사를 만들어주세요. 설문조사에는 주요 기능, 선호하는 사용성 요소, 특정 업계의 요구사항을 비롯해서 구매자가 프로젝트 관리 소프트웨어를 통해 해결하고자 하는 특정 문제를 파악하는 데 유용한 질문이 포함되어야 합니다. 또한 비용, 지원, 확장성, 통합 기능 같은 요소의 중요성을 평가하는 질문도 포함하세요.

소프트웨어 시장을 평가할 때 고려할 요소들을 살펴보겠습니다.

7.2.1 시장 동향

새로운 소프트웨어를 출시할 때 시장 조사에 공을 들이면 큰 차이를 만들어낼 수 있습니다. 사용자가 진정으로 원하는 바와 경쟁업체의 동향을 파악하는 작업은, 내부자로부터 얻은 정보를 바탕으로 전술서를 작성하는 것과 같습니다. 트렌드가 확산하기 전에 미리 알아차리고 다른 사람이 놓칠 수 있는 기회를 발견할 수 있습니다. 덧붙여 훌륭한 안전망이 되어 주기도 합니다. 추측을 줄이고 성공 가능성이 높은 현명한 선택을 할 수 있도록 도와줍니다. 그리고 마케팅을 잊어서는 안 됩니다. 고객들을 속속들이 파악했다면 단순히 아무거나 던져놓고 효과가 있기를 바라기보다 고객의 공감을 이끌어내는 광고와 프로모션을 만들어야만 합니다.

챗GPT는 시장 조사를 위한 훌륭한 조력자가 될 수 있습니다. 물론 모델은 특정 시점까지의 데이터만 학습했지만, 프롬프트에서 '실시간 인터넷 검색'을 지시해 해결할 수 있습니다.

인터넷을 검색해 〈특정 소프트웨어 카테고리, 예: 모바일 게임, 교육 기술〉의 〈연도〉 최신 트렌드를 찾아보세요.

인터넷을 검색해 〈연도〉에 인기를 끌고 있는 소프트웨어 산업의 새로운 기술에 대한 개요를 제공하세요.

인터넷을 조사해 현재 소프트웨어 시장에 영향을 미치는 소비자 행동 트렌드, 특히 〈대상 인구 통계 또는 애플리케이션 유형〉에 대해 알아보세요.

인터넷을 검색해 〈연도〉 소프트웨어 애플리케이션의 사용자 인터페이스 및 사용자 경험(UI/UX) 디자인에 대한 최신 트렌드를 찾아보세요.

인터넷을 조사해 〈특정 분야 또는 카테고리〉에서 가장 인기 있는 소프트웨어 애플리케이션의 목록을 작성하고 현재 시장에서 성공하고 있는 이유를 설명하세요.

7.2.2 전체 시장

전체 시장total addressable market(TAM)은 여러분의 제품을 사용할 수 있는 모든 사람이 실제로 사용한다면 얻을 수 있는 최대 수익의 추정치입니다. 이를 통해 어디에 에너지를 집중해야 하는지, 시장에서 제품을 어떻게 포지셔닝하는지, 성장 전략이 무엇인지 파악할 수 있습니다. 시장에서 실제 확보할 수 있는 점유율과 벌어들일 수 있는 매출액에 달성 가능한 목표를 설정하는 데 현실적인 지침이 됩니다. 벤처 캐피털리스트(VC)는 투자처를 결정할 때 TAM을 중시하는데, 전체 시장 규모가 곧 성장 잠재력을 의미하기 때문입니다. 그들은 항상 급성장할 투자처를 모색하고 있으며, 높은 TAM은 개척되기를 기다리는 거대한 시장임을 방증합니다.

일반적으로 벤처 캐피털리스트는 10억 달러를 초과하는 규모의 TAM을 원하며, 이상적으로는 그보다 훨씬 더 큰 시장을 찾습니다. 이렇게 거대한 시장의 작은 부분만 차지하더라도 수익이 상당할 수 있기 때문입니다.

'TAM의 규모를 추정하는 다양한 방법을 알려주세요'라는 요청에 챗GPT는 다음과 유사하게 응답합니다.

- 하향식 접근 방식: 산업 데이터와 시장 조사 자료를 수집하여 전체 시장 규모를 가늠합니다. 그런 다음 목표로 하는 시장에 초점을 맞추는 등 구체화합니다.
- 상향식 접근 방식: 제품을 구매 가능한 사람이나 기업 범위를 파악하고, 그중 실제로 제품을 구매하리라고 예상되는 비율(전환율)을 추측한 다음, 고객 한 명당 수익을 예측합니다. 이 접근 방식은 보다 여러 단계의 작업이 필요하지만 보다 명확하고 구체적인 전망을 얻을 수 있습니다.

예를 들어보겠습니다. 의료 기술 분야 스타트업의 전체 시장 규모를 파악하겠습니다.

 SilverConnect Health는 원격 의료 서비스에 주력하는 헬스케어테크 스타트업입니다. 타깃 시장은 미국 내 도시 지역의 노인 인구입니다. 현재 원격 의료 서비스 시장 규모와 향후 5~10년 동안 이 시장의 성장 전망은 어떻습니까?

챗GPT는 인터넷을 검색하여 유용한 사실을 찾아냅니다.

- 2022년 시장 규모: 2022년 미국 원격 의료 시장 규모는 350억 달러 이상의 가치로 평가받았습니다. 다른 추정치에 따르면 912억 달러에 달했습니다.

- 예상 성장률: 한 자료에 따르면 2023년부터 2032년까지 연평균 성장률(CAGR)이 12.5%에 달할 것으로 예상됩니다. 또 다른 자료는 2023년부터 2030년까지 22.9%의 연평균 성장률을 전망했습니다.

7.3 경쟁 분석

경쟁 분석의 주요 이점 중 첫째는 시장을 살짝 엿볼 수 있다는 점입니다. 이미 출시된 제품, 성공적으로 시장에 안착한 제품과 그렇지 않은 제품을 확인할 수 있습니다. 여러분이 개발하는 소프트웨어가 메울 수 있는 틈새를 발견하여 새로운 가치를 제공할 수 있도록 도와줍니다. 또한 경쟁사의 성공과 실패에서 얻는 교훈은 여러분 소프트웨어를 크게 개선시킬 수 있습니다.

소프트웨어의 차별화 요소를 파악하면 마케팅 전략을 구체화하여 적절한 타깃 고객에게 보다 효과적으로 접근할 수도 있습니다.

다음은 챗GPT에 경쟁 분석을 요청하는 프롬프트입니다.

〈특정 산업 또는 시장〉에서 〈소프트웨어 유형〉의 주요 경쟁업체를 나열하세요.

〈소프트웨어〉와 주요 3대 경쟁업체의 기능을 비교하세요.

〈소프트웨어〉 시장에서 경쟁사가 사용하는 가격 모델은 무엇인가요?

주요 경쟁사들은 〈소프트웨어 유형〉 시장에서 어떻게 포지셔닝하고 있나요?

〈경쟁사 이름〉 소프트웨어의 강점과 약점을 파악하세요.

사용자 만족도와 불만 사항을 중심으로 〈경쟁사 소프트웨어 이름〉에 대한 고객 리뷰를 요약하세요.

챗GPT에 분석 결과를 명확한 표로 작성하도록 요청할 수도 있습니다.

2023년 기준 고객 관계 관리(CRM) 소프트웨어 시장의 주요 업체를 요약하여 설명해주세요. 결과는 표로 작성합니다.

회사	주요 기능	타깃 시장	강점
Salesforce	클라우드 기반, AI 기능, 광범위한 앱 생태계	중소기업에서 대기업까지	업계 선도, 폭넓은 커스터마이징, 강력한 통합
Microsoft Dynamics	마이크로소프트 제품과의 원활한 통합, AI 인사이트	중소기업에서 대기업까지	Office 365와의 강력한 통합, 유연한 배포
Oracle CRM	통합 소프트웨어 패키지, 클라우드 솔루션, AI 기반 분석	중견기업에서 대기업까지	높은 확장성, 산업별 맞춤 솔루션 제공
SAP CRM	엔드투엔드 CRM 솔루션, 강력한 분석 기능, 클라우드 기반	대기업	SAP ERP와의 강력한 통합, 대기업에 적합
HubSpot	사용자 친화적, 인바운드 마케팅 도구, 무료 CRM 제공	소기업에서 중견기업까지	사용하기 쉬움, 인바운드 마케팅에 적합, 확장 가능
Zoho CRM	저렴한 가격, 소기업에 적합, AI 지원	소기업에서 중견기업까지	비용 효율성, 폭넓은 커스터마이징, 강력한 모바일 접근성
Adobe Experience Cloud	마케팅, 분석 및 콘텐츠 관리에 중점	중견기업에서 대기업까지	마케팅 및 콘텐츠 관리에서 강점, AI 기반

챗GPT는 심지어 SWOT(강점, 약점, 기회, 위협) 분석도 할 수 있습니다. 강점을 부각하고, 약점을 보완하거나 해결하고, 기회를 포착하며, 위협을 회피할 수 있습니다. 비즈니스 종류를 막론하고 사용되며 개인의 커리어 전환에도 쓸모 있는 방법입니다.

7.4 요구사항 작성

요구사항 문서는 소프트웨어 개발에 매우 중요한 역할을 하며 다음의 혜택을 제공합니다.

방향 제시

소프트웨어가 해야 할 일을 명확히 정의합니다. 개발자부터 고객에 이르기까지 모든 사람이 계획을 이해하여 일이 순조롭게 진행됩니다.

이해 공유

팀원과 고객 등 모든 관련자가 예상되는 사항을 이해할 수 있습니다. 혼동을 야기하거나 잘못된 방향으로 전환할 가능성을 줄입니다.

계획 수립 지원

필요한 작업, 작업에 소요되는 시간 및 비용을 계획하는 데 유용합니다.

커뮤니케이션 개선

특히 대규모의 팀이나 사람이 지리적으로 분산된 경우 명확한 의사소통에 유익합니다.

위험 감소

잠재적인 문제를 조기에 발견함으로써 지연을 방지하고 비용을 관리할 수 있습니다.

소프트웨어 요구사항을 도출하는 것은 만만치 않은데, 그 이유 중 하나는 소프트웨어 개발이 얼마든지 복잡해질 수 있기 때문입니다. 저마다 다른 국가와 시간대에 있는 팀원들의 업무와 생각을 조율해야 하는 어려움도 상존합니다. 관계되는 그룹마다 아이디어와 요구사항이 있으며, 때로는 각각의 요구사항이 정확히 일치하지 않거나 명확하지 않은 경우도 있습니다.

또 다른 골칫거리는 사람이 소프트웨어에서 원하는 것이 계속해서 바뀔 수 있다는 점입니다. 특히 빠르게 변화하는 업계에서 더욱 그렇습니다. 요구사항은 계속해서 변하기에 단번에 확정하기가 어렵습니다. 그동안에도 요구사항이 실행 가능한지, 요구사항의 반영 여부를 추적할 수 있는지 확인해야 합니다.

잘못된 요구사항은 다음과 같이 참담한 결과로 이어집니다.

덴버 국제공항의 자동 수하물 시스템(1995년)

요구사항이 대단히 복잡한 데다 목표도 과도했습니다. 이로 인해 16개월이 지연되고 비용이 급증했습니다. 결국 공항은 전체 시스템을 폐기하기로 결정합니다.

FBI의 가상 사건 파일 시스템(2000~2005년)

FBI가 무엇을 원하는지 막연했으므로 시스템은 별 쓸모가 없었습니다. 1억 7천만 달러 이상을 이 프로젝트에 쏟아부었지만 결국 포기합니다. 센티널이라는 다음 프로젝트는 요구사항이 훨씬 더 구체적이었고 당연히 성공적인 결과를 얻습니다.

HealthCare.gov 출시(2013년)

연방 정부는 필요한 사항을 명확히 정립하지 않았고 충분한 테스트도 거치지 않았습니다. 출범 당시 트래픽을 감당할 수 없었고 제대로 작동하지 않았습니다. 실패한 시스템을 수정하고 원활하게 운영하기 위해 많은 사람이 더 많은 비용을 투입해야 했습니다.

소프트웨어 개발 분야에는 다양한 요구사항이 존재하며, 각각의 목적은 고유합니다. 소프트웨어가 수행해야 하는 작업이나 필요한 기능 등을 설명하는 기능 요구사항이 있습니다. 그리고 성능 속도, 보안, 사용성 등 소프트웨어가 어떻게 작동해야 하는지를 설명하는 비기능적 요구사항이 있습니다.

생성형 AI기 이렇게 도움이 되는지 알아보기 위해 제품 요구사항 정의서(PRD)와 소프트웨어 요구사항 명세서(SRS)라는 두 유형의 중요한 문서를 위주로 살펴보겠습니다.

7.4.1 제품 요구사항 정의서

제품 요구사항 정의서product requirements document (PRD)는 소프트웨어의 전반적인 개요와 목표를 명시합니다. 애플리케이션의 디자인과 동작 방식, 사용 대상, 제약 조건 등을 설명하는 스토리라고 생각하세요. 대부분 필수 기능부터 사용자 경험에 이르기까지 개발 과정의 모든 단계에서 참조되는 상세한 내용을 다룹니다.

제품 요구사항 정의서는 개발자, 디자이너, 프로젝트 관리자, 품질 보증 팀을 위한 문서입니다. 제품의 비전을 확신해야 하는 경영진이나 이해관계자에게도 긴요합니다. 또한 마케팅 팀이 제품 포지셔닝 전략을 수립하고 개선하는 데 요긴합니다. 본질적으로 제품을 시장에 출시하고 목표했던 사용자에게 적합한지 확인하는 데 관여하는 관계자 모두를 위한 문서입니다.

제품 요구사항 정의서에 익숙하지 않다면 챗GPT의 도움을 받을 수 있습니다. 챗GPT가 제품 요구사항 정의서의 개요를 작성합니다.

 제품 요구사항 정의서의 주요 구성 요소는 무엇인가요? 워드 문서 전용 템플릿으로 만들어주세요.

 제품 요구사항 정의서

1. 서문(Preface)
   - 문서 목적:
   - 문서 범위:
   - 정의 및 약어:
   - 참조 문서:
2. 제품 개요(Product Overview)
   - 제품 개요 설명:
   - 제품의 주요 기능 및 특징:
   - 사용자 환경 및 사용 시나리오:
3. 요구사항(Requirements)

   3.1. 기능적 요구사항(Functional Requirements)

요구사항 ID	요구사항 설명	우선순위	관련 기능
FR-001			

3.2. 비기능적 요구사항(Non-functional Requirements)

- 성능 요구사항:

- 보안 요구사항:

- 호환성 요구사항:

- 사용자 경험(UX) 요구사항:

4. 시스템 요구사항(System Requirements)

- 하드웨어 요구사항:

- 소프트웨어 요구사항:

- 네트워크 요구사항:

5. 인터페이스 요구사항(Interface Requirements)

- 사용자 인터페이스:

- 시스템 인터페이스:

- 외부 시스템 인터페이스:

6. 데이터 요구사항(Data Requirements)

- 데이터 모델:

- 데이터 흐름도:

- 데이터베이스 요구사항:

7. 유스 케이스(Use Cases)

- 유스 케이스 목록:

- 각 유스 케이스의 상세 설명:

8. 제약 사항(Constraints)

- 기술적 제약사항:

- 운영적 제약사항:

- 정책 및 규제 제약사항:

9. 품질 속성(Quality Attributes)

- 신뢰성:

- 가용성:

- 유지보수성:
- 확장성:

10. 승인 및 검토(Approval and Review)
- 검토 및 승인자 목록:
- 검토 및 승인 일자:
- 변경 이력:

부록(Appendix)
- 추가 정보 및 참고 자료

7.4.2 소프트웨어 요구사항 명세서

소프트웨어 요구사항 명세서software requirements specification(SRS)는 소프트웨어 프로젝트의 기술 매뉴얼과 같습니다. 제품 요구사항 정의서가 최종 사용자 또는 고객의 관점에서 무엇이 필요하고 왜 필요한지에 초점을 맞추는 데 비해 소프트웨어 요구사항 명세서는 소프트웨어가 무엇을 해야 하고 어떻게 해야 하는지에 대한 구체적인 사항, 즉 기술적인 측면에 주력합니다.

단순한 앱이라면 소프트웨어 요구사항 명세서는 몇 페이지에 불과할 수 있습니다. 하지만 엔터프라이즈 소프트웨어를 구현하는 등 복잡한 프로젝트라면 수백 페이지에 달하기도 합니다. 다음은 소프트웨어 요구사항 명세서를 작성하는 데 사용할 수 있는 프롬프트입니다.

효과적인 소프트웨어 요구사항 명세서 초안을 작성할 때 고려해야 할 필수 요소와 모범 사례는 무엇인가요?

소프트웨어 요구사항 명세서를 개선하는 프로세스를 간략하게 설명합니다. 요구사항을 수집하고 분석하는 단계, 이해관계자와의 협업, 문서화 방법론을 강조하세요.

소프트웨어 프로젝트에 대한 자세한 소프트웨어 요구사항 명세서를 작성하세요. 프로젝트 개요, 이해관계자 분석, 기능적 및 비기능적 요구사항, 가정 및 제약 조건 같은 섹션을 추가합니다.

7.4.3 인터뷰

음성 인식 소프트웨어는 수십 년 전부터 존재했지만, 실용적인 도구라기보다는 신기한 기술에 가까웠습니다. 자연스러운 대화 음성을 안정적으로 이해하지 못해서 일상적으로도 전문 지식이 필요한 환경에서도 실용적이지 못했습니다.

그러나 최근 몇 년 동안 음성 인식 기술은 AI의 발전에 힘입어 비약적인 발전을 이루었습니다. 최신 시스템은 정교한 AI 알고리듬으로 구동되면서 다양한 억양과 방언을 더 잘 이해할 뿐만 아니라 구어의 맥락과 뉘앙스까지 파악합니다. 시간이 지남에 따라 학습하고 적응하여 정확도를 지속적으로 개선하고 있습니다.

요구사항 문서를 작성할 때 자주 실시하는 인터뷰 과정에서 음성 인식 소프트웨어를 유용하게 사용할 수 있습니다.

전사 및 녹음

음성을 텍스트로 변환하는 전사 정확도가 일반적으로 꽤 높지만 녹음된 내용을 들으며 수정할 수 있습니다.

화자 식별

음성 인식 소프트웨어는 회의에서 화자를 구별합니다. 요구사항을 명확하게 정리하는 데 도움이 될 수 있습니다.

주요 주제 식별

음성 인식 소프트웨어는 녹취록에서 자주 사용하는 키워드를 강조 표시하여 주요 주제나 요구사항을 쉽게 식별하고 집중할 수 있도록 도와줍니다.

핵심 사항 요약

음성 인식 소프트웨어는 요점을 요약하고 실행 항목을 제안하여 개발자가 요구사항을 정확히 파악하고 이를 구체적인 프로젝트 작업으로 전환하도록 합니다.

현재 다음과 같은 음성 인식 소프트웨어가 관심을 받고 있습니다.

- 오터 AI(Otter AI)
- 패텀(Fathom)
- 레브(Rev)
- 소닉스(Sonix)
- 노타(Notta)

7.4.4 화이트보딩

화이트보딩은 화이트보드에 적어가며 진행하는 브레인스토밍을 뜻하며, 소프트웨어 프로젝트의 요구사항을 정리할 때 적합합니다. 이 방식은 브레인스토밍을 도와주고 모든 사람이 의견을 자유롭게 제시하도록 합니다. 다양한 아이디어와 관점을 수집할 수 있어서 소프트웨어의 목표와 기능을 정의하는 데 요긴 합니다. 또한 토론 중에 순서도나 다이어그램을 직접 그리면서 복잡한 내용을 쉽게 이해할 수 있습니다.

챗GPT도 화이트보딩을 도와줍니다. 시스템에 이미지를 업로드하면 그 이미지를 해독하는 방식입니다.

[그림 7-1]과 같은 로그인 시스템을 구상했다고 가정하겠습니다.

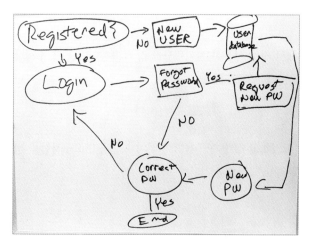

그림 7-1 로그인 시스템의 스케치를 챗GPT에 입력할 수 있습니다.

보다시피 글씨가 지저분하고 비밀번호를 'pw'로 적는 등 약어도 사용되었습니다.

챗GPT에 해당 이미지와 함께 프롬프트를 입력했습니다.

다이어그램[1]을 분석해주세요.

이 다이어그램은 사용자 로그인 및 등록 절차를 설명하는 흐름도입니다. 다음은 다이어그램의 주요 단계입니다.

1. Registered?(등록되었습니까?)

- 사용자가 이미 등록되었는지 여부를 확인합니다.
- Yes(예)인 경우, 로그인 절차로 진행합니다.
- No(아니오)인 경우, 새 사용자 등록 절차로 진행합니다.

2. New User(새 사용자)

- 새로운 사용자는 사용자 데이터베이스에 추가됩니다.

3. Login(로그인)

- 사용자가 로그인 절차를 시작합니다.

4. Forgot Password(비밀번호를 잊으셨습니까?)

- 사용자가 비밀번호를 잊은 경우, 비밀번호 요청 절차로 진행합니다.

5. Request New PW(새 비밀번호 요청)

- 사용자는 새 비밀번호를 요청할 수 있습니다.
- 새 비밀번호는 사용자 데이터베이스에 업데이트됩니다.

6. Correct PW(올바른 비밀번호)

- 사용자가 올바른 비밀번호를 입력했는지 확인합니다.
- Yes(예)인 경우, 절차가 종료됩니다.
- No(아니오)인 경우, 다시 로그인 절차로 돌아갑니다.

이 흐름도는 사용자 등록 및 로그인 절차를 단계별로 명확히 설명하고 있으며, 비밀번호를 잊었을 때의 처리 과정도 포함하고 있습니다.

---

1 편집자_ 챗GPT에 [그림 7-1]을 첨부합니다.

7.4.5 어조

효과적인 요구사항 정의서와 요구사항 명세서를 작성하려면 적절한 어조를 사용해야 합니다. 요구사항 문서는 명확하고 간결하며 전문적이어야 합니다. 문체가 중요한 이유를 하나씩 살펴 봅시다.

명확성

요구사항 관련 문서는 프로젝트의 지침서와 다름없습니다. 모든 내용이 빈틈없이 분명해 야 모든 사람이 상황을 이해합니다. 의사소통 오류와 개발 실수를 방지합니다.

객관성

요구사항 정의서와 요구사항 명세서는 개인적인 감각을 뽐내는 문서가 아닙니다. 사실만 을 가감 없이 전달해주세요. 직접적이고 중립적인 문체를 유지하며 제품에 집중합니다.

일관성

처음부터 끝까지 어조가 동일해야 합니다. 중간에 바꾸기 시작하면 혼란스러워집니다. 일 관성을 유지해야 종종 방대한 양의 문서도 소화하기 쉽습니다.

목적성

요구사항 문서의 주인공은 제품과 그 제품의 기능입니다. 직설적인 어조를 유지하면 본래 의 목적, 즉 기능과 요구사항에서 벗어나지 않게 됩니다.

챗GPT와 같은 LLM은 글쓰기에 능해서 여러분의 문서 작성 수준을 한 단계 끌어올릴 수 있습 니다. 원하는 어조로 작성하도록 지시할 수도 있습니다.

 모바일 뱅킹 앱의 기술적 요구사항 목록을 작성해주세요. 글은 명확하고 체계적이며 전문적이어야 합 니다.

시중에는 수많은 작문 AI가 있으며, 각 도구마다 글쓰기 유형에 맞는 특별한 기능을 갖췄습니 다. 예를 들어 재스퍼 라이터^{Jasper Writer}는 콘텐츠를 제작하고 브랜드의 어조를 일관되게 유지하는 데 탁월합니다. 그래머리^{Grammarly}는 문법을 익히고 글쓰기 스타일을 다듬는 데 많이 사용됩니다. AI21과 Copy.ai를 사용해도 콘텐츠 생성 작업이 더욱 쉬워집니다.

머신러닝 전문가인 지가야사 그로버$^{Jigyasa\ Grover}$는 『Sculpting Data for ML』(2021)의 저자로 그래머리에 대해 다음과 같이 말합니다.

> 기술 설계 문서 초안을 작성하는 데 그래머리를 활용합니다. 주로 교정, 문법, 구두점, 스타일 제안 기능을 활용합니다. 다양한 웹 브라우저 및 워드 프로세싱 소프트웨어와도 원활하게 통합됩니다. 언어 표현이 명확하고 간결하며 문서의 대상 독자와 목적에 따라 맞춤형 제안을 제공합니다.

7.5 프로젝트 관리

요구사항을 정리한 후에는 프로젝트 관리 방식을 계획합니다. 팀이 소프트웨어 개발을 어떻게 진행할 것인지에 대한 계획을 수립하는 것을 의미합니다. 명확한 목표를 설정하고 무엇을 해야 하는지, 누가, 언제, 어떻게 해야 하는지 파악하는 과정입니다. 주요 목표는 모든 작업을 원활하게 운영하고, 모든 팀원의 생산성을 유지하며, 궁극적으로 모든 사람, 특히 고객을 만족시킬 수 있는 제품을 만드는 것입니다.

소프트웨어 개발 분야는 복잡하기 때문에 팀이 프로젝트를 계획하는 방법도 다양합니다. 각 방법은 각각 고유한 전략과 규칙을 따라 과제를 처리하고, 변경 사항에 대응하고, 품질을 유지하며, 고객에게 의도한 결과물을 제공하는 데 도움을 주는 단계를 거칩니다. 모든 것을 상세하게 계획해야 하는 경우이든 변화를 고려하여 유동적으로 계획해야 하는 경우이든 적합한 방법이 반드시 존재합니다.

일반적인 프로젝트 관리 방식으로는 워터폴, 애자일, 스크럼, 칸반, 익스트림 프로그래밍(XP) 등이 있습니다. 선택은 프로젝트의 성패를 좌우합니다. 프로젝트의 규모와 복잡성, 고객의 요구사항, 팀의 협업 방식, 프로젝트의 불확실성 등 여러 가지 요인이 작용합니다. 어떤 팀은 한 가지 방법만을 고수하지만, 어떤 팀은 프로젝트에 여러 방법을 조합하기도 합니다.

'할 일 목록' 앱을 만들고 있다고 가정하겠습니다. 한 페이지 분량의 요구사항 문서를 작성했고 이제 챗GPT에 요청합니다. 챗GPT는 애자일 방법을 최상의 선택으로 제안하고 그 이유를 설명합니다.

 할 일 목록 앱을 만들 때 가장 적합한 프로젝트 관리 방식은 무엇인가요?

 할 일 목록 앱을 만들 때 가장 적합한 관리 방식은 다음과 같은 단계들을 포함할 수 있습니다.

1. 요구사항 분석
- **기능 요구사항 정의**: 기본 기능 (할 일 추가, 삭제, 수정, 완료 등) 및 부가 기능 (알림 설정, 카테고리 분류, 우선순위 지정 등) 정의.
- **비기능 요구사항 정의**: 성능, 보안, 확장성 등의 요구사항 정의.

2. 설계
- **UI/UX 설계**: 사용자 경험을 고려한 인터페이스 디자인. 프로토타입을 만들어 피드백 반영.
- **시스템 아키텍처 설계**: 전체 시스템의 구조 설계. 예를 들어, 클라이언트−서버 구조인지, 서버리스 구조인지 결정.
- **데이터베이스 설계**: 할 일 항목을 저장할 데이터베이스의 구조 설계. 테이블 스키마, 인덱스, 관계 등을 설계.

3. 기술 선택
- **프론트엔드 기술**: 리액트, 뷰JS, 앵귤러 등 선택.
- **백엔드 기술**: 노드JS, 장고, 스프링부트 등 선택.
- **데이터베이스**: MySQL, PostgreSQL, MongoDB 등 선택.
- **배포 및 호스팅**: AWS, Heroku, 파이어베이스 등 선택.

4. 개발
- **기능 개발**: 요구사항을 바탕으로 각 기능을 단계적으로 개발.
- **테스트**: 단위 테스트, 통합 테스트, 사용자 수용 테스트(UAT) 등을 통해 기능 검증.
- **버전 관리**: 깃 등을 사용하여 코드 버전 관리 및 협업.

5. 배포
- **서버 설정 및 배포**: 선택한 배포 플랫폼에 맞게 서버 설정 및 앱 배포.
- **지속적 통합/지속적 배포(CI/CD)**: 젠킨스, 깃허브 액션 등을 사용하여 자동화된 배포 파이프라인 구축.

6. 유지보수 및 업데이트

- **모니터링**: 앱의 사용 상태, 오류 등을 모니터링.
- **사용자 피드백 반영**: 사용자 피드백을 받아 기능 개선 및 버그 수정.
- **주기적 업데이트**: 새로운 기능 추가 및 기존 기능 개선.

7. 프로젝트 관리

- **애자일 방법론 적용**: 스크럼, 칸반 등을 활용한 반복적이고 점진적인 개발.
- **타임라인 및 마일스톤 설정**: 프로젝트 완료 시점을 위한 타임라인 설정 및 주요 마일스톤 계획.

이러한 단계들을 체계적으로 계획하고 진행함으로써 효율적이고 사용자가 만족할 수 있는 To-Do List 앱을 개발할 수 있습니다.

이런 프롬프트도 도움이 됩니다.

팀에서 특정 소프트웨어 프로젝트에 맞게 프로젝트 관리 방식을 효과적으로 선택하고 조정하는 방법은 무엇인가요?

소프트웨어 프로젝트의 목표와 복잡성에 맞게 프로젝트 관리 방식을 설정하는 일의 중요성을 토론하세요.

소프트웨어 프로젝트 관리에서 워터폴 모델의 순차적 단계를 설명하세요.

소프트웨어 개발에서 애자일 방법론의 핵심 원칙을 설명하세요.

애자일 방법론이 프로젝트에서 유연성과 고객 참여를 촉진하는 방법은 무엇인가요?

스크럼 프레임워크에 포함된 역할과 의식에 대해 간략하게 설명합니다.

스크럼과 전통적인 프로젝트 관리 방식을 비교하고 대조하세요.

익스트림 프로그래밍의 주요 실천 사항들과 그것이 고객 만족도 향상에 어떻게 기여하는지 나열하세요.

익스트림 프로그래밍의 일부로 테스트 중심 개발을 구현할 때의 장점과 과제에 대해 논의하세요.

7.5.1 테스트 주도 개발

코딩을 시작하기 전 테스트 케이스를 계획하는 건 매우 현명한 접근입니다. '열 번 재고 가위질은 한 번 하라'는 격언처럼 개발에 들어가기 이전에 준비해야 합니다. 일반적인 접근 방식은 테스트 주도 개발test-driven development (TDD)입니다.

코드가 통과해야 하는 모든 테스트를 예상하는 일은, 요구사항을 훨씬 더 잘 이해하도록 해줍니다. 건물을 짓기 전에 청사진을 꼼꼼히 살펴봐야 하듯이 코드가 달성해야 할 과업을 명시해두고 시작하면 나중에 머리를 긁적이는 일이 줄어듭니다.

테스트를 먼저 계획한다는 건 소프트웨어 사용자를 처음부터 고려한다는 의미이기도 합니다. 코드에만 골몰하기보다 사용자의 입장에서 소프트웨어를 만드는 데 집중해 잠재적인 문제를 조기에 발견할 겁니다. 그러면 나중에 버그를 고치느라 머리를 쥐어뜯는 일도 줄어듭니다.

테스트 주도 개발은 코딩하기 전에 테스트를 작성하므로 프로그래밍의 목표에 집중력을 높입니다. 목적을 가지고 코딩하기 때문에 더 깔끔하고 직관적인 코드로 이어집니다.

테스트 주도 개발에서 테스트를 작성하는 패턴은 다양합니다.

Given-When-Then(GWT)

Given은 시나리오에서 테스트를 실행하기 전 초기 상태를 준비합니다. 테스트의 사전 조건입니다. When은 테스트 대상 코드를 실행합니다. Then은 예상되는 결과 또는 상태를 설명합니다. 실행 결과를 검증하여 테스트의 성공 여부를 판단합니다.

Arrange-Act-Assert(AAA)

GWT와 유사하게 준비-실행-검증의 3단계로 구성됩니다. 하지만 GWT는 사용 패턴과 사용자 중심적인 경향으로 개발자와 비기술적 이해관계자 간의 협업에 이상적인 반면, AAA는 테스트 자체의 기술적 실행에 더 중점을 둡니다.

Setup-Exercise-Verify-Teardown(SEVT)

통합 테스트와 시스템 테스트에 유용하게 사용할 수 있습니다. Setup 단계에서는 테스트 환경을 준비합니다. Exercise 단계에서 시스템을 실행합니다. Verify 단계에서 모든 것이 제대로 작동하는지 확인합니다. 마지막으로 Teardown 단계에서는 다음 테스트를 위해 모든 것을 깔끔하게 정리합니다.

다음은 GWT를 사용하기 위한 프롬프트입니다.

Given-When-Then 방법론을 사용해 중요한 기능에 대한 테스트 접근 방식을 작성합니다. 구체적인 요구사항은 다음과 같습니다.

- 부티크 호텔 체인을 위한 온라인 예약 시스템을 개발하세요.
- 시스템은 각 호텔의 내부 관리 소프트웨어에서 객실 예약 가능 여부 데이터를 가져와야 합니다.
- 사용자가 날짜, 요금, 편의시설별로 객실을 필터링할 수 있어야 합니다.
- 인터페이스는 직관적이고 데스크톱 및 모바일 브라우저와 모두 호환되어야 합니다.
- 안정성과 확장성을 보장하기 위해 클라우드 기반 솔루션을 사용해 시스템을 구축해야 합니다.

테스트 주도 개발은 또한 테스트가 필요한 특정 시나리오나 사용 사례에 초점을 맞추는 경우가 많습니다.

이메일 인증을 통해 사용자가 비밀번호를 재설정할 수 있는 기능에 대한 테스트를 작성합니다.

데이터베이스 연결이 실패했을 때 시스템의 응답을 확인하는 테스트를 만듭니다.

검색 기능이 정상적인 부하 조건에서 2초 이내에 결과를 반환하는지 확인하는 테스트를 개발합니다.

모든 사용자 데이터가 저장될 때 암호화되는지 확인하는 테스트를 작성합니다.

결제 게이트웨이와 주문 처리 시스템 간의 통합을 확인하는 테스트를 설계합니다.

7.5.2 웹 디자인 계획

웹사이트 또는 애플리케이션 계획에는 여러 단계가 필요합니다. 먼저 사이트의 목표와 대상 사용자를 이해해야 합니다. 그런 다음 웹사이트의 기본 구조와 레이아웃을 스케치하고 사용자 이동 경로를 구상합니다. 흔히 **프로토타입** 또는 **와이어프레임**이라고 합니다.

그다음에는 브랜드 이미지에 맞는 색상, 글꼴, 그래픽을 선택하여 디자인합니다. 물론 스토리를 전달할 매력적인 문구, 사진 또는 영상이 필요합니다. 이후 HTML, CSS, 자바스크립트 같은 언어로 이 모든 아이디어를 실제 작동하는 웹사이트로 구현합니다.

계획 단계에서 챗GPT와 같은 도구를 활용하기 위한 프롬프트는 다음과 같습니다.

〈특정 카테고리〉에 대한 웹사이트를 개발하고 있습니다. 목표나 목적을 제안하세요. 타깃 고객은 누구인가요?

온라인 스토어의 기본 레이아웃에 필요한 페이지는 무엇인가요?

블로그 메인 페이지의 와이어프레임을 작업하고 있습니다. 포함해야 할 중요한 요소를 제안해주세요.

모바일 앱의 랜딩 페이지에 대한 와이어프레임을 작성하고 있습니다. 필수적으로 포함해야 할 섹션은 무엇인가요?

〈특정 카테고리〉에 대한 웹사이트의 블로그 게시물, 동영상, 인포그래픽 등 콘텐츠 아이디어를 제시해주세요.

잠재 고객이 직관적이고 사용자 친화적으로 사이트를 탐색할 수 있으려면 웹 내비게이션을 어떻게 설계해야 할까요?

검색 엔진에서 웹사이트의 가시성을 높이기 위해 구현할 주요 SEO 전략을 나열하세요.

〈특정 카테고리〉에 대한 웹사이트에 어떤 색상 팔레트를 적용해야 할까요?

〈특정 카테고리〉에 대한 웹사이트의 글꼴 스타일을 선택합니다. 가독성과 제품 정렬, 사이트의 전체적인 미학에서 폰트의 역할을 고려하세요.

와이어프레임을 만드는 데 생성형 AI를 활용하는 도구도 다양합니다. Uizard에는 피그마Figma와 유사하게 버튼, 양식 등의 요소를 드래그 앤 드롭하는 디자인 기능이 있습니다. 팀의 공동 작업도 가능합니다.

AI 기능은 대시보드 왼쪽의 도구 모음에 있습니다. 버튼 이름은 Magic입니다. 클릭하면 AI 기능 목록이 표시됩니다.

와이어프레임을 만들기 위해 [Autodesigner]를 선택하면 [그림 7-2]처럼 마법사가 나타납니다. 모바일, 태블릿, 웹 중 디자인할 디바이스를 선택한 다음 프로젝트에 대해 설명합니다. 설명은 영어로 적어야 합니다. 한두 문장만 입력해도 됩니다. 다음은 예시입니다.

> A website that connects freelance chefs with people hosting dinner parties or special events(프리랜서 셰프를 디너 파티 또는 특별 행사 주최자들과 연결해주는 웹사이트입니다).

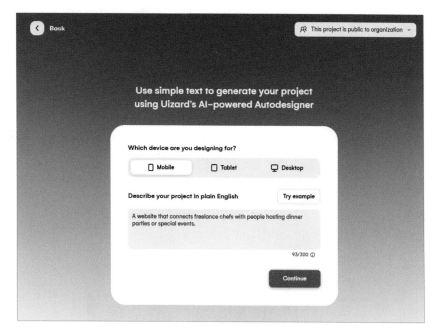

그림 7-2 Uizard의 Autodesigner에 프로젝트 설명을 영어로 입력합니다.

프롬프트를 입력한 후 디자인 스타일을 정하는 방법을 선택해야 합니다. [Continue]를 클릭하면 나오는 창에서 [Prompt]를 선택한 뒤 [그림 7-3]처럼 디자인 스타일을 위한 프롬프트를 입력합니다.

> A chic, modern design with vibrant visuals and an intuitive layout, highlighting mouth-watering food photography and user-friendly booking features(직관적인 레이아웃과 생동감 있는 시각적 요소, 먹음직스러운 음식 사진으로 세련되고 현대적인 디자인을 완성하고 사용자 친화적인 예약 기능을 강조합니다).

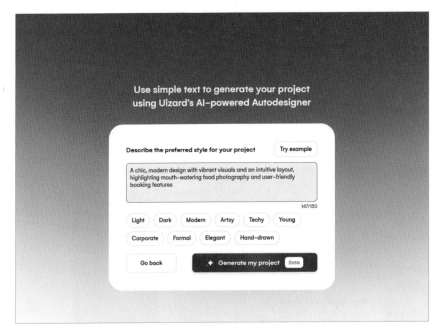

그림 7-3 프로젝트의 디자인 스타일을 입력합니다.

[그림 7-4]는 Uizard가 생성한 와이어프레임입니다.

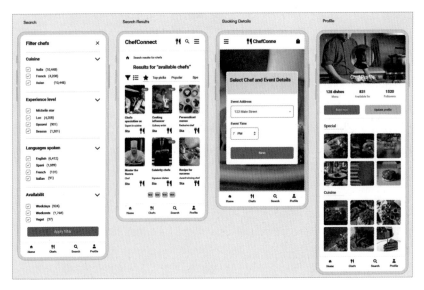

그림 7-4 주어진 프롬프트에 따라 Uizard가 웹사이트용 와이어프레임을 생성했습니다.

7.6 결론

소프트웨어 개발 프로젝트의 기획 및 착수 단계에서 챗GPT 활용 방법을 살펴봤습니다. 브레인스토밍을 시작으로 시장 조사를 진행했습니다. 요구사항을 작성하는 핵심을 파고들며, 제품 요구사항 정의서와 소프트웨어 요구사항 명세서가 프로젝트 목표와 기술 세부 사항을 명확하게 정리하는 데 어떻게 도움되는지를 집중 조명했습니다. 유동적인 애자일 방식부터 구조화된 워터폴 방식까지 다양한 프로젝트 관리 스타일을 살펴봤습니다. 또한 화이트보딩과 테스트 주도 개발 기법도 검토했습니다. 챗GPT라는 강력한 도구와 기존의 검증된 방법을 결합함으로써 프로젝트의 강력한 기반을 구축할 수 있습니다.

## CHAPTER 8

코딩

API 활용법과 모듈식 프로그래밍, 리팩터링 등 일반적인 작업에 AI 어시스턴트를 활용하는 방법을 살펴봅니다. 함수 처리와 객체 지향 프로그래밍에 대해서도 다룹니다.

코딩 과정에서 AI 어시스턴트를 사용하는 방법을 자세히 알아보겠습니다. 코딩의 기본인 함수와 클래스를 시작으로, 간단한 리팩터링 작업을 통해 지저분한 코드를 정리하고 더 원활하게 실행하는 방법까지 설명합니다. 또한 데이터 작업과 데이터를 생성하는 방법도 살펴봅니다. 마지막으로 수작업 없이 훌륭한 프런트엔드를 만드는 AI 도구를 살펴보겠습니다.

8.1 코드 리뷰

AI 어시스턴트 프로그래밍 도구는 유용하지만 마법처럼 코딩과 관련한 모든 문제를 해결하지는 못합니다. 왜 그럴까요? AI는 웹에 공개된 데이터만 활용하여 학습되었으나, 공개된 데이터가 모두 최고 수준의 코드로 작성되어 있지는 않습니다. 이러한 코드로 학습된 AI 도구를 사용하면 어떻게 될까요? 정확하지 않은 코드가 작성되거나, 관리가 어려운 유형으로 작성될 수도 있습니다. 나아가 코드가 완전히 잘못되었거나, 필요한 기능 자체가 수행되지 않을 수도 있고, 해커의 공격에 취약하거나 리소스를 너무나 많이 잡아먹는 형태로 작성될 수도 있습니다.

챗GPT가 생성한 지저분한 코드 예시를 살펴보겠습니다. 다음은 챗GPT에게 두 개의 리스트를 하나의 정렬된 리스트로 병합하는 코드를 요청한 결과입니다. 챗GPT는 약간 지저분한 코드를 생성합니다.

```python
def merge_lists(list1, list2):
    if not list1:
        return list2
    if not list2:
        return list1

    merged_list = []
    index1, index2 = 0, 0

    while index1 < len(list1) and index2 < len(list2):
        if list1[index1] < list2[index2]:
            merged_list.append(list1[index1])
            index1 += 1
        else:
```

```
            merged_list.append(list2[index2])
            index2 += 1

    while index1 < len(list1):
        merged_list.append(list1[index1])
        index1 += 1

    while index2 < len(list2):
        merged_list.append(list2[index2])
        index2 += 1

    return merged_list

# Example usage
print(merge_lists([1, 3, 5], [2, 4, 6]))
```

이 코드는 두 개의 정렬된 리스트 list1과 list2를 입력으로 받아 하나의 정렬된 리스트로 병합합니다. merged_list는 병합된 결과를 저장하는 리스트입니다. 두 리스트의 요소를 차례로 비교하여 작은 요소를 merged_list에 추가하고 인덱스를 증가시킵니다. 한 리스트가 끝나면 남은 요소들을 모두 merged_list에 추가합니다.

AI가 생성한 이 코드는 두 목록을 올바르게 병합하지만 장황한 접근 방식을 취합니다. 빈 목록의 경우를 별도로 처리하고 두 개의 추가 while 루프를 사용해 각 목록의 나머지 요소를 추가합니다.

코딩 기본기를 발휘할 순간입니다. 전체를 살피며 어디에 문제가 있고, 해결을 위해 어떤 질문을 해야 하는지 알아야 합니다. 다음은 챗GPT에게 피드백을 줘 코드를 개선한 결과입니다.

```
def merge_lists(list1, list2):
    return sorted(list1 + list2)

# Example usage
print(merge_lists([1, 3, 5], [2, 4, 6]))
```

위의 코드는 list1과 list2를 병합한 후, sorted 함수를 사용하여 정렬합니다. 이렇게 하면 코드가 훨씬 간결해지고, 가독성도 좋아집니다.

이러한 현상을 보면 AI가 개발자들의 일자리를 위협하기엔 아직 이르며, 대폭의 개선이 필요합니다. 추가적인 학습을 통해 이러한 AI 도구는 지속적으로 개선되고 있습니다. 하지만 기술적인 부분만이 개발의 전부라고 할 수는 없으며, 개발자가 수행하는 업무의 범위는 더 넓습니다. AI 어시스턴트는 매우 유용하지만, 실제 업무에서 숙련된 개발자의 노하우를 당장 대체하지는 못할 것입니다.

즉 AI 도구의 사용은 업무의 대체가 아닌 협업과도 같다는 점을 기억해야 합니다. AI 도구가 생성해내는 결과물을 사용할 때는 꼼꼼히 검토해야 한다는 점을 잊지 마세요. AI 도구는 히어로가 아닌 조력자입니다.

8.2 판단 호출

때로는 AI 어시스턴트 프로그래밍 도구를 사용하는 대신 직접 코딩하는 것이 더 간단할 수도 있습니다. AI가 사용자가 원하는 결과를 생성하려면 몇 번의 시도가 필요할 수 있기 때문입니다. 이러한 AI 도구를 계속 사용하다 보면, 언제 AI를 유용한 어시스턴트로 사용하고 어떨 때는 직접 작업하는 것이 효과적인지 터득하게 될 것입니다.

암스테르담에 본사를 두고 전 세계 10억 명 이상의 등록 사용자를 보유한 게임 회사 MY.GAMES의 수석 소프트웨어 엔지니어인 드미트리 이바쉔코Dmitrii Ivashchenko는 아래와 같이 언급했습니다.

> 예를 들어 '파이썬에서 datetime 객체에 기본 시간대를 추가하는 메서드를 작성하라'는 프롬프트를 입력했을 때, 생성된 코드에서 많은 부분이 생략될 수도 있습니다. 이 경우 여러분이 직접 코너 케이스[1]를 처리하거나 챗GPT에게 오류를 지적하며 대화를 주고받아야 할 수도 있습니다. 여기서 중요한 것은, 작업 설명에 걸리는 시간을 처음에 가늠해보고, 그 작업을 개발자가 직접 구현하는 시간과 비교해보는 것입니다.

---

1 옮긴이_ 예외적이거나 비정상적인 조건에서 시스템이나 애플리케이션이 어떻게 작동하는지 테스트할 때 사용되는 시나리오나 사례를 뜻합니다.

8.3 학습

새로운 언어나 프레임워크 또는 라이브러리를 다룰 때 챗GPT 같은 AI를 사용하면 큰 도움이 될 수 있습니다. 반복적인 구글링이나, 강의를 듣거나 유튜브 동영상을 시청하는 등의 접근보다는 빠를 수 있습니다.

챗GPT를 사용해 코드의 모든 기본 사항과 구문에 대해 자세히 알아볼 수 있습니다. 또한 직접 해보면서 배우는 타입이라면 코드 예시를 요청해 모든 것이 어떻게 연동되는지도 확인할 수 있습니다. 이미 하나의 프로그래밍 언어를 알고 있는 경우, 챗GPT를 사용하면 두 언어를 비교해 새로운 언어를 더 쉽게 배울 수 있습니다. AI 어시스턴트는 자바스크립트를 처음 접하는 개발자를 위해, 개발자에게 익숙한 언어와의 주요 차이점을 설명해줄 수 있습니다. 더 많은 자료가 필요한 경우 챗GPT가 인터넷을 샅샅이 뒤져 적합한 학습 자료를 추천해줍니다.

파이썬을 모르는 사람은 무엇을 먼저 배워야 하나요?

초보자가 리액트 실력을 키울 수 있는 초보자용 프로젝트에는 어떤 것이 있나요?

고급 SQL 쿼리를 학습할 수 있는 리소스를 추천해주세요.

기본적인 'to-do-list' 앱을 파이썬과 자바스크립트 모두에서 구현하고 차이점을 강조하려면 어떻게 해야 할까요?

C++에서 루프를 사용하는 방법을 알고 있습니다. 비교를 위해 파이썬에서 루프가 어떻게 작동하는지 보여주세요.

Rust를 배우는 방법을 보여주는 유용한 유튜브 영상 5개를 찾아주세요.

이제 이바쉔코가 문제에 어떻게 접근하는 방법을 살펴보겠습니다.

새로운 언어나 프레임워크를 빠르게 익히고 싶다면, 해당 언어나 기술을 사용하는 프로젝트를 시작하는 것이 가장 효과적인 방법입니다. 예시로 장고^Django를 배우고 싶다고 가정해보면, 장고 프레임워크로 온라인 스토어를 구현하는 프로젝트를 시작해볼 수 있습니다. 우선 챗GPT에게 장고로 새 프로젝트를 개발하는 방법을 물어보세요. 필요한 종속성을 다루는 방법, 프로젝트의 초기 설정을 구성하는 방법, 다루어야 할 관련 기술에 대해 알려줄 것입니다. 그런 다음 '장고에서 모델은 어떻게 구성되나요?', '관리 패널에 새 섹션을 추가하려면 어떻게 하나요?', '데이터베이스를 어떻게 마이그레이션하나요?' 같은 보다 구체적인 요청으로 넘어갑니다. 점차 새로운 지식을 얻고 점점 더 상세한 질문을 하면서, 이전에 익숙하지 않았던 어떤 기술로든 거의 모든 프로젝트를 실현할 수 있습니다. 저는 실제로 이 방법을 통해 장고를 익힐 수 있었습니다.

챗GPT는 유용한 학습 가이드도 만들 수 있습니다. 다음은 프롬프트 예시입니다.

 자바스크립트 학습 가이드를 만드세요. 초보자를 대상으로 하세요.

이어서 다음과 같이 질문을 이어가겠습니다.

 저를 위해 학습 일정을 만들어주세요. 어떤 주제를 공부해야 하나요? 연습 문제나 퀴즈를 작성해주세요. 코딩 문제 리스트나 학습에 도움될 만한 저장소의 링크도 알려주세요.

챗GPT에는 약어나 니모닉[2]으로도 프롬프트를 작성할 수 있습니다. 예를 들어 지속적 통합, 지속적 배포, 마이크로서비스, 코드형 인프라 등 데브옵스의 주요 사항을 다음과 같이 프롬프트에 입력할 수 있습니다.

 CI-CD-MI

마지막으로 챗GPT를 사용해 리트코드^{LeetCode}에 대한 도움도 받을 수 있습니다. 면접실에 앉아 화이트보드나 노트북을 앞에 두고 면접관의 알고리듬 관련 질문을 받는다고 생각해보세요. 압박이 엄청날 것입니다. 이러한 코딩 테스트에서 면접자는 작업 속도나 성능뿐만 아니라 문제 해결 스타일까지 검토받게 됩니다.

실력을 향상시키고 싶다면 리트코드에 가입해보세요(월 35달러 수준). 챗GPT에서도 다음과 같이 간단한 프롬프트를 입력해 리트코드 스타일의 문제를 볼 수 있습니다.

 일반적인 리트코드 면접 질문을 3가지 알려주세요.

챗GPT는 '두 수의 합', '반복되지 않는 문자의 가장 긴 부분 문자열', '유효한 괄호' 같은 문제를

---

2 옮긴이_ 니모닉(mnemonic)은 정보를 기억하기 위한 방법으로, 직관적인 관계가 없어 기억하기 어려운 정보를 다른 연관성이나 약어 등과 연결하여 외우기 쉽도록 하는 접근입니다.

제시했습니다. 프롬프트를 이어가면서 긴 설명이나 예시를 요구해 더 자세히 파고들 수도 있습니다.

8.4 주석

마감일에 쫓기다 보면 코드 주석을 대충 작성하거나 아예 생략하기 쉽습니다. 하지만 AI 어시스턴트 도구는 주석이 이미 포함된 코드 제안으로 도움을 줄 수 있습니다.

흥미롭게도, AI 도구로 인해 코드에 주석을 다는 작업 자체가 옛날 방식이 될 수 있습니다. 왜냐하면 코드를 보다가 모르는 내용이 있을 경우 AI에게 물어보면 되기 때문입니다. 이것은 앞으로 다가올 분명한 변화입니다.

더불어 AI 도구로 생성하는 대부분의 코드에는 주석이 포함됩니다. 주석이 없는 경우 다음과 같은 프롬프트로 주석을 추가할 수 있습니다.

 좋은 예시를 활용하여 코딩에 주석을 추가하세요.

주석 작성 여부는 개발자의 선택입니다. 주석 작성에 일률적인 규칙은 없습니다. 개발자와 개발자가 속한 팀에 적합한 방식을 따르는 것이 중요합니다. 하지만 AI 어시스턴트를 사용하면 코드에 주석을 달기가 매우 편해질 것입니다.

8.5 모듈식 프로그래밍

모듈식 프로그래밍은 효율적이고 효과적인 소프트웨어 개발 방식입니다. 모듈식 프로그래밍을 사용하면 코딩이 더 체계적이고 이해하기 쉽습니다. 또한 팀을 이루어 작업할 때, 서로 방해되지 않기 때문에 공동 작업에 대한 이슈가 줄어듭니다. 더불어 모듈 재사용을 통해 시간을 크게 절약하며, 일관성을 유지하면서 실수할 가능성도 낮출 수 있습니다.

모듈식 프로그래밍의 사상은 AI 도구를 사용하는 작업에도 적용해볼 수 있습니다. AI 도구에 간단한 프롬프트를 입력하는 것만으로는 고급 애플리케이션을 개발할 수 없습니다. 구체적으로 기능을 나누어 모듈화하고, 각각을 AI 도구를 활용해 작업하면 더 효과적일 것입니다. 그렇지 않을 경우 복잡한 작업에 대한 코드가 뒤섞이게 될 수 있습니다.

프라이빗 마켓 랩의 공동 창립자이자 최고 제품 책임자인 타이터스 카필니언Titus Capilnean은 다음과 같이 말했습니다.

AI 도구를 사용하면서 작성해야 하는 실제 코드의 세부적인 부분이 아닌 문제 자체와 해결책을 얻기 위한 접근 방식에 집중할 수 있었습니다. 기술적 문제가 생길 경우, 입력과 출력이 작업을 명확한 조각으로 나눠서 문제를 해결합니다. 그 이유는 제가 사용하는 AI 도구의 컨텍스트 창이 단번에 좋은 해결책을 제시하기에 충분하지 않을 수 있기 때문입니다. AI 도구에 간단한 입력을 사용하고, 단일 작업을 수행하며, 검증 가능한 출력을 제공하는 코드 생성을 요청하면 디버깅과 빌드가 더 쉬워진다는 것을 알게 되었습니다. 중간 결과가 마음에 들지 않으면 챗GPT에게 문제를 설명하여 다른 코드를 받아 실행할 수 있습니다. 생성된 값에 만족하면 기존 함수 내부에 처리 단계를 더하거나 이전 단계의 출력을 가져와 원하는 최종 솔루션에 더 가깝게 만드는 단계를 추가할 수 있습니다.

또한 AI 도구는 제가 작성한 코드 스니펫을 컴파일러로 보내거나 클라우드에 배포하기 전에 문제가 없는지 먼저 확인하여 오류로 인한 리소스 소모를 방지할 수 있습니다. 이는 생산성을 향상시킵니다. 코드의 일부를 챗GPT 창에 붙여넣고, 작동하기 위한 올바른 컨텍스트(예: 가져오기, 변수, 상수, 호출 중인 자체 함수 등)를 초기화/제공했다고 가정하며 테스트를 수행합니다. 이를 통해 더 빠르고 문제없이 실행되는 솔루션을 제작할 수 있습니다.

8.6 프로젝트 시작하기

코딩 프로젝트를 시작할 때는 소위 말하는 '콜드 스타트cold start 문제' 또는 '빈 페이지 문제'가 발생할 수 있습니다.

여러분이 코드도, 데이터도, 명확한 경로도 없는 빈 화면만 바라보고 있다고 가정합시다. 사실 이런 경우는 상당히 많습니다. 가장 먼저 큰 결정사항은 프로젝트의 아키텍처, 디자인 패턴, 사용할 기술을 선택하는 것입니다. 이러한 결정은 장기적으로도 큰 영향을 미쳐 매우 중요하므로, 가능한 한 처음부터 제대로 결정하고 싶을 것입니다.

그리고 '사람'이라는 요소도 간과해서는 안 됩니다. 팀을 모으고, 효과적으로 소통하는 방법을 찾고, 초기 워크플로를 설정하는 것은 기술만큼이나 어려운 일일 수 있습니다. 단순히 코드 작성을 시작하는 것만이 중요한 게 아닙니다. 초기 설정은 다음 단계로 나아가기 위한 공고한 토대를 마련하는 작업입니다. 이 단계를 잘 넘어가려면 탁월한 계획, 기술 노하우, 탄탄한 팀워크가 필요합니다.

AI 어시스턴트 프로그래밍 도구는 이러한 영역에서도 큰 도움이 될 수 있습니다. 이를 사용해 앱의 기본 스캐폴딩을 설정할 수 있습니다. 여러분의 비전에 부합하도록 작업의 시작점을 찾아 줄 수 있습니다. 초기 설정의 번거로움을 덜고, 프로젝트의 더 흥미로운 부분으로 바로 넘어갈 수도 있습니다.

특정 작업을 생각해낸 다음, LLM에 상용구 또는 스타터 코드를 생성하는 프롬프트 예시입니다.

 여러 플랫폼에서 사용자의 소셜 미디어 피드를 단일 대시보드 인터페이스로 통합하는 앱의 스타터 코드를 생성하세요. 어떤 언어와 프레임워크를 사용하는 것이 좋을까요? 기본 파일 구조를 어떻게 구성할까요?

챗GPT는 이 입력에 대해 원활한 단일 페이지 애플리케이션(SPA)을 만들고자 리액트를 제안했습니다. 또한 강력하게 스타일링되고 재사용 가능한 컴포넌트를 유지관리하기 위해 리덕스^Redux 사용을 제안합니다. 그런 다음 애플리케이션을 실행하는 데는 노드JS를, API 엔드포인트에는 익스프레스JS를 사용하라고 말합니다. 이어서 로그인에는 패스포트JS^Passport.js를, 데이터베이스와 모델 구축에는 몽고DB^MongoDB와 몽구스^Mongoose를 추천하고 다음과 같은 파일 구조 레이아웃도 제안합니다.

```
/social-dashboard-app
├── /client
│   ├── /public
│   │   ├── index.html
│   │   └── ...
│   ├── /src
│   │   ├── /components
│   │   │   ├── Feed.js
│   │   │   ├── Header.js
│   │   │   └── ...
│   │   ├── /services
│   │   │   └── api.js
│   │   ├── App.js
│   │   ├── index.js
│   │   └── ...
│   ├── package.json
│   └── ...
├── /server
│   ├── /controllers
│   │   ├── feedController.js
│   │   └── ...
│   ├── /models
│   │   ├── Feed.js
│   │   └── ...
│   ├── /routes
│   │   ├── feedRoutes.js
│   │   └── ...
│   ├── /services
│   │   ├── socialMediaService.js
│   │   └── ...
│   ├── server.js
│   ├── package.json
│   └── ...
├── .gitignore
├── README.md
└── ...
```

(후략)

8.7 자동 완성

개발 과정에서는 반복적인 코드 작업이 이어지기 마련입니다. 깃허브 코파일럿의 자동 완성 기능으로 반복작업을 간소화할 수 있습니다. 예를 들어 CSS-in-JS 스타일의 컴포넌트 라이브러리를 사용하여 반응형 앱을 만들고 있다고 가정하겠습니다. 이 과정에서 깃허브 코파일럿을 활용하면, 필요한 코드를 생성받아 개발 과정을 보다 효율적으로 만들 수 있습니다.

먼저 이렇게 작성할 수 있습니다.

```
breakpoints = {
    'xs': '320px',  // Extra small devices
```

그런 다음 인라인 채팅에서 이 프롬프트를 사용할 수 있습니다.

 다른 화면 크기에 대한 상수를 만듭니다.

[그림 8-1]은 작업 결과입니다. 비슷한 스타일로 다른 화면의 픽셀과 변수를 제공합니다.

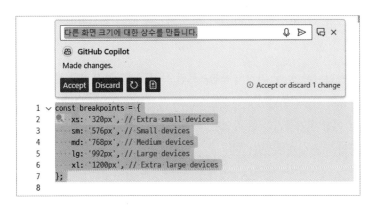

그림 8-1 화면 크기에 따라 다른 상수를 제안하는 코파일럿의 출력입니다.

이뿐만이 아닙니다. 코파일럿은 프로젝트에서 열려 있는 파일을 확인해 자동으로 코드의 빈 부분을 채웁니다.

타이터스 카필니언은 코파일럿에 대해 다음과 같이 말했습니다.

데이터 구조와 관련하여, 코드의 일부가 유사한 경우 코파일럿이 특히 유용하다는 것을 느꼈습니다. 작업 중인 코드 저장소의 다른 파일에 객체를 정의한 경우 유사한 객체를 정의하려고 할 때, 코파일럿에서는 입력하려는 코드가 자연스럽게 미리 채워집니다. 예를 들어 Sendgrid 이메일 같은 일반적인 API 호출을 위한 객체는 여기에서 잘 작동합니다.

하지만 이 자동 완성 기능 사용 시, 환각 현상을 주의해야 합니다. 예를 들어 깃허브 파일럿에서 '가져오기'를 사용할 때, 문서화가 덜 되었거나 다양한 내용이 섞인 경우 코파일럿이 제대로 답변하지 못할 수도 있습니다. 이럴 경우 함께 제공되는 코파일럿의 코드 및 구조적 제안을 확인해야 합니다.

8.8 리팩터링

리팩터링refactoring은 비유하자면 봄맞이 대청소와 같습니다. 코드를 깔끔하게 정리하고 재구성하며, 일부를 새롭게 바꾸기도 합니다. 이는 단순히 새로운 기능을 추가하거나 버그를 수정하는 것 이상을 의미합니다.

리팩터링은 코드를 최적의 상태로 유지하고, 복잡하지 않고 직관적으로 만듭니다. 나중에 당신이나 다른 사람이 다시 해당 코드를 다룰 때, 이해하기 쉽게 만들면서 문제 발생 요소를 줄입니다. 더 깔끔한 코드는 보통 더 효율적이고 버그가 적기 때문에 모든 작업자에게 이롭습니다.

AI 도구는 리팩터링에도 유용합니다. 한두 가지의 프롬프트만으로도 코드의 복잡한 부분을 정리하고 불필요한 부분을 다듬어 기능적이면서도 간결한 코드로 재구성할 수 있습니다. AI 도구를 활용하면 리팩터링은 더 이상 번거롭기만 한 작업이 아닌 능률 향상에 필요한 작업이 될 것입니다. 이제부터 리팩터링의 예를 살펴보겠습니다.

8.8.1 닌자 코드

닌자 코드는 영화 속 액션 스턴트처럼, 보기에는 화려하고 복잡해서 '와, 어떻게 이렇게 만들었지?'라는 생각이 들게 합니다. 하지만 더 유심히 들여다보면 앞뒤를 파악하지 못할 정도로 복잡하게 얽혀 있어, 작성자가 아닌 사람이 이해하고 활용하기에는 굉장히 난해합니다. 코딩 실력을 뽐낼 수는 있을지라도, 협업과 공유 관점에서 일반적인 규칙을 지키지 않은 닌자 코드는 관행에 어긋나는 경우가 많습니다.

그럼에도 닌자 코드는 매우 흔합니다. 이러한 닌자 코드도 AI 어시스턴트를 사용해 리팩터링하면 문제를 해결할 수 있습니다. 다음과 같은 코드가 있다고 가정합시다.

```
console.log((function(n, a = 0, b = 1) { while (--n) [a, b] = [b, a + b];
return a; })(10));
```

어떤 코드인지 이해가 되시나요? 이 문제를 이해하려면 꽤 많은 시간이 필요할 것입니다. 챗GPT를 통해 코드를 해석해보세요. 챗GPT는 이 함수가 n번째 피보나치 수를 계산하는 함수라고 판단합니다. 이어서 6단계로 설명한 다음 새 코드를 요청하겠습니다.

 이 코드를 단계별로 설명해주세요. 또한 유지관리가 더 쉽고 간단한 코드를 작성해주세요.

 이 버전에서는 함수가 피보나치 수열을 반복하는 과정을 명확하게 보여줍니다. 코드가 더 길어졌지만, 나중에 이 코드를 읽을 다른 개발자가 이해하고 유지관리하기가 훨씬 쉽습니다.

```
function fibonacci(n) {
  let a = 0, b = 1;
  for (let i = 1; i < n; i++) {
    [a, b] = [b, a + b];
  }
  return a;
}

console.log(fibonacci(10));
```

8.8.2 메서드 추출

메서드 추출은 리팩터링 기법 중 하나로, 긴 메서드나 함수의 일부분을 새로운 메서드로 분리하는 작업입니다. 이는 코드의 가독성과 유지보수성을 높이기 위해 사용됩니다. 메서드 추출을 통해 코드를 더 작고 명확한 단위로 나눌 수 있으며, 코드 중복을 줄이고 재사용성을 높일 수 있습니다.

이 접근 방식은 작업 결과가 깔끔하게 보일 뿐만 아니라 실용적이기도 합니다. 이렇게 명확히 코드를 블록화 하면 오류가 발생해도 처리하기 용이합니다. 다음은 메서드 추출에 사용할 수 있는 프롬프트입니다.

> 함수형 프로그래밍 언어에서 메서드를 추출할 때 피해야 할 일반적인 함정이 있나요?
>
> C# 코드 일부를 첨부했습니다. 어떤 부분이 리팩터링에 적합한지 제안해주세요.
>
> 원래 함수와 추출된 메서드가 포함된 리팩터링된 버전을 비교해주세요. 어느 쪽이 더 효율적인가요?

8.8.3 조건문 분해

조건문 분해는 복잡하게 구성된 if-then-else 문과 같은 부분을 더 이해하기 쉽도록 나누는 것입니다. 길고 복잡한 조건문은 한눈에 파악하기 어렵습니다. 예를 들어 여러 변수를 확인하고 다른 함수를 호출하는 복잡한 조건문이 있다고 가정해보면, 이를 매번 해석하는 것보다는 조건을 명확하게 설명할 수 있는 이름의 메서드로 추출할 수 있을 것입니다. 예를 들어 `(user.isActive() && user.hasSubscription() && !user.isBlocked())` 같은 부분을 `canUserAccessContent()`라는 이름의 메서드로 리팩터링할 수 있습니다. 이렇게 하면 깔끔해질 뿐만 아니라, 이해하기에도 명료해집니다.

마찬가지로 then 블록과 else 블록 내의 코드를 별개의 메서드로 추출할 수 있습니다. 이렇게 하면 프로그램의 주요 흐름이 훨씬 더 읽기 편해집니다. 자세한 논리를 일일이 파헤치지 않아도, 이제 높은 수준에서 흐름을 이해할 수 있습니다. 이 조건이 참이면 이 작업을 수행하고, 그렇지 않으면 저 작업을 수행합니다. 논리의 각 부분은 자체적으로 명확하게 명명된 메서드에 존재하여, 독립적으로 테스트하고 수정하기가 더 쉬워집니다. 다음은 프롬프트 예시입니다.

> 가독성을 높이기 위해 자바 코드에서 조건문을 분해하는 방법을 설명해주세요.
>
> 복잡한 if-then-else 문을 조건문 분해하려면 어떻게 해야 하나요?

8.8.4 이름 변경

함수, 변수, 클래스의 이름을 변경하는 것은 사소한 작업처럼 보일 수 있지만, 코드의 가독성과 유지관리에 큰 영향을 미칠 수 있습니다. 명명 규칙을 관리하는 것은 코드에 대한 작업이 누적될수록 코드가 복잡해져 기능을 한눈에 설명할 수 없는 경우에 특히 유용합니다. 예를 들어 처음에 `processData`라는 이름의 메서드가 있다면, `filterInvalidEntries`와 같이 더 구체적인 이름으로 바꾸어 기능을 명확히 드러낼 수 있습니다.

이름 변경을 위한 간단한 프롬프트 예시입니다.

SQL 스크립트에서 데이터베이스의 총 사용자 수를 보유하는 변수에 붙일 좋은 이름은 무엇인가요?

다음은 제 자바스크립트 코드의 일부입니다. 변수와 메서드 이름을 검토하고 개선 사항을 제안해 주세요.

자바 클래스의 이름이 충분히 명확한지 잘 모르겠습니다. 명확성을 위해 더 나은 이름을 제안해 주세요.

하지만 코파일럿과 같은 도구를 사용할 때는 주의해야 합니다. 이름을 변경하면 이전 이름과 연결된 코드의 일부가 손상될 수 있습니다.

8.8.5 데드 코드

이름에서 알 수 있듯이, 데드 코드는 아무 데도 사용되지 않는 코드를 말합니다. 폐기된 기능이나 업데이트로 인해 불필요해진 코드 부분도 해당합니다.

프로젝트에서 이러한 데드 코드를 제거하면 전체 코드가 더 깔끔하고 관리하기 쉬워집니다. 새로운 개발자가 프로젝트에 참여할 때도 혼란을 줄여줍니다. 데드 코드가 왜 있는지 이해하지 못해 고민할 필요가 없기 때문입니다. 다음은 데드 코드를 찾을 때 유용한 프롬프트입니다.

이 작업을 위해 AI 도구를 사용하는 것은 위험할 수 있습니다. 오래되고 사용되지 않는 코드처럼 보이는 부분이 실제로는 드물게 발생하는 특정 상황에서 중요한 역할을 할 수 있기 때문입니다. 또한 하나의 코드를 제거하면 다른 코드가 영향을 받을 수 있습니다. 특히 복잡한 논리나 설정의 일부인 경우, 의존 관계를 파악하지 못하고 문제가 생길 수 있습니다.

AI가 이러한 관계까지 완전히 이해하지 못할 수 있기에, AI 시스템이 더 정교해질 때까지는 데드 코드를 찾는 데 AI를 사용하지 않는 것이 좋습니다.

따라서 데드 코드를 처리할 때는 다른 도구를 사용하는 것이 더 나을 수 있습니다. 예를 들어 린터linter를 사용할 수 있습니다. 린터는 코드의 오류를 찾아주는 도구로, 자바스크립트에는 ES 린트ESLint, 파이썬에는 파이린트Pylint, 루비에는 루보캅RuboCop이 있습니다. 린터는 문법 오류, 잠재적 버그, 사용되지 않는 코드 조각을 찾아내는 데 뛰어납니다.

정적 코드 분석 도구[3]도 있습니다. 대표적인 서비스는 소나큐브SonarQube, 코드 클라이밋Code Climate, 커버리티Coverity입니다. 정적 코드 분석 도구는 코드를 실행하지 않고도 복잡한 패턴을 읽고, 문제를 미리 발견하는 역할을 합니다. 이를 통해 데드 코드도 찾아낼 수 있습니다.

8.9 함수

함수는 코딩의 가장 기본적인 요소로, 어떤 프로그래밍 언어를 사용하든 소프트웨어에서 중요한 역할을 합니다. 함수는 코드의 일정 부분을 재사용할 수 있도록 하여 프로그램을 깔끔하고 읽기 쉽게 유지해줍니다. 이는 모든 개발자에게 매우 유익한 기능입니다. 또한 큰 작업을 더 작은 부분으로 나누어 관리하기 쉽게 만드는데, 이는 복잡한 소프트웨어를 다루는 데 큰 도움이

---

3 옮긴이_ 정적 분석 도구는 프로그램을 실행하지 않고도 코드를 검사할 수 있는 도구입니다.

됩니다. 특히 버그를 수정하거나 업데이트할 때, 또는 코드를 이해하려고 할 때 유용합니다.

이러한 함수는 잘 작동하는 것만으로 충분한 것이 아니라, 다른 코드들과 조화될 수 있도록 처음부터 제대로 만드는 것이 중요합니다. 함수는 명확하고 유지보수하기 쉬우며 효율적이어야 합니다. 이름을 명확하게 짓고, 설정을 계획적으로 하며, 데이터를 어떻게 처리할지, 예외값을 어떻게 처리할지 구상해야 합니다. 다음은 함수 작성 시 유의해야 할 가이드라인입니다.

단일 기능 수행

함수는 하나의 작업에 전문화되어야 합니다. 이렇게 하면 함수가 무엇을 하는지 파악하기 쉽고, 제대로 작동하는지 확인하고, 문제가 있을 때 수정하기도 쉽습니다.

명확한 이름 지정

함수가 무엇을 하는지 정확히 알려주는 이름을 지어야 합니다. 예를 들어 총 가격을 계산하는 함수라면 `calculateTotalPrice`라고 명합니다. 이렇게 하면 코드가 훨씬 읽기 쉬워질 것입니다.

간결성 유지

함수의 전체 내용을 스크롤 없이 화면에 볼 수 있어야 합니다. 짧은 함수는 다루기 쉽고, 버그가 발생할 가능성이 적습니다.

매개변수 사용

입력값에는 매개변수를 사용하고, 출력값에는 반환값을 사용합니다. 이렇게 하면 함수가 예측 가능하고 독립적이 됩니다.

일관성 유지

사용 중인 언어나 프로젝트의 코딩 규칙과 스타일 가이드라인을 따르세요. 이렇게 하면 코드를 균일하고 다른 사람이 읽기 쉽게 유지할 수 있습니다.

이러한 조언을 염두에 두면 효과적인 함수를 만들 수 있으며, 이런 작업에는 챗GPT가 도움이 될 수 있습니다. 다음은 프롬프트 예시입니다.

두 개의 정수를 매개변수로 받아 직사각형의 면적을 반환하는 'calculate_area'라는 파이썬 함수를 작성해주세요. 함수의 목적을 설명하는 문서 문자열을 포함하고, 정수가 아닌 입력값에 대해 'TypeError'가 발생하도록 해주세요.

'filterAndTransform'이라는 자바스크립트 함수가 필요합니다. 이 함수는 객체 배열을 입력으로 받아야 합니다. 각 객체는 'name'(문자열)과 'age'(숫자) 속성을 가집니다. 함수는 나이가 18세 이상인 사람들의 이름을 대문자로 변환하여 새로운 배열로 반환해야 합니다. 논리를 설명하는 주석을 포함해주세요.

정수 배열을 오름차순으로 정렬하는 'efficientSort'라는 C++ 함수를 작성해주세요. 이 함수는 시간 복잡도를 최적화해야 합니다. 선택한 정렬 알고리듬과 그 시간 복잡도를 설명하는 주석을 함수에 포함해주세요.

두 개의 'double' 매개변수를 받아 나누기 연산을 수행하는 'safeDivide'라는 자바 함수를 생성해주세요. 이 함수는 0으로 나누는 경우 사용자 정의 오류 메시지를 반환해야 합니다. 함수와 오류 처리를 설명하는 Javadoc 주석을 포함해주세요.

8.10 객체 지향 프로그래밍

객체 지향 프로그래밍object-oriented programing(OOP)은 데이터와 메서드를 표현하기 위해 '객체'라는 개념을 사용하여 프로그램을 작성하는 방식입니다. 이것은 마치 각기 고유한 도구와 정보가 담긴 작은 상자들을 만드는 것과 같습니다. 이러한 상자들을 클래스라고 하는데, 이는 객체를 생성하는 기획서 역할을 합니다. 클래스는 객체의 구조와 동작을 정의하며, 이 클래스로부터 개별 객체를 생성할 수 있습니다. 각 객체는 고유한 세부 정보를 지니지만 기본 구조는 동일합니다.

객체 지향 프로그래밍은 처음 다룰 때 추상화, 상속, 캡슐화, 다형성 같은 복잡한 개념들로 인해 용어가 낯설고 어려움을 느낄 수 있습니다.

이럴 때 챗GPT가 변환기 역할을 할 수 있습니다. 복잡한 아이디어를 이해하기 쉬운 설명으로 나눠줍니다. 캡슐화가 무엇인지 이해하기 어렵다면, 그냥 물어보세요. 기술 용어 없이 실제로 이해할 수 있는 답변을 얻을 수 있습니다.

캡슐화를 보여주는 간단한 클래스를 〈선호하는 프로그래밍 언어〉로 작성해줄 수 있나요?

프로그래밍에서 캡슐화의 실제 예시 몇 가지를 알려줄 수 있나요?

일상 생활의 비유를 사용하여 OOP의 추상화를 설명해줄 수 있나요?

프로그래밍 시나리오에서 상속의 예를 보여줄 수 있나요?

상속이 객체 지향 프로그래밍에서 코드 재사용에 어떻게 도움이 되나요?

다형성[4]이 프로그램의 유연성을 어떻게 향상시키나요?

다형성이 특히 유용한 시나리오는 무엇이며, 예시를 제공해줄 수 있나요?

AI 어시스턴트 프로그래밍 도구는 클래스의 초기 구조를 만드는 데도 도움이 될 수 있습니다.

'employeeName', 'employeeID', 'department' 같은 속성을 가진 'Employee' 클래스를 설계해 주세요. 직원의 세부 정보를 표시하는 메서드를 구현해주세요. 또한 이러한 속성을 설정하는 생성 자를 포함해주세요.

자바로 'BankAccount' 클래스가 필요합니다. 'balance'와 'accountNumber' 같은 비공 개 속성을 가져야 합니다. 이러한 속성을 안전하게 수정하거나 접근할 수 있는 'deposit()', 'withdraw()', 'checkBalance()' 메서드를 추가해주세요.

C#에서 Vehicle 클래스를 생성한 다음 이를 상속하는 Truck 클래스를 보여줄 수 있나요? wheels와 fuelType 같은 속성을 포함하고, 다양한 접근 수정자를 사용하는 방법을 보여주세요.

C++에서 파일을 열 때 생성자에서 열고 소멸자에서 닫는 'FileHandler' 클래스를 작성하려면 어떻게 해야 하나요? 또한 'writeToFile()' 및 'readFromFile()' 메서드를 포함해주세요.

8.11 프레임워크 및 라이브러리

프레임워크와 라이브러리 없이 소프트웨어 개발을 시작하는 것은 레시피나 손질된 재료 없이 처음부터 멋진 케이크를 굽겠다는 것과 같습니다. 이런 접근은 가능은 하지만 훨씬 더 어렵고

---

4 옮긴이_ 프로그래밍 언어별로 자료형 체계의 성질을 나타내는 것으로, 프로그램 언어의 각 요소들이 다양한 자료형에 속할 수 있는 성질 을 뜻합니다.

더 많은 시간이 걸립니다. 프레임워크와 라이브러리는 개발자의 작업을 더 쉽게 만들어주는 요소입니다. 웹 요청을 하거나 DOM[5] 요소를 조작할 때마다 매번 새롭게 만드는 대신 이미 있는 기능을 활용하면 됩니다.

AI 어시스턴트 프로그래밍 도구를 활용하면 기본 기능과 워크플로를 익히는 데 유용할 수 있습니다. 또한 프레임워크나 라이브러리를 언제 사용해야 적합할지 알려주기도 합니다.

타이터스 카필니언은 AI 도구를 신중히 활용해야 한다며 다음과 같이 말했습니다.

> 리액트와 같은 프레임워크와 라이브러리는 업데이트가 자주 이루어지고 우리는 특정 버전의 프레임워크를 사용하기 때문에, 챗GPT 인스턴스에 시스템 프롬프트로 이를 제공해야 결과를 최적화할 수 있었습니다. 때로는 GPT가 제공하는 솔루션이 실제 사용보다는 이론적인 경우가 많아서, 복잡한 문제를 해결할 때는 주로 우리 시니어 개발자들과 협력하는 편입니다. 리액트와 관련해서는, 실제로 기능을 구축하기보다는 주로 GPT에게 구문을 확인하거나 특정 데이터 유형을 처리하는 방법을 질의합니다.
>
> Node.JS도 마찬가지입니다. 챗GPT에게 기능에 대한 코드 스니펫을 요청하기 전에 우리의 내부 API와 데이터 처리 방법을 고려해야 합니다. 제가 구축 중인 기능의 입력으로 사용할 함수의 출력을 설명할 수 있게 되면, 보통은 안정적인 코드를 제공받을 수 있습니다. 만약 출력이 좋지 않거나 오류가 발생하면, 같은 과정을 거쳐 문제를 제공하고 올바른 방향으로 코드를 수정해 달라고 요청합니다.

8.12 데이터

데이터는 모든 애플리케이션의 중요한 요소로, 앱의 생명력을 유지하는 원동력입니다. 혈액이 우리 몸의 기능을 유지하기 위해 산소와 영양분을 운반하는 것처럼, 데이터는 애플리케이션을 통해 흐르면서 필요한 정보와 인사이트를 제공합니다.

하지만 샘플 데이터를 만드는 것은 어려운 일입니다. 새 앱을 테스트하고 싶을 때 먼저 실환경에서 어떻게 작동하는지 확인하기 위해 많은 데이터가 필요하다고 상상해보세요. 이름, 날짜, 숫자 등 필요한 데이터를 입력하기 시작합니다. 이 작업은 상당히 긴 여정입니다.

---

5 옮긴이_ DOM(Document Object Model)은 웹 페이지의 구조를 정의하고 조작할 수 있게 하는 프로그래밍 인터페이스입니다. HTML이나 XML 문서를 트리 구조로 표현하며, 각 요소를 객체로 나타냅니다. 이를 통해 개발자는 프로그래밍 언어를 사용하여 웹 페이지의 내용과 구조를 동적으로 변경할 수 있습니다.

또한 테스트가 유효하도록 다분히 현실적이면서도 각 항목에 대해 불필요할 정도로 상세하지 않도록 만들어야 합니다. 대규모 데이터셋이 필요한 경우 복사 붙여넣기, 수정, 재확인 등의 작업은 마라톤과 비슷합니다.

개발 과정에서 데이터 작업을 할 때는, 먼저 데이터베이스를 선택하고 스키마와 테이블을 스핀업[6]해야 합니다. 이어 테이블 간의 관계를 지정한 다음, 관련 구성 및 설정을 수행합니다. AI 도구는 이러한 작업에 도움이 될 수 있으며, 다음 프롬프트를 통해 수행할 수 있습니다.

〈특정 데이터 유형 또는 기능(예: 사용자 상호작용, 제품 재고 등)〉을 처리하는 데 가장 적합한 데이터베이스 유형은 무엇인가요?

〈데이터 유형(예: 이미지, 텍스트, 실시간 데이터)〉별로 〈높거나 낮은〉 트래픽이 예상되는 앱의 경우 어떤 데이터베이스를 고려해야 하나요?

예산이 빠듯합니다. 소규모 〈지역 배달 서비스 앱〉 같은 서비스를 위한 비용 효율적인 데이터베이스 솔루션을 제안해주세요.

저는 데이터베이스 관리가 거의 처음입니다. 초보자도 쉽게 관리할 수 있는 사용자 친화적인 데이터베이스는 무엇인가요?

다음은 데이터베이스 스키마에 대한 도움을 요청하는 프롬프트입니다.

〈애플리케이션 유형(예: 온라인 스토어, 블로그)〉에 대한 기본 데이터베이스 스키마를 설계하는데 도움을 줄 수 있나요? 어떤 테이블을 만들어야 하는지, 그리고 테이블 간의 주요 관계를 알아야합니다.

관계형 데이터베이스에서 〈특정 유형의 데이터(예: 고객 주문, 재고)〉를 관리하기 위한 효율적인 테이블 구조는 무엇인가요? 어떤 필드와 데이터 유형을 포함해야 하나요?

〈애플리케이션의 기능 설명(예: 이벤트 관리, 코스 등록)〉을 처리하는 관계형 데이터베이스에서 테이블을 어떻게 정의해야 하나요? 특히 외래 키와 조인 테이블을 설정하는 데 도움이 필요합니다.

〈프로젝트 설명하기〉에 대한 관계형 데이터베이스 스키마를 작업하고 있습니다. 데이터 무결성을 위해 기본 키와 외래 키를 효과적으로 설정하는 방법을 알려주세요.

---

6 **옮긴이_** 서버나 데이터베이스를 시작하거나 설정하는 과정을 의미합니다.

〈데이터 유형 또는 응용 프로그램 기능〉을 처리하는 데이터베이스에 어떤 정규화 전략이 적절할까요? 데이터 중복을 피하고 데이터 무결성을 보장하려면 어떻게 해야 하나요?

〈프로젝트 유형(예: 소셜 미디어 앱)〉에 NoSQL 데이터베이스를 사용하고 있습니다. 〈특정 데이터 유형(예: 사용자 프로필, 글, 댓글)〉을 저장하려면 문서 구조를 어떻게 설계해야 하나요?

데이터베이스 스키마를 설계할 때, 특히 〈쿼리 또는 작업 유형(예: 전체 텍스트 검색, 빈번한 업데이트)〉에 대해 쿼리 성능을 최적화하려면 어떻게 인덱싱해야 할까요?

기존 데이터베이스를 새 스키마로 마이그레이션해야 합니다. 데이터 무결성을 잃지 않고 데이터베이스 구조를 재설계하기 위한 주요 고려 사항과 단계는 무엇인가요?

초기 데이터베이스 환경을 설정하는 프롬프트입니다.

〈특정 운영체제(예: 윈도우, 리눅스)〉에 〈특정 데이터베이스 서버(예: MySQL, PostgreSQL)〉를 설치하는 단계별 지침을 알려주세요.

〈데이터베이스 이름〉을 설치한 후 최적의 성능을 위해 초기에 설정해야 하는 필수 구성은 무엇인가요?

〈특정 데이터베이스〉 서버 보안을 위한 모범 사례는 무엇인가요? 특히 사용자 인증과 민감한 데이터 보호에 관한 사항이 필요합니다.

〈데이터의 특성 및 예상되는 부하(예: 대용량 데이터셋, 높은 트랜잭션 볼륨)〉를 처리할 애플리케이션의 특정 데이터베이스의 성능을 최적화하려면 어떻게 해야 하나요?

이제 AI를 사용해 샘플 데이터를 생성하는 방법을 살펴보겠습니다.

100개의 아이디와 이메일 데이터에 대한 데모 데이터를 생성하고 이를 CSV 파일로 저장합니다.

제품 ID, 이름, 가격, 카테고리 등 50개 제품에 대한 데모 데이터를 생성합니다.

주문 ID, 고객 ID, 주문 날짜, 총금액이 각각 포함된 150개의 주문 레코드로 구성된 데모 데이터셋을 생성합니다.

직원 ID, 성명, 부서, 이메일 주소 등 100명의 직원에 대한 샘플 데이터를 생성합니다.

피드백 ID, 고객 ID, 댓글 등 80개의 고객 피드백 항목에 대한 샘플 데이터를 생성합니다.

챗GPT는 데이터 변환이라는 중요한 작업에도 유용합니다. 개발자라면 XML, SQL, JSON, CSV, TOML[7] 같은 다양한 형식 간의 데이터 변환이 빈번하게 필요함을 알 것입니다. 하지만 솔직히 말해 이 과정은 지루하고 때로는 오류가 발생하기 쉬운 과정이기도 합니다. 바로 이러한 작업에 챗GPT가 유용합니다.

'존 도, 35세, 뉴욕' 형태로 저장된 CSV행을 XML 형식으로 변환하세요.

[{'name': '앨리스', 'job': '엔지니어'}, {'name': '밥', 'job': '디자이너'}] 형태의 JSON 배열을 SQL 테이블 형식으로 변환하세요.

<title = '내 프로젝트' owner = 'Sara'> 형태의 TOML 구성을 YAML 형식으로 변환하세요.

8.13 프런트엔드 개발

프런트엔드 개발은 웹사이트를 멋지게 보이고 사용자가 원활하게 탐색할 수 있도록 만드는 작업입니다. 그 핵심은 웹 페이지의 기본 구조를 설정하는 HTML, 모든 것을 멋지게 보이게 하고 배치하는 CSS, 인터랙티브하게 만드는 자바스크립트 등입니다. 요즘 프런트엔드 개발자는 리액트 같은 라이브러리나 뷰Vue 같은 프레임워크를 많이 사용합니다. 이러한 도구는 새사용성과 실시간성을 높이는 기능을 제공하여 역동적이고 매력적인 웹사이트와 앱을 구축할 수 있도록 합니다.

프런트엔드 개발은 숙련된 개발자에게도 어려울 수 있습니다. 애플리케이션과 사용자 상호작용에 신경 쓸 것이 많기 때문입니다. 운영 환경, 디바이스, 화면 크기, 사용자 환경설정을 처리

---

7 옮긴이_ TOML(Tom's Obvious Minimal Language)은 구성 파일을 위한 파일 형식으로, 시맨틱 구조를 쉽게 읽고 쓰며 딕셔너리에 명확히 매핑하도록 설계되었습니다.

해야 합니다. 모든 사람에게 잘 맞는 한 사이즈의 티셔츠를 만들려고 하는 것과 같습니다. 또한 프런트엔드 영역은 빠르게 변화하고 있기에 프레임워크 업데이트가 자주 발생합니다.

또 다른 어려움은 프런트엔드 개발이 코딩만 하는 것이 아니라는 점입니다. 좋은 사용자 경험(UX)과 사용자 인터페이스(UI) 디자인도 중요합니다. 이는 많은 개발자에게 익숙하지 않은 역량입니다. UX 및 UI 디자인은 사람이 기술과 상호작용하는 방식, 시각적으로 매력적인 디자인을 만드는 것, 앱이나 웹사이트에서 매끄럽고 논리적인 흐름을 만드는 방법을 이해해야 합니다. 마치 예술가이자 심리학자처럼 고민해야 합니다. 알고리듬과 데이터 구조에 능숙한 기존 프로그래머에게 색상, 레이아웃, 사용자 여정은 낯선 세계일 수 있습니다.

이러한 작업에도 AI 어시스턴트 프로그래밍 도구가 도움이 될 수 있습니다. 영역별로 살펴보겠습니다.

8.13.1 CSS

크고 복잡한 작업을 할 때는 CSS를 작성하는 것이 까다로울 수 있습니다. 다양한 형태의 브라우저와 디바이스에 모두 최적화하는 것은 어려운 일입니다. 디바이스와 브라우저별로 특이한 점을 모두 파악하고 있어야 합니다. 또한 스타일의 한 부분이 다른 부분에 영향을 미쳐 모양이 이상해지기 쉽습니다. 게다가, 전통적인 CSS는 변수를 사용하거나 함수를 사용할 수 없기 때문에 코드에서 반복이 많아질 수 있습니다(SASS와 LESS 같은 도구가 도움이 되긴 하지만). 심지어 간단한 `<div>` 요소를 중앙에 배치하는 것조차 어려울 수 있습니다. 다음은 일반적인 CSS 작업에 사용하는 프롬프트입니다.

모바일 기기에서 햄버거 메뉴로 축소되는 반응형 탐색 메뉴에 대한 CSS 스니펫을 작성해주세요.

항목이 제대로 정렬되지 않는 CSS의 플렉스박스 레이아웃에 문제가 있습니다. 무엇이 잘못되었는지 찾아주세요.

웹사이트의 버튼에 호버 효과를 추가해야 합니다. 버튼 위에 마우스를 올리면 색상이 바뀌도록 하는 CSS 예시를 보여주세요.

웹사이트 홈페이지에 페이드인 애니메이션을 추가하고 싶습니다. 이에 대한 CSS 코드 스니펫을 제공해주세요.

8.13.2 그래픽 만들기

웹사이트나 앱용 전문 그래픽을 제작하려면 디자인에 대한 폭넓은 배경지식과 함께 포토샵 같은 전문 도구에 대한 이해가 필요합니다. 하지만 텍스트 입력만으로 훌륭한 수준의 이미지를 생성해내는 AI 시스템이 많이 있습니다.

- Canva
- Stable Diffusion
- DALL-E 3(챗GPT에 내장됨)
- Adobe FireFly
- Midjourney

이러한 시스템을 사용하면 이미지, 버튼, 로고 등 다양한 유형의 디자인 에셋을 만들 수 있습니다.

챗GPT에서 로고를 제작하는 예시입니다.

 홈 베이커리 사업을 위해 'Sweet Whisk'라는 웹사이트를 만들고 있습니다. 따뜻하고 매력적인 로고를 원합니다. 주요 제품은 케이크와 쿠키이므로 이를 디자인에 반영해주세요. 파스텔 색상을 선호하고, 특히 밝은 분홍색과 민트 그린을 좋아합니다. 스타일은 단순하고 모던하며 장난기가 가미된 것이어야 합니다.

[그림 8-2]는 챗GPT가 생성한 내용입니다.

그림 8-2 챗GPT는 가이드라인을 바탕으로 로고를 만들 수 있습니다.

이미지 생성 이후 챗GPT와 지속적인 대화를 통해 이미지를 개선해갈 수 있습니다. Firefly 같은 AI 이미지 도구는 디자인 측면에서 챗GPT보다 더 많은 기능을 제공하지만, 챗GPT는 텍스트 질의와 함께 사용할 수 있다는 장점이 있습니다.

8.13.3 AI 도구

프롬프트 입력이나 원하는 결과물과 유사한 그림을 업로드하는 것만으로도 웹사이트를 만들어 주는 훌륭한 AI 도구가 여럿 있습니다. 기존 홈페이지를 리액트, 뷰 등의 원하는 프레임워크로 전환하는 작업도 가능합니다. 또한 피그마에서 프레임을 가져올 수도 있습니다.

생성된 결과물에 대해 원하는 대로 조정도 가능합니다. 이런 AI 도구를 사용하면 전체 프로젝트의 속도를 효과적으로 높일 것입니다.

- TeleportHQ
- Anima
- Locofy
- v0 by Vercel[8]

그중 사용하기 쉬운 Vercel의 v0를 자세히 살펴보겠습니다. 이 도구의 인터페이스는 [그림 8-3]에서 볼 수 있듯 챗GPT와 유사합니다.

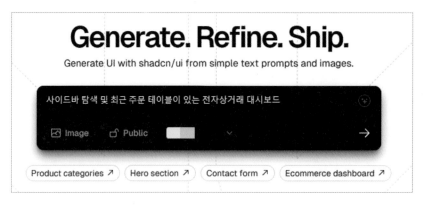

그림 8-3 v0 by Vercel 인터페이스

---

8 https://v0.dev

생성할 인터페이스에 대한 프롬프트를 입력하거나 이미지를 업로드할 수 있습니다. 이 예시에서는 프롬프트를 사용하겠습니다.

 사이드바 탐색 및 최근 주문 테이블이 있는 전자상거래 대시보드

프롬프트를 입력하면 v0는 인터페이스를 생성한 뒤, [그림 8-4]와 같은 디자인 스튜디오로 이동합니다.

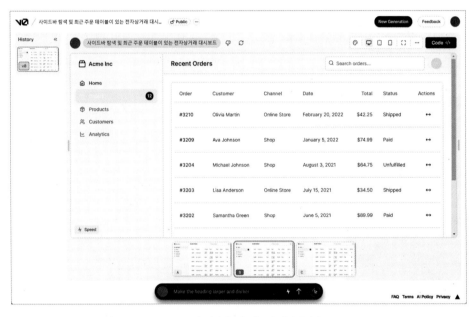

그림 8-4 프롬프트를 입력하면 v0 by Vercel의 디자인 스튜디오가 나타납니다.

AI기 세 가지 버전의 대시보느를 생성했습니다. 필요한 경우 추가로 생성할 수도 있습니다. 생성된 결과물에 메시지가 표시되면 텍스트 크기, 색상 등을 변경할 수 있습니다.

완료되면 오른쪽 상단의 [Code] 버튼을 클릭하세요. shadcn/ui와 Tailwind CSS를 기반으로 한 깔끔한 리액트 코드를 볼 수 있습니다.

'Screenshot to Code'와 같이 AI를 사용하여 프런트엔드를 생성하는 여러 오픈소스 시스템도 있습니다. 이 프로젝트의 창시자는 피코[Pico]의 CEO이자 창립자인 아비 라자[Abi Raja]입니다. 그는

자신이 세운 스타트업을 지난 2013년, 야후에 매각한 경험이 있습니다.

라자는 Screenshot to Code의 초기 코드베이스를 만드는 데 여섯 달을 보내고 이렇게 말했습니다. '프런트엔드 개발자는 디자인과 모형을 코드로 변환해야 합니다. 이 작업의 많은 부분이 반복적이지만, 제 소프트웨어는 이 과정을 자동화하여 약 90%의 작업을 수행할 수 있습니다.'

현재 Screenshot to Code는 리액트, 부트스트랩, HTML/Tailwind CSS로의 내보내기를 지원합니다. 이 프로젝트는 깃허브에서 3만 개 이상의 스타를 받았습니다.

챗GPT를 사용하여 이미지를 코드로 변환할 수도 있습니다. 예를 들어 아이폰iPhone에 있는 계산기 앱과 같은 모양으로 계산기 앱을 만들고 싶다면, [그림 8-5]와 같이 계산기 이미지를 입력합니다.

그림 8-5 아이폰 계산기 앱의 이미지를 챗GPT에 입력해 코드를 생성할 수 있습니다.

먼저 챗GPT에 이미지를 업로드하고 다음 프롬프트를 입력합니다.

 이 이미지 같은 프로그램을 구현하는 코드를 제안해주세요.

[그림 8-6]은 챗GPT가 생성한 코드로 만든 계산기입니다.

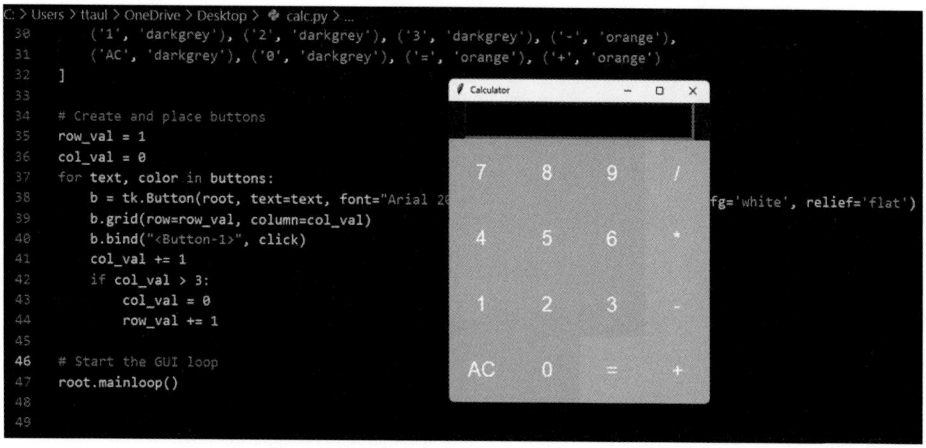

그림 8-6 챗GPT는 애플의 아이폰 앱 이미지를 기반으로 계산기용 코드를 만들었습니다.

챗GPT는 파이썬 코드를 만들었습니다. 스타일에 대한 평가는 각기 다를 수 있겠지만, 꽤 괜찮은 결과가 나왔습니다. 물론 아이폰 버전처럼 보이게 하려면 챗GPT에 리액트 기준으로 제작을 지시하는 등, 프롬프트를 보다 구체적으로 지정할 수 있습니다.

8.14 API

새로운 API를 익히는 것은 어려울 수 있습니다. 먼저, 복잡한 기술 문서를 헤쳐 나가야 합니다. 기술 문서는 명확하고 따라 하기 쉬운 경우도 있지만 그렇지 않은 경우도 많습니다. 그다음에는 API 키나 OAuth 토큰을 사용하여 로그인하고 접근 권한을 얻어야 하는 문제도 있습니다. 또한 API가 반환하는 데이터 구조와 응답 형식을 이해하려고 애쓰는 것도 큰 부담일 수 있습니다. 그리고 오류 처리와 API의 업데이트나 변경 사항을 따라가는 것도 중요한 과제입니다. 다행히도, 챗GPT를 사용하면 이러한 도전을 조금 더 쉽게 극복할 수 있습니다.

간단한 예를 들겠습니다. 날씨 정보를 얻기 위해 API를 사용하고 싶다고 가정합시다. 챗GPT에게 다음과 같이 물어볼 수 있습니다.

괜찮은 날씨 API에는 무엇이 있나요?

챗GPT가 OpenWeather API를 추천했습니다. 이어서 다음과 같이 질문하면 챗GPT가 주요 단계를 설명해줄 것입니다.

 OpenWeather API를 사용하려면 어떻게 해야 하나요?

그다음에는 요청을 만드는 방법을 물어볼 수 있습니다.

 OpenWeather API를 사용하여 요청을 만드는 방법은 무엇인가요? 파이썬 기준으로 알려주세요.

 이런 단계로 프로세스를 진행합니다.

- 'request' 라이브러리를 불러옵니다.
- API 키를 정의합니다.
- API 요청 URL을 만들고 현재 날씨 데이터 엔드포인트를 사용합니다.
- 요청을 실행하고 응답을 처리합니다.
- 요청이 성공했는지 확인합니다.

8.15 결론

모듈식 프로그래밍, 함수, 객체 지향 프로그래밍에 대해 알아봤습니다. AI를 사용하여 새로운 언어와 프레임워크를 신속하게 배우고 데이터를 보다 효율적으로 다루는 방법도 탐구했습니다. 그런 다음 매력적인 프런트엔드를 만드는 방법을 살펴봤습니다.

항상 유념해야 할 사항은 AI 프로그래밍 도구가 완벽하지 않다는 것입니다. 따라서 항상 주의 깊게 살피고 모든 것을 다시 확인하는 것이 중요합니다.

## CHAPTER 9

디버깅, 테스트, 배포

화려하지는 않아도 개발 과정에서 중요한 부분을 살펴봅니다. 버그 수정, 코드 리뷰, 단위 테스트,
풀 리퀘스트 등에서 AI 어시스턴트를 사용하는 방법을 다룹니다.

이 장에서는 소프트웨어 개발에서 충분한 주목을 받지 못하는 디버깅과 테스트 및 배포에 대해 설명합니다. 다양한 버그를 발견하는 것부터 사람이 이해할 수 있는 문서 작성, 코드가 제대로 작동하는지 확인하는 것까지 모든 내용을 다룰 것입니다. 또한 변경 사항을 차질 없이 병합하는 것과, 소프트웨어를 원활하고 안전하게 실행하고 사용자의 의견을 수렴하는 방법, 나아가 출시할 때 돋보이게 하는 방법까지 자세히 살펴봅니다.

9.1 디버깅

개발자의 작업에서 디버깅이 약 35%에서 50%의 시간(https://oreil.ly/vci4A)을 차지한다고 합니다. 이것은 단순한 시간 낭비가 아닌 프로젝트에서 큰 비용을 차지합니다.

버그에는 크게 두 가지 유형이 있습니다. 하나는 구문 오류입니다. 코드가 언어의 구조와 규칙을 따르지 않을 때 이러한 오류가 나타납니다. for 루프 끝에 콜론을 추가하는 것을 잊어버리는 것만큼이나 간단한 오류일 수도 있습니다. VS 코드와 같은 최신 IDE는 이러한 유형의 오류를 대부분 감지하고 수정합니다.

다른 하나는 논리적 오류입니다. 이러한 문제는 로직이 무언가 잘못되었을 때 발생하기 때문에 더 까다롭습니다. 예를 들어, 고객 목록에서 미성년 사용자를 필터링하는 프로그램을 만들었다고 가정하겠습니다. 그런데 논리적 오류로 18세 미만의 모든 사용자가 아닌 18세 이상을 제거해버리면, 청소년만 가득한 목록이 완성됩니다. 이런 실수는 논리적 오류의 대표적인 예로, 코드가 의도한 것과는 정반대로 동작하게 됩니다. 그럼에도 프로그램은 정상적으로 작동했을 것이기에, 테스트 과정에서 이러한 오류를 발견해내는 것 자체가 어려울 수도 있습니다. 이러한 경우 해결책은 해당 조건을 간단히 조정하는 것부터 논리를 완전히 재구성하는 것까지 다양합니다.

디버깅을 시작할 때 사람이 검토하는 전통적인 방법으로도 충분한 경우가 많기에, 무조건 AI 어시스턴트 프로그래밍 도구를 바로 사용하는 것은 바람직하지 않습니다. VS 코드는 문제를 감지하고 해결할 수 있는 강력한 디버깅을 제공합니다. 중단점을 쉽게 설정해 변수 값을 검사하고 코드를 한 줄씩 살펴보며 정확히 무슨 일이 일어나고 있는지 확인할 수 있습니다. 특히 대규모 프로그램에서 이러한 기능은 굉장히 유용합니다.

물론 일부 버그는 정말 골치 아픈 것일 수 있습니다. 최신 소프트웨어는 여러 계층과 모듈이 함께 작동하는 퍼즐처럼 복잡한 구조인 경우가 많습니다. 때로는 예상치 못한 방식의 상호작용으로 버그가 발생하는 경우가 있는데, 이럴 경우 실제로 무엇이 잘못되었는지 파악하는 것은 정말 어려울 수 있습니다. 그리고 부족한 문서화로 인한 문제도 있습니다. 소프트웨어에 관한 명확한 지침이나 설명이 없으면 어떻게 작동하는지 이해하기 어렵기 때문에 버그를 찾고 수정하기가 더욱 어려워집니다. 또한 소프트웨어는 일반적으로 외부 라이브러리나 서비스에 의존하게 되는데, 외부 의존성으로 발생된 버그는 해결이 더 힘들 수 있습니다.

우리는 바로 이런 상황에서 AI를 활용할 수 있습니다. 한 가지 예시는 난해하거나 긴 오류 메시지를 해독하는 경우입니다. 오류 메시지는 잘못되었을 때 프로그램이 수행한 작업의 스냅숏이기에 추적하여 해결에 필요한 정보를 얻을 수 있습니다. 또한 프레임워크와 다양한 라이브러리 간의 상호작용에 대한 자세한 정보도 얻을 수 있습니다. 오류 메시지를 복사해 프롬프트에 붙여넣고 다음과 같은 간단한 질문을 입력합니다.

 이것은 무엇을 의미하나요? {오류 메시지}

코드의 논리적 오류로 프로그램이 수행되지 않을 때는 코드를 복사해 프롬프트에 붙여넣고 아래와 같이 입력해볼 수 있습니다.

 이 프로그램은 사용자가 사진을 업로드하고 갤러리에 표시할 수 있도록 하는 프로그램입니다. 그런데 실행해도 사진이 표시되지 않습니다. 이 프로그램의 문제점은 무엇인가요? {코드}

챗GPT는 오류 메시지만 보고도 대부분의 경우 해결책을 제시합니다. 그러나 해결책을 제시하지 않는 경우, 위와 같은 구체적인 프롬프트로 접근하여 해결방안을 얻을 수 있을 것입니다.

9.2 문서

문서는 프로젝트가 무너지지 않도록 지탱하는 받침대 같은 존재이지만, 보통의 경우 안타깝게도 작업의 뒷전으로 밀려나 있습니다. 가이드 없이 프로그래밍하는 것은 미로를 헤매는 것과 같으며, 처음 본 코드에서 무언가를 알아내려고 하는 사람에게는 고통스러운 일입니다.

양질의 문서는 추측의 여지를 없애고, 모든 구성원이 같은 정보를 공유하도록 합니다. 스택 오버플로의 설문조사에 따르면 개발자의 68%(https://oreil.ly/tWiy4)가 매주 코드 이해에 어려움을 겪는다고 합니다. 또한 깃허브의 2021년도 보고서에 따르면 문서로 정보를 공유할 경우 팀의 생산성이 최대 55%(https://oreil.ly/q6Q08) 향상될 수 있습니다.

문서 작업을 생략함으로써 개발자의 작업량을 조금이나마 줄이는 것만이 능사는 아닙니다. 좋은 문서는 원활한 개발 프로세스의 근간입니다. 어디로 가야 하고 무엇을 주의해야 하는지 알려주는 지도와 비슷합니다. 문서화가 충분하지 않으면 목적 없이 진행되는 경우가 많으며, 이로 인해 비용이 커지는 손해가 발생할 수 있습니다.

챗GPT를 사용하면 다음과 같은 유형의 문서를 모두 만들 수 있습니다.

- 사용자 설명서
- README 파일
- API 문서
- 자주 묻는 질문(FAQ)
- 문제 해결 가이드

효과적인 문서 작성을 위한 프롬프트를 입력할 때, 다음 요소를 고려해야 합니다.

잠재적인 사용자 파악

누가 내 문서를 읽을지 생각해보세요. 빠르게 시작할 수 있는 가이드를 찾는 초보자인가요, 아니면 API 문서 및 코드 스니펫 같은 핵심적인 세부 정보가 필요한 기술 전문가인가요? 읽는 사람에게 무엇이 필요할지 파악하는 것은 좋은 문서화의 핵심입니다.

간결함 유지

해석이 필요한 전문 용어나 기술 용어를 선호하는 사람은 없습니다. 명료하게 핵심만 전달하세요. 누구나 쉽게 이해할 수 있는 용어들로 충분히 설명되어야 합니다.

일관된 문서화 양식

동일한 양식으로 문서를 유지하세요. 동일한 스타일, 제목, 글꼴 등으로 일관성을 갖추면, 마치 노래의 리듬을 타듯 더 잘 읽힙니다.

예시 활용

사람은 예시를 들면 더 빨리 이해합니다. 실제 사례나 예시로 전달해보세요. 개발자와 소통하는 경우 일부 코드 예시는 금상첨화입니다. 스크린샷이나 단계별 안내도 도움이 될 수 있습니다.

설명과 관련된 사진 첨부

텍스트만으로는 충분하지 않을 때가 있습니다. 특히 복잡한 내용을 다룰 때는 도표, 스크린샷 또는 동영상을 사용해 요점을 전달할 수 있습니다.

방법과 더불어 이유도 설명

단계만 나열하지 마세요. 사용자들에게 왜 이 작업을 하는지도 같이 설명하세요.

이 모든 것을 고려하여 다음과 같은 프롬프트를 사용할 수 있습니다.

 기술 전문가가 아닌 사용자에게 깃 버전 관리 개념을 설명하는 방법을 제안해주시겠어요? 전문 용어 사용을 지양하고, 간단하게 설명해야 합니다. 또한 버전 관리의 중요성을 설명하고 시각 자료나 다이어그램을 제시하세요.

노트 챗GPT는 언어 번역 기능을 갖추고 있습니다. 문서나 기타 콘텐츠에 이 기능을 활용할 수 있습니다.

마이크로소프트는 깃허브 코파일럿 내에 문서 전용 코파일럿 기능을 제공합니다. 이 기능은 문서 검색 결과가 아닌 사용자의 코딩 이력에 기반한 결과를 제공합니다. 깃허브 리포지터리의 최신 정보로 업데이트되며, 비공개 문서를 추가할 수 있는 기능도 제공합니다. 이러한 기능들은 코딩 능률을 크게 향상시킬 것입니다.

9.3 코드 리뷰

코드 리뷰는 모든 요건이 정확히 반영되어 문제없이 작동되는지 사전에 검토하는 과정입니다.

단순히 형식적으로 결함을 찾는 것 이상의 의미가 있습니다. 모두가 모여 코드에 대한 아이디어를 주고받는 과정을 통해 문제를 해결하고 전체 프로젝트를 더 잘 파악할 다양한 방법을 확인할 수 있습니다.

또한 코드 리뷰는 조직의 코딩 스타일과 가이드라인을 정립하는 데 도움이 되며, 보안도 점검할 수 있습니다. 자동화된 도구가 항상 모든 것을 잡아낼 수는 없기에 때로는 교묘한 보안 위험을 발견하려면 사람의 눈이 필요합니다. 이런 코드 리뷰 과정에서 챗GPT를 중요하게 활용할 수 있습니다. 다음은 프롬프트 예시입니다.

> 아래 코드에 대한 코드 리뷰를 작성하세요. 코드의 유지관리 가능성, 잠재적인 보안 문제 및 성능 결함에 집중하여 작성하세요. {코드}

제가 직접 테스트를 한 결과 챗GPT는 일부러 잘못 작성한 함수 부분까지 훌륭하게 리뷰했습니다. 구체적으로는 함수가 하드 코딩된 데이터베이스 연결을 갖지 않는 것이 좋다는 등 여러 개선점을 제안했습니다. 또한 SQL 쿼리에서 사용자 ID를 직접 연결함으로써 발생할 수 있는 SQL 인젝션의 위험성과 사용자 입력 검증의 부재를 감지했습니다. 그리고 SQL 구성의 성능 문제를 찾아냈습니다.

9.3.1 단위 테스트

어떤 의미에서 단위 테스트는 함수나 메서드 같은 코드의 일부에 대한 부분 평가입니다. 개발자는 자바의 JUnit, NET의 NUnit 또는 파이썬의 pytest 등의 훌륭한 도구를 사용해 이 테스트를 직접 수행하는 경우가 많습니다. 이러한 도구는 보통 개발자가 사용하는 다른 소프트웨어와 호환되며, 테스트를 작성하여 실행하고, 그 결과를 얻는 데 도움이 됩니다.

단위 테스트를 수행하면 소프트웨어를 개선하고 성가신 버그를 줄이며 나중에 문제를 쉽게 조정하고 수정할 수 있어 유용합니다. 각 테스트는 한 가지에만 초점을 맞추기 때문에, 테스트 중 문제가 발생하면 정확히 어디를 살펴봐야 하는지 알 수 있습니다. 이러한 테스트는 일반적으로 자동화되어 있으므로 빠르고 자주 실행할 수 있습니다. 단위 테스트는 모든 개발 과정을 원활하고 최신 상태로 유지하는 데 중요합니다.

단위 테스트 작성은 일반적으로 간단합니다. 코드의 작은 부분에 초점을 맞추기 때문에 너무 복잡하지 않아야 합니다. 또한 소프트웨어에 대한 가이드 같은 역할을 합니다. 단위 테스트를 확인하면 다른 개발자도 특정 부분이 어떻게 작동하는지 파악할 수 있습니다. 코드를 변경하는 경우에도 이전에 정상적으로 작동하던 것을 망치지 않았는지 확인하는 데 유용합니다.

한 가지 예로, 다음과 같은 팁 계산기 프로그램을 만들었다고 가정하겠습니다.

```python
def tip_calculator(bill_amount, tip_percentage):
    tip_amount = bill_amount * (tip_percentage / 100)
    total_amount = bill_amount + tip_amount
    return total_amount

bill_amount = float(input('Enter the bill amount: '))
tip_percentage = float(input('Enter the tip percentage (e.g., 20 for 20%): '))
total_amount = tip_calculator(bill_amount, tip_percentage)
print(f'Total amount including tip: {total_amount:.2f}')
```

여기에는 팁을 포함한 총 청구 금액을 계산하는 함수가 있으며 `bill_amount` 및 `tip_percentage`라는 두 개의 매개변수를 사용합니다. 이 함수는 `total_amount`의 값을 구합니다.

이런 코드에 대해 단위 테스트는 모든 종류의 시나리오를 검사합니다. 예를 들어, 다양한 입력에 대해 팁을 포함한 총액을 올바르게 계산하는지 확인하는 데 도움을 줄 수 있습니다. 작은 오류라도 큰 차이를 일으킬 수 있기 때문에 이는 중요합니다. 단위 테스트는 표준 청구 금액과 팁 비율 같은 일반적인 사항뿐만 아니라, 청구 금액 이상지나 비정상적으로 높은 팁 비율 같은 예외적인 경우도 다룰 수 있습니다. 또한 숫자가 아닌 경우나 null 값 같은 이상 입력을 함수가 자연스럽게 처리할 수 있는지도 확인할 수 있습니다.

총금액을 올바르게 계산하는 단위 테스트를 작성하고, 청구서 금액이 0이거나 음수인 경우, 팁 값이 높은 경우 등 일반적인 경우와 예외적인 경우를 확인합니다. 또한 잘못된 입력이 있는지 확인하세요. 단위 테스트의 경우 콘솔 로그를 사용할 수 있습니다.

다양한 경우를 테스트하는 단위 테스트를 작성하여 `tip_calculator` 함수가 제대로 작동하는지 확인할 수 있습니다. 이를 위해 몇 가지 주요 테스트 케이스를 정의하겠습니다.

1. 일반적인 경우

2. 청구서 금액이 0인 경우

3. 청구서 금액이 음수인 경우

4. 팁 비율이 0인 경우

5. 팁 비율이 매우 높은 경우

6. 잘못된 입력이 있는 경우

다음은 이를 구현한 코드입니다.

```python
def tip_calculator(bill_amount, tip_percentage):
    if bill_amount < 0:
        raise ValueError("Bill amount cannot be negative")
    if tip_percentage < 0:
        raise ValueError("Tip percentage cannot be negative")

    tip_amount = bill_amount * (tip_percentage / 100)
    total_amount = bill_amount + tip_amount
    return total_amount

def test_tip_calculator():
    # 일반적인 경우
    try:
        result = tip_calculator(100, 20)
        assert result == 120, f"Expected 120, but got {result}"
        print("Test case 1 passed")
    except Exception as e:
        print(f"Test case 1 failed: {e}")

    # 청구서 금액이 0인 경우
    try:
        result = tip_calculator(0, 20)
```

```python
        assert result == 0, f"Expected 0, but got {result}"
        print("Test case 2 passed")
    except Exception as e:
        print(f"Test case 2 failed: {e}")

    # 청구서 금액이 음수인 경우
    try:
        tip_calculator(-50, 20)
        print("Test case 3 failed: Exception not raised")
    except ValueError as e:
        print(f"Test case 3 passed: {e}")
    except Exception as e:
        print(f"Test case 3 failed: {e}")

    # 팁 비율이 0인 경우
    try:
        result = tip_calculator(100, 0)
        assert result == 100, f"Expected 100, but got {result}"
        print("Test case 4 passed")
    except Exception as e:
        print(f"Test case 4 failed: {e}")

    # 팁 비율이 매우 높은 경우
    try:
        result = tip_calculator(100, 100)
        assert result == 200, f"Expected 200, but got {result}"
        print("Test case 5 passed")
    except Exception as e:
        print(f"Test case 5 failed: {e}")

    # 잘못된 입력이 있는 경우 (문자열 입력)
    try:
        tip_calculator("100", "20")
        print("Test case 6 failed: Exception not raised")
    except TypeError as e:
        print(f"Test case 6 passed: {e}")
    except Exception as e:
        print(f"Test case 6 failed: {e}")

# 테스트 실행
test_tip_calculator()
```

> 이 단위 테스트 코드는 각 테스트 케이스에 대해 올바른 결과를 확인하고, 잘못된 입력에 대해 적절한 예외 처리가 이루어지는지 확인합니다.
>
> 각 테스트 케이스는 콘솔에 성공 또는 실패 메시지를 출력합니다. 이러한 방법으로 `tip_calculator` 함수의 동작을 효과적으로 검증할 수 있습니다.

보다 체계적이고 포괄적인 접근 방식을 위해 테스트 프레임워크를 사용하려는 경우에도 챗 GPT에 요청할 수 있습니다.

 테스트 프레임워크를 사용하는 단위 테스트를 작성하세요.

챗GPT는 단위 테스트 사용을 권장합니다. 설정 방법, 테스트 작성 방법, 단위 테스트 실행 방법을 보여줍니다.

단위 테스트가 이미 있다면 테스트를 평가할 수도 있습니다.

 프로그램의 〈기능을 설명하거나 코드를 가리키는〉 단위 테스트 파일입니다. 개발자가 받아야 할 다른 검사 요소는 없나요? 여기서 빠진 것은 무엇인가요?

챗GPT 또는 AI 어시스턴트 프로그래밍 도구는 이러한 기능을 만드는 데 유용할 수 있지만 완벽하지는 않습니다. 고난도 개발이나 대규모 코드베이스의 경우, 결과가 달라질 수 있습니다.

창업가이자 수석 엔지니어, AWS 인증 솔루션 아키텍트인 데이비드 리[David Lee]는 다음과 같은 조언을 했습니다.

> 그러나 실제 데이터베이스 연결과 도커를 다루는 테스트를 진행할 때는 상황이 크게 달라집니다. 이 경우 챗 GPT가 완전히 이해하지 못하는 수준의 복잡성이 되며, 특히 데이터베이스 연결 부분은 단위 테스트의 초반 부분을 개발자가 직접 작성해줘야 그걸 바탕으로 챗GPT가 다른 테스트를 작성하는 방법을 학습할 수 있습니다.

9.3.2 풀 리퀘스트

풀 리퀘스트pull request(PR)는 특히 공동 작업의 경우에서 중요한 역할을 합니다. 공동으로 작업할 때 개별 작업자는 코드를 정리해 깃허브나 깃랩 같은 곳에 푸시하고 PR을 보냅니다. 하지만 이는 '내 코드를 추가해주세요'라는 요청이 아닙니다. 팀원들에게 여러분의 작업을 공유하고 평가를 받거나 코드가 개선되도록 조언을 요청할 수도 있습니다. 코드가 프로젝트의 나머지 부분과 병합될 때 최적화되는 것이 중요합니다. 또한 PR은 누가 언제 무엇을 했는지 깔끔하게 추적할 수 있기에 대규모 프로젝트에 특히 유용합니다.

구체적인 PR 설명은 정말 큰 차이를 만듭니다. 설명에는 변경 사항의 내용, 이유, 방법을 정리해두면 좋습니다. 병합하려는 코드를 통해 해결하려는 사항에 대한 간단한 요약부터 시작하세요. 그런 다음 변경 사항을 통해 해결할 방법을 자세히 작성합니다. 어떤 파일을 수정했는지, 어떤 테스트를 실행했는지 등 세부 정보를 입력하는 것을 잊지 마세요. 확실하지 않거나 다른 사람의 의견이 필요한 구체적인 사항이 있다면 그 내용도 언급하세요.

효과적인 PR 설명은 리뷰어에겐 구원과도 같습니다. 전체 프로세스의 속도를 높이고 모든 사람이 동일한 정보를 공유할 수 있습니다. 또한 자세한 PR 설명은 향후 작업에 대한 중요한 정보가 됩니다.

챗GPT는 개발자가 이러한 설명을 작성할 때 도움이 될 수 있습니다. 초안 작성 시 어떤 작업을 했는지 챗GPT에게 알려주면 명료하게 정리됩니다. 이미 설명을 작성했다면, 챗GPT가 설명의 명확성과 문법을 확인하고 더 나은 설명을 제안하기도 합니다.

챗GPT는 PR의 최적 레이아웃을 구상하는 데도 유용합니다. 예를 들면, 요약으로 시작한 다음 세부 사항으로 들어가는 방식 등입니다. 그리고 기술적인 세부 사항에 단순화가 필요하다면, 팀의 모든 구성원이 PR을 더 잘 이해할 수 있도록 도와줄 것입니다.

사용자 입력에 따라 결과를 필터링하는 새로운 검색 기능을 애플리케이션에 추가했습니다. 이에 대한 PR 설명을 작성하는 데 도움을 줄 수 있나요?

사용자가 텍스트 필드에 특수 문자를 입력할 때 앱이 충돌하는 버그를 수정했습니다. 이를 PR에 어떻게 설명해야 하나요?

성능과 가독성을 개선하기 위해 인증 모듈을 리팩터링했습니다. PR 설명에 어떤 내용을 포함해야 하나요?

사용자 인터페이스를 업데이트해 탐색 기능을 더욱 직관적으로 만들고 새로운 버튼을 추가했습니다. PR 설명 초안을 작성하는 데 도움을 줄 수 있나요?

PR 설명에 이를 표현하는 좋은 방법은 무엇인가요?

결제 처리 모듈에 대한 새로운 단위 테스트를 추가했습니다. 이러한 변경 사항을 강조하는 PR 설명을 작성하는 데 도움을 줄 수 있나요?

최근 메인 브랜치의 변경으로 인해 발생한 병합 충돌을 해결했습니다. 이에 대한 PR 설명에 어떤 내용을 언급해야 하나요?

참고로, 마이크로소프트는 코파일럿에 PR 설명을 생성하는 기능을 추가했습니다. 이 기능은 'Generated Commit Message'라고 명하며, 사용하기 위해서는 깃허브 리포지터리에 연결되어 있어야 합니다. 그런 다음, [그림 9-1]의 왼쪽 패널에 보이는 별표 버튼을 클릭합니다.

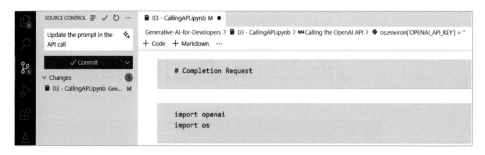

그림 9-1 코파일럿은 프로젝트에 로드된 리포지터리를 기반으로 PR 설명을 만들 수 있습니다.

그러면 코파일럿이 유용한 PR 설명을 작성합니다.

마지막으로, LLM 기술을 기반으로 자체 시스템을 개발하는 스타트업이 많습니다. 하나는 왓 더 디프What The Diff입니다(https://oreil.ly/LriIB). 이 회사의 공동 창립자이자 CEO인

세바스티안 슐라인Sebastian Schlein은 다음과 같이 설명했습니다.

왓 더 디프의 주요 기능은 크게 두 가지입니다.

❶ 풀 리퀘스트를 요약해 검토하기 쉽게 만들고 리뷰어와 PR 내의 변경 사항을 쉽게 이해하도록 요약을 제공합니다.

❷ 완전히 기술적이지 않은 요약을 작성해 깃허브 접근 권한이 없는 제품 관리자와 같은 이해관계자에게 보낼 수도 있습니다. 이를 통해 풀 리퀘스트의 변경 사항이 실제로 비즈니스 요건과 일치하는지 쉽게 확인할 수 있습니다.

9.4 배포

소프트웨어 개발을 마치고 이제 드디어 출시할 차례입니다. 매우 기대되는 순간입니다. 실사용자가 여러분의 소프트웨어를 사용하는 모습을 보게 될 것이고, 무엇이 좋고 어떤 개선이 필요한지에 대해 피드백을 얻게 될 것입니다. 그런 피드백은 개발자에게 매우 귀중합니다.

소프트웨어를 판매하는 비즈니스를 하고 있다면 출시는 수익 창출의 시점이기도 합니다.

하지만 현실적으로 보자면, 소프트웨어를 배포한 후에는 숨을 죽이고 최선의 결과를 바랄 수밖에 없습니다. 계획대로 진행되지 않을지도 모른다는 불안감이 뒤따릅니다.

테스트 환경에서는 완벽해 보이지만 실제 환경에서는 아닐 수도 있습니다. 다른 하드웨어와 네트워크 시스템, 다른 설정으로 인해 문제가 발생할 수도 있습니다.

보안도 중요한 문제입니다. 일단 서비스를 출시하면 악의적인 사용자를 차단하고 개인정보 보호 규칙을 준수하기 위해 항상 주의를 기울여야 합니다.

또한 소프트웨어는 많은 인원을 감당할 만큼 견고해야 합니다. 몇 명의 사용자가 사용하든, 비즈니스 규모와 무관하게 빠르고 원활히 운영되어야 합니다.

그리고 지속적인 통합과 배포 과정도 있습니다. 실수를 피하기 위해 배포를 자동화하는 것이 중요합니다. 당연한 내용으로 들리지만, 실환경에서 소프트웨어를 유지관리하는 것은 까다로운 일입니다.

배포와 관련한 사항들도 챗GPT의 도움을 받아 진행할 수 있습니다.

팀이 따라야 할 배포 체크리스트를 만드는 방법을 안내해주세요.

배포 목적으로 도커를 시작하기 좋은 학습 자료에는 어떤 것이 있나요?

웹 애플리케이션에서 다운타임 제로 배포를 위한 모범 사례를 제공해주세요.

배포하는 동안 '서버 시간 초과' 오류가 발생하고 있습니다. 이에 대한 일반적인 원인과 해결책은 무엇인가요?

파이썬 웹 앱 배포를 자동화하기 위한 배시 스크립트를 작성하는 데 도움을 주실 수 있나요?

실환경에서 앱을 배포하기 전에 확인해야 하는 필수 구성 설정은 무엇인가요?

클라우드 환경에서 배포 실패에 대해 롤백하려면 어떻게 해야 하나요?

금융 애플리케이션을 배포하는 동안 어떤 보안 조치를 고려해야 하나요?

배포된 Node.js 애플리케이션의 성능을 최적화하려면 어떻게 해야 하나요?

완벽하지는 않겠지만, 챗GPT는 복잡한 데브옵스에도 도움이 될 수 있습니다. 프라이빗 마켓 랩의 공동 창립자이자 CPO인 타이터스 카필니언은 다음과 같이 말했습니다.

클라우드 로그는 저와 같은 데브옵스 엔지니어가 아니면 다루기 쉽지 않겠지만, AWS와 구글 클라우드에서 프로세스를 실행하고 있기 때문에 다루어야만 합니다.

한번은 대규모 함수 배포의 결과를 기반으로 SQS + Lambda 프로세스에 대한 추적을 설정해야 했습니다. 제가 만든 기능은 로그에 상태를 출력하는 것이었고, 그 상태를 기반으로 프로세스의 보고서를 생성할 계획이었습니다. 저는 챗GPT를 활용하여 AWS 클라우드워치 스크립트를 생성했고, 그것을 기반으로 각 프로세스의 끝에서 실행하기만 하면 결과를 얻을 수 있을 정도로 만들었습니다. 이 작업에 필요한 문서를 자세히 읽는 데는 아마도 5~6시간이 걸렸을 것입니다. 그러나 GPT를 활용함으로써 많은 시간을 절약할 수 있었습니다.

실제로 우리 팀이 관리하지 않아도 되는, 사용자에게 보이지 않는 시스템 오류들을 필터링하기 위해 챗 GPT를 이용하여 자체 코드를 만들었습니다. 이 과정을 통해 필요하지 않은 오류 메시지를 알림에서 제외 시켜 많은 시간을 절약할 수 있었고, 우리 팀에 실제로 유용한 알림 시스템을 구축할 수 있었습니다. 이는 나에게 필요한 맞춤형 지표를 설정하는 데 도움을 주었고, 수시간에 걸친 문서 작업과 설정 과정을 크게 단축 시켰습니다. 이 작업은 구글 클라우드 환경에 적용했습니다.

9.4.1 사용자 피드백

사용자 피드백은 소프트웨어를 안정적으로 만듭니다. 시스템이나 서비스에 자신의 피드백이 반영되는 경험을 할 때, 사용자는 더 만족감을 느낄 것입니다. 사용자가 많은 앱은 문제가 생긴 후에 수습하는 것보다 당연히 사용자 피드백으로부터 조기에 문제를 진단하고 예방하는 것이 현명할 것입니다.

수많은 테스트에도 불구하고 일부 버그는 교묘하게 숨어 있다가 실환경에 적용하면 나타나기도 합니다. 사용자는 탐정처럼 개발자가 놓치고 지나간 오류를 발견하기도 합니다.

상상도 못했던 방식으로 소프트웨어를 창의적으로 사용하는 사용자도 있습니다. 이런 사용자들의 톡톡 튀는 아이디어는 새로운 기능이나 제품을 개발하는 데 활용할 수 있습니다.

물론 고객 서비스를 향상시킬 여러 솔루션이 있습니다. 도구로는 젠데스크Zendesk, 프레시데스크Freshdesk, 드리프트Drift, 세일즈포스Salesforce가 있습니다. 고객과 실시간으로 대화할 수 있는 라이브 채팅부터 사용자 수요에 대해 인사이트를 도출할 수 있는 피드백 양식 작성에 이르기까지 모든 기능을 편리하게 사용할 수 있습니다. 자동화된 티켓팅 시스템은 고객을 추적해 누락되는 일이 없도록 합니다. 모든 고객과의 상호작용을 한 곳에서 관리할 수 있는 고객 관계 관리(CRM) 시스템도 있습니다. 이러한 도구는 효율적이고 신속하게 고객 서비스를 제공하는 데 큰 변화를 가져올 수 있습니다.

생성형 AI는 이러한 고객 서비스 솔루션에 가치를 더할 수 있습니다. 특히 사용자 피드백 같은 대량의 비정형 데이터를 처리하는 데 유능합니다.

예를 들어 다량의 사용자의 이메일, 메신저, 문의 데이터가 있다고 가정하겠습니다. 챗GPT에 데이터를 올리고 다음 프롬프트로 필요한 것을 얻어낼 수 있습니다.

사용성, 성능, 기능, 버그, 고객 서비스 등의 공통 주제와 카테고리를 파악합니다. 또한 이 파일에 대한 감성 분석을 수행합니다. 언급된 문제의 빈도와 심각도에 따라 어떤 버그를 먼저 수정할지 또는 어떤 기능을 추가할지 우선순위를 정할 수 있도록 도와주세요. 이 모든 내용을 담아내고 차트로도 표현된 보고서를 작성합니다.

챗GPT를 활용하는 또 다른 방법은 응답 초안 작성입니다. 고객 피드백을 처리하는 경우에 일반적인 질문에 대한 답변 템플릿을 만들면 더 나은 답변을 작성하는 데 요긴할 것입니다. 이를 통해 사용자 또는 고객과 채팅할 때 항상 전문적이고 정확한 답변을 제공할 수 있습니다.

또는 챗GPT를 사용해 보다 개인화된 응답을 할 수 있습니다. 사용자 이메일 주소를 입력하고 다음과 같은 프롬프트를 사용할 수 있습니다.

> 차분하고 이해심 있는 어조로 사용자 이메일 답장을 작성합니다. 상황을 확대하지 않고, 사용자가 기분을 풀 수 있도록 친절한 답변을 제공해야 합니다. {이메일}

사용자 피드백을 처리하기 위해 LLM 기반 애플리케이션을 자체 제작할 수도 있습니다. 테크 기업인 워프Warp는 오픈AI API를 사용하여 일주일도 채 안 되는 시간에 이 앱을 개발했습니다.

워프의 제품 매니저인 노아 즈위벤Noah Zweben은 '이 앱이 결정적인 역할을 했다'며, '이전에는 접수된 피드백을 분류하고 우선순위를 정하기 어려웠지만, 생성형 AI는 이를 매우 잘 해낸다'고 했습니다.

9.4.2 출시

챗GPT가 큰 이슈가 되기 몇 년 전부터 이미 영업과 마케팅 같은 중요 부문에는 생성형 AI가 영향을 미치고 있었습니다. 그 선구자는 재스퍼Jasper로, 이 회사는 놀라운 속도로 성장했습니다. 생성형 AI는 사람들의 눈길을 사로잡는 창의적인 콘텐츠를 빠르게 제작하는 데도 적합합니다.

하지만 재스퍼 외에도 많은 생성형 AI가 소프트웨어 출시를 지원합니다. 당장 챗GPT로도 탁월한 마케팅 계획을 세울 수 있습니다. 다음은 프롬프트 예시입니다.

> 사용자가 건강한 식단을 계획할 수 있도록 도와주는 앱을 만들었습니다. 식단 선호도, 건강 목표, 영양 요구량에 따라 맞춤형 식사 계획을 생성합니다. 또한 쇼핑 목록을 생성하고, 레시피를 제안하고, 영양 섭취량을 분석할 수 있습니다. 이 앱의 마케팅 계획을 수립하세요. 이 회사는 초기 단계의 스타트업으로 마케팅 예산이 제한적입니다.

챗GPT는 먼저 타깃 고객을 식별할 것을 권장합니다. 여기에 주요 사용자를 '건강에 관심이 많은 개인, 피트니스 애호가, 특정 식단(예: 글루텐 프리, 비건)이 필요한 사람, 바쁜 직장인 등'으로 제시하겠습니다. 이어서 챗GPT는 소셜 미디어 활용, 콘텐츠 마케팅, 커뮤니티 참여, 이메일 마케팅, 파트너십 같은 다양한 전략을 다룹니다. 다음은 다른 챗GPT의 유용한 프롬프트입니다.

새로운 건강 플래너 앱의 출시를 알리는 블로그 게시물에 이 앱의 고유한 기능과 이점을 부각하는 매력적인 소개글을 작성하세요.

새로운 건강 플래너 앱을 소개하는 소셜 미디어 게시물을 작성하세요. 사용자 관점 UI와 건강 목표 관리 관점에서 도움을 받는 방법에 초점을 맞춰 소개하세요.

사용자의 건강 루틴을 트래킹하고 개선시키는 기능을 강조한 건강 플래너 앱의 제품 발표 이메일을 작성합니다.

헬스 강사와 코치를 대상으로 설득력 있는 영업 이메일을 작성하세요. 헬스 플래너 앱을 고객들을 위한 도구라고 언급하며 홍보하세요.

새로운 건강 플래너 앱과 관련 있으며 눈에 띄는 앱의 이름을 목록으로 생성하세요. 건강하고 체계적인 인상을 주는 이름으로 지어주세요.

사용 편의성과 개인화 옵션을 강조하는 건강 플래너 앱을 홍보하는 페이스북 및 인스타그램 광고 문구를 작성하세요.

마케팅 자료에 사용할 수 있도록 건강 플래너 앱의 초기 사용자에게 추천 리뷰를 요청하는 템플릿을 작성하세요.

건강 플래너 앱의 가상 런칭 이벤트 초대장을 만들어 어젠다와 특별 게스트에 대해 자세히 설명하세요.

9.5 결론

소프트웨어 개발에서 크게 주목받지 못하는 작업들에 챗GPT를 활용하는 방법을 살펴봤습니다. 새로운 소프트웨어를 만드는 것은 신나는 일이지만, 앱의 성패는 디버깅, 테스트, 문서화 같은 화려하지 않은 작업이 좌우합니다. 챗GPT 같은 AI 도구로 이러한 작업들을 훨씬 더 수

월하게 하는 방법을 다루었습니다. AI가 마법사는 아니지만, 수많은 데이터를 선별하고, 조언을 제공하고, 콘텐츠를 개선하고, 문제를 발견해 전체 프로세스의 속도를 높이는 역할을 합니다. 그 덕에 개발자는 정말 까다로운 부분에만 집중할 수 있습니다. 개발자는 버그 해결부터 출시에 이르는 모든 단계에 생성형 AI와 몇몇 스마트 도구 활용 전략을 도입함으로써 사용자에게 실제로 도움되는 좋은 소프트웨어를 더 빠르게 개발할 수 있을 것입니다.

## CHAPTER 10

AI 시대의 개발자를
위한 팁

1장부터 9장까지 살펴본 내용을 짧게 돌아보며 여정을 마무리합니다.

마지막 장에서는 AI 어시스턴트 활용의 핵심을 요약하고, AI 시대의 개발자가 마주할 어려움과 변화해야 할 부분을 짚어봅니다.

10.1 AI가 바꾼 프로그래밍 방식

AI 어시스턴트 프로그래밍은 흥미로운 영역이지만, 관련한 기술이 너무나 빠르게 발전하고 있기에 숙련된 개발자들에게도 도전적인 영역일 것입니다. 어시스턴트와 관련된 새로운 기술의 등장도, 이를 활용한 산업 환경의 변화도 학습의 난도를 높이는 요소입니다. 이러한 변화를 따라잡는 것은 달리는 호랑이 등에 올라타는 것처럼 힘겨울지도 모릅니다.

기존 프로그래밍 방식보다 복잡하고 불확실하게 느껴질 수 있는 AI 어시스턴트 프로그래밍에 적응하는 것은, 선형적인 기존 개발 방법과 비교하여 당황스러울 수도 있고 흥미로울 수도 있습니다. AI 어시스턴트는 개발자가 직관적으로 이해할 수 없는 방식으로 프로그래밍을 하기도 합니다.

이러한 변화는 개발자에게 새로운 사고방식을 요구합니다. 개발자는 AI 어시스턴트가 출력한 예상치 못한 결과를 해석하는 방법을 배워야 하는데, 이는 논리적 사고를 중시하는 기존 개발의 프로세스와 다르기에 처음에는 불편할 수 있을 것입니다.

10.2 AI 어시스턴트의 이점

종래에는 문제가 발생하면 보통 모든 작업을 중단하고 스택 오버플로나 구글링으로 수많은 문서를 탐색했습니다. 하지만 AI 어시스턴트 프로그래밍 도구는 작성 및 수정 사항이 팝업 등으로 안내되므로 개발 환경을 벗어나야 하는 전환비용을 줄이고 작업에 집중할 수 있게 해줍니다.

일부 어시스턴트는 사용자의 변수, 함수, 메서드 작성 스타일을 파악할 만큼 똑똑합니다. 즉, 개발 요건뿐만 아니라 코드의 전체 분위기를 파악할 수 있습니다. 이를 통해 사용자는 프로젝트별 특성에 맞춘 제안을 받습니다.

구체적인 이점을 언급해보겠습니다. 개발 과정에는 지루한 요소들, 예를 들면 파일 처리, 데이터 핸들링, API 호출, UI 작업, 정규식, 배시 명령어나 깃허브 연결 등이 있습니다. AI 어시스턴트는 이런 작업들에 특히 효율적입니다. AI는 코드를 이해하는 데도 능숙하여 주석 등의 문서화 작업에도 효율적입니다. 문서화는 개발에 중요한 요소이며, 친절한 주석은 협업에 유용할 것입니다.

10.3 AI 어시스턴트의 유의점

AI 어시스턴트 사용 시 유의해야 할 점이 있습니다. 우선, 생성된 코드의 소유권에 대한 이슈가 있습니다. AI 어시스턴트는 온라인에 공개된 수많은 코드를 학습했기에, 그중 일부에 저작권 문제가 있을 수 있습니다. AI가 이미 존재하는 코드와 너무나 유사한 것을 만들어낸다면 누군가의 소유권을 침범하는 걸까요? AI 도움으로 만들어낸 작업물에서 얻은 수익은 누가 가져가야 할까요? 이는 법적으로 복잡한 측면이 있기에, 공감대를 형성하는 데 시간이 걸릴 수 있습니다.

보안도 주의해야 할 사항입니다. AI가 생성한 코드는 보안에 취약할 수 있습니다. AI가 어떻게 코드를 생성해내는지는 알 수 없기에(미스터리 박스라고 불립니다), 어떤 결과를 얻을지도 확신할 수 없고 그대로 가져와서 실행하는 것도 어려움이 있을 것입니다. 그렇기에 실제 활용 전에 테스트와 점검을 거쳐야 합니다.

개인정보 보호 측면에서 잠재적 이슈도 존재합니다. AI 어시스턴트는 공개 여부가 불투명한 비공개 코드 저장소의 데이터를 학습했을 수도 있습니다. 이럴 경우 코드 원작자가 활용한 개인정보가 포함됐을 수 있기에, 활용 전에 생성된 코드를 검토해야만 합니다.

문제는 AI 어시스턴트가 개인정보와 보안 사항을 준수하며 학습되고 훈련되도록 하는 것입니다. 철저한 데이터 처리 및 GDPR[1] 같은 개인정보 관련 규정을 준수해야 합니다.

AI 어시스턴트가 때때로 잘못 작동할 수 있다는 점도 유의하세요. 정상 작동되더라도, 비효율적인 코드가 생성될 수 있습니다. 이는 AI가 학습한 비효율적인 코드에 기인한 것으로, 생성된 코드를 반드시 검토해야 합니다.

---

1 옮긴이_ GDPR(General Data Protection Regulation)은 2018년도에 도입된 유럽연합(EU)의 개인정보 보호법입니다.

10.4 프롬프트 엔지니어링의 특성

프롬프트 엔지니어링을 배우기란 결코 쉬운 일이 아닙니다. 불확실성이 내재된 AI에게 입력할 적절한 단어를 고르는 것은, 요령이 필요하기 때문에 예술과도 같습니다. 질문을 입력할 때 창의성을 발휘해야 합니다.

프롬프트 엔지니어링은 과학이기도 합니다. AI 모델이 어떻게 작동하는지 잘 알아야 합니다. AI가 사용자의 프롬프트에 대해 어떤 값을 생성할지 더 정확하게 추측하려고 노력하고 있습니다. 탐정이 되어 실험을 수행하고, 무슨 일이 일어나는지 확인한 후에 논리적으로 프롬프트를 조정해야 합니다.

효과적인 프롬프트에는 먼저 길이가 중요합니다. 프롬프트가 너무 길면 AI가 혼란을 겪거나 요점을 놓칠 수 있습니다. 또한 요구사항은 구체적으로 설명해야 합니다. 베테랑 소프트웨어 엔지니어인 안킷 안클리아Ankit Anchlia는 '프롬프트는 명료해야 한다'며 '또 충분한 컨텍스트가 있어야 한다. 그렇지 않으면 원하는 응답을 얻지 못할 가능성이 높다'고 말했습니다.

10.5 프로그래밍 이상의 작업

AI 어시스턴트 프로그래밍 도구는 코딩에 국한되지 않고 다양한 작업에 도움을 줍니다. AI 도구를 통해 아이디어를 발굴하고, 프로젝트 기획과 필요한 자료 수집까지, 모든 종류의 작업에 이 도구가 활용 가능하다는 것을 보았습니다. 예를 들어, 최고 수준의 제품 요구사항 정의서와 소프트웨어 요구사항 명세서를 작성한다고 상상해보세요. AI는 이러한 작업을 도와줄 수 있으며, 심지어 더 잘 수행할 수도 있습니다.

제품 출시 준비에도 AI 도구에게 도움을 받을 수 있습니다. AI 도구를 활용하면 이목을 끄는 제품 홍보 마케팅을 기획할 수 있습니다. 또한 사용자 피드백을 분석하는 데 AI를 활용하면 애플리케이션을 더욱 개선할 수도 있습니다.

10.6 프로그래머의 역할

AI가 많은 사람의 일자리를 빼앗을 것이라는 큰 우려도 있습니다. 세상이 기계가 지배하는 시나리오로 향하는 것처럼 보이기도 합니다. 코딩을 배우기 위해 쏟은 모든 노력이 헛수고가 될까요? 그렇지는 않을 것입니다.

이렇게 생각해보면 어떨까요? AI 어시스턴트 프로그래밍 도구는 강력하지만, 사람을 대신할 역량을 가지진 못했습니다. 더 나은 개발자가 될 수 있도록 돕는 조력자 같은 존재입니다. 그들은 실제 개발자처럼 똑똑하거나 독립적이지 않습니다.

하지만 이러한 도구를 사용하지 않는다면 뒤처질 수 있습니다. 개발자가 이러한 AI 시스템으로 작업하기를 기대하는 고용주가 점점 늘어나고 있습니다. 왜 그럴까요? 배척하기에는 이점이 매우 크기 때문입니다. 우리 모두는 시대를 따라잡아야 합니다. AI 도구를 사용하는 것은, AI가 사람을 대체하기 위해서가 아니라(대체할 수 없기 때문에) 업무 수행을 돕기 때문에 필수적인 기술이 되고 있습니다.

듀러블^{Durable}의 설립자이자 CEO인 제임스 클리프트^{James Clift}는 다음과 같이 말했습니다.

> AI의 발전은 노동 시장의 역학 관계에 변화를 가져오겠지만, AI와 비즈니스가 결합되면 이점이 더 크다는 점을 인지해야 합니다. 어느 하나가 다른 하나를 대체할 수는 없습니다. 변화를 두려워하지 않고 기술을 수용해 비즈니스 성장과 일자리 창출을 지원하는 것이 핵심입니다. AI 도구는 대기업만 사용할 수 있었던 리소스를 모든 사람이 사용할 수 있게 해주는 효과가 있습니다.

10.7 결론

이 책에서는 AI 어시스턴트 프로그래밍에 대해 자세히 알아보며 많은 내용을 다루었습니다. AI 어시스턴트는 이제 시작에 불과합니다! 우리는 지금 AI 여정의 초입에 들어섰으며, 앞으로 더 전진할 것입니다. 기술은 빠른 속도로 발전하고, 이는 개발자가 사용할 수 있는 멋진 도구와 기능은 더욱 풍부해질 것입니다. 우리는 지금 흥미진진한 레이스의 출발선에 서 있으며, 그 가능성은 점점 더 커지고 있습니다.

이 분야에 종사하는 것은 정말 흥분되는 일입니다. 기술을 연마하고, 업무를 간소화하며, 미처 꿈꾸지 못했던 것들을 만들어낼 수 있는 새로운 방법을 상상해보세요. AI 어시스턴트 프로그래밍의 미래는 밝고 잠재력이 가득하므로, 앞으로 다가올 모든 놀라운 발전을 받아들일 준비를 하고 지켜보면 좋겠습니다. AI 혁신의 물결을 타고 개발자로서 우리가 나아갈 방향을 살펴보세요.

클로드 3.5

원서 내용에 더해, 한국어판에서는 클로드 3.5의 새로운 기능을 알아봅니다. 사용자가 클로드를 통해 생성한 콘텐츠를 별도의 창에서 확인하고 편집하는 아티팩트와 사용자가 구체적인 지시 사항과 데이터를 제공하여 개인화된 방식으로 클로드를 활용하는 프로젝트를 살펴봅니다.

부록에서는 클로드 3.5 소넷Claude 3.5 Sonnet과 함께 도입된 기능을 소개합니다. 아티팩트Artifacts는 사용자가 AI와 실시간으로 상호작용하며 코드, 문서, 웹사이트 디자인 등을 생성하고 편집할 수 있는 기능으로, 대화창 옆의 별도 창에서 결과를 즉시 확인할 수 있습니다. '가위바위보' 게임 예시를 통해 아티팩트의 사용법을 살펴봅니다. 또한 클로드를 특정 목적에 맞춰 사용할 수 있는 프로젝트Projects의 생성과 설정 방법을 단계별로 설명합니다.

A.1 클로드 아티팩트

앤트로픽Anthropic은 2024년 6월 클로드 3.5 소넷을 발표하면서, 자사 서비스인 클로드에 아티팩트 기능을 공개했습니다. 아티팩트는 사용자가 클로드를 통해 코드 스니펫, 텍스트 문서, 웹사이트 디자인 등의 콘텐츠를 생성할 때, 대화창 우측의 별도 전용 창을 통해 생성된 내용과 실행 결과를 확인할 수 있는 기능입니다. 이를 통해 사용자는 클로드의 생성물을 직접 보며 편집할 수 있어, 동적인 프로젝트 및 결과물 관리가 가능합니다. 앤트로픽에서 발표한 주요 기능은 다음과 같습니다.

콘텐츠 생성 및 표시

클로드는 코드 스니펫, 텍스트 문서, 웹사이트 디자인 등 다양한 콘텐츠를 생성하여 대화창 옆의 전용 창에 표시합니다.

실시간 편집 및 통합

사용자는 생성된 아티팩트를 실시간으로 보고 편집하며, 이를 프로젝트에 쉽게 통합할 수 있습니다.

협업 작업 환경

클로드는 단순한 대화형 AI를 넘어서, 협업을 위한 동적 작업 공간을 제공합니다.

팀 협업 지원

앞으로 지원할 팀 단위 협업은 조직 전체가 지식과 문서를 중앙에서 관리하고 협력할 수 있는 환경을 지원합니다.

클로드 아티팩트는 기존 대화형 서비스의 정적인 방식을 넘어, AI가 작성한 코드를 바로 구현하여 확인하도록 합니다. 사용자 편의성이 극대화되었을 뿐만 아니라, AI 어시스턴트를 활용하여 작업한 코드가 개인의 로컬 환경 등에서 구현되지 않던 이슈까지도 AI의 생성 단계에서 해결합니다. 또한 최신 모델인 클로드 3.5 소넷은 기존 모델에 비해 성능이 더 우수해 AI 프로그래밍 어시스턴트 도구로써 탁월한 역할을 해냅니다.

간단한 예시로 클로드 아티팩트를 통해 가위바위보 게임을 만들어보겠습니다.

> 컴퓨터와 가위바위보 게임을 하는 코드를 작성하고 화면에 구현해주세요.
>
> 사용자가 실제로 게임을 할 수 있도록 설정해주세요. 가위바위보 게임과 관련된 이미지로 배경화면을 그려주세요.

네, 가위바위보 게임을 구현하는 리액트 컴포넌트를 만들고 사용자가 실제로 플레이할 수 있도록 하겠습니다. 배경에는 가위바위보와 관련된 이미지를 SVG로 그리겠습니다.

아티팩트: 가위바위보 게임 리액트 컴포넌트

이 React 컴포넌트는 가위바위보 게임을 구현합니다. 주요 특징은 다음과 같습니다.

- 사용자는 가위, 바위, 보 중 하나를 선택할 수 있습니다.

- 컴퓨터는 무작위로 선택합니다.

- 게임 결과(승리, 패배, 무승부)가 화면에 표시됩니다.

- 배경에는 간단한 SVG 이미지가 포함됩니다.

- Lucide React 아이콘을 사용하여 선택 옵션을 시각화했습니다.

이 컴포넌트를 사용하면 사용자가 실제로 컴퓨터와 가위바위보 게임을 할 수 있습니다. 배경 SVG는 게임과 관련된 간단한 도형들로 구성되어 있습니다.

게임을 시작하려면 화면 중앙에 있는 세 개의 버튼 중 하나를 클릭하면 됩니다. 결과는 즉시 화면에 표시됩니다.

이 컴포넌트를 실제 프로젝트에서 사용할 때 스타일링이나 기능을 추가할 수 있습니다. 예를 들어, 점수 시스템을 추가하거나 애니메이션 효과를 넣을 수 있습니다. 더 자세한 설명이나 추가 기능이 필요하다면 말씀해주세요.

입력된 프롬프트에 따라 웹 화면에서 실제로 실행할 수 있는 게임이 [그림 A-1]과 같이 완성되었습니다. 클로드가 완성한 게임을 테스트한 결과, 승률이 33%에 수렴되도록 논리 구성도 잘 되어 있습니다.

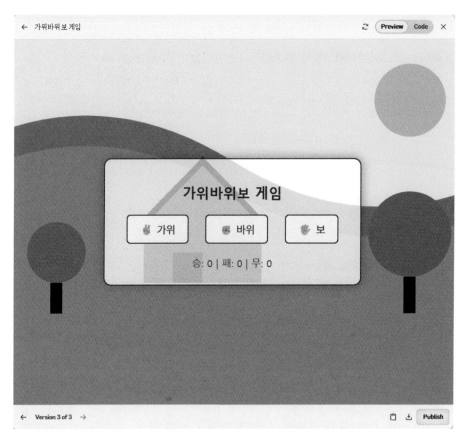

그림 A-1 코드 작성을 넘어서 아티팩트를 통해 실제 구현된 결과까지 확인할 수 있습니다.

프롬프트처럼 '게임과 관련된 이미지로'라는 모호한 입력이 주어진 경우, 클로드는 개발의 중요한 요소인 CSS를 자체적으로 정의하여 제안합니다. CSS를 비롯하여 출력된 결과물에 구체적인 지시 사항을 입력하여 원하는 결과물에 가깝도록 보완할 수 있습니다.

피라미드와 스핑크스가 배경에 나오는 컨셉으로 다시 그려주세요

 네, 이해했습니다. 피라미드와 스핑크스가 배경에 나오는 이집트 테마의 가위바위보 게임을 만들어보겠습니다. 배경을 SVG로 그리고, 게임의 디자인을 이집트 테마에 맞게 수정하겠습니다.

아티팩트: 이집트 테마 가위바위보 게임 리액트 컴포넌트

이 업데이트된 리액트 컴포넌트는 이집트 테마의 가위바위보 게임을 구현합니다. 주요 변경 사항과 특징은 다음과 같습니다.

1. 배경에 이집트 풍경을 SVG로 그렸습니다.

   – 하늘은 그라데이션으로 표현했습니다.

   – 태양, 두 개의 피라미드, 그리고 간단한 스핑크스 모양을 추가했습니다.

2. 게임 UI의 색상과 스타일을 이집트 테마에 맞게 변경했습니다.

   – 노란색 계열의 색상을 사용하여 사막의 모래를 연상시킵니다.

   – 폰트를 Georgia로 변경하여 고대의 느낌을 더했습니다.

3. '컴퓨터의 선택'을 '파라오의 선택'으로 변경하여 테마에 맞게 수정했습니다.

4. 게임의 기본 로직은 그대로 유지되었습니다.

   – 사용자는 가위, 바위, 보 중 하나를 선택할 수 있습니다.

   – 컴퓨터(파라오)는 무작위로 선택합니다.

   – 게임 결과(승리, 패배, 무승부)가 화면에 표시됩니다.

이 컴포넌트를 사용하면 사용자가 이집트 테마의 환경에서 가위바위보 게임을 즐길 수 있습니다. 게임을 시작하려면 화면 중앙에 있는 세 개의 노란색 버튼 중 하나를 클릭하면 됩니다.

이 테마를 더 발전시키고 싶다면 다음과 같은 아이디어를 추가로 적용할 수 있습니다.

1. 가위, 바위, 보 아이콘을 이집트 상형문자 스타일로 변경

2. 배경에 애니메이션 효과 추가 (예: 모래 날림 효과)

3. 이집트 테마의 음악이나 효과음 추가

추가적인 수정이나 기능이 필요하다면 말씀해주세요.

그림 A-2 최초 작성한 코드에 요청한 수정 사항도 아티팩트를 통해 쉽게 확인할 수 있습니다.

사용자가 요청한 사항을 반영하여 [그림 A-2]와 같이 배경화면을 변경했습니다. 이 과정에서 '피라미드'와 '스핑크스'라는 단어를 보고 게임 이름을 '이집트 가위바위보 게임'으로 정했습니다. 이처럼 AI 어시스턴트는 사용자가 모든 사항을 구체적으로 정하지 않아도 빈틈을 채워주는 이점이 있습니다.

나아가 아티팩트로 작업한 결과물은 외부 사용자들에게 공개할 수 있습니다.[1] [그림 A-2] 우측 하단에 보면 [Publish] 버튼이 있습니다. 버튼을 클릭하면 [그림 A-3]과 같이 퍼블리싱 설정 팝업이 나타납니다.

---

1 옮긴이_ '가위바위보' 게임은 다음 링크를 통해 접속할 수 있으며, 코드는 역자의 깃허브에 업로드했습니다. https://bit.ly/46FsAhj

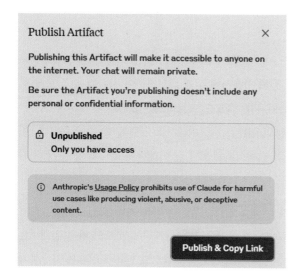

아티팩트 퍼블리시 화면에서 [Publish & Copy Link] 버튼을 클릭하면 만들어진 아티팩트가 외부 공개되고 공유 링크가 클립보드에 복사됩니다.

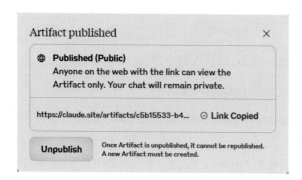

링크만 있으면 다른 사용자들도 작업 결과를 확인하고 사용할 수 있어서 간단한 웹 기반 서비스를 만들고 배포하기에 아주 편리합니다. 보다 자세한 활용 예시 및 구체적인 사항은 앤트로픽에서 공개한 영상[2]을 통해 확인 가능합니다.

---

2 옮긴이_ https://www.youtube.com/watch?v=rHqk0ZGb6qo

A.2 클로드 프로젝트

앤트로픽은 이번 업데이트를 통해 클로드 내에 프로젝트라는 기능을 도입했습니다. 프로젝트는 구체적인 지시 사항과 데이터 제공을 통해 사용자에 맞게 개인화하여 사용할 수 있도록 하며, 이는 챗GPT의 GPTs와 동일한 기능입니다. 클로드 프로젝트는 200K(약 500페이지 분량)로 컨텍스트 창이 확대되어 더 많은 양의 컨텍스트를 이해하고 답변을 할 수 있습니다. 이를 통해 클로드는 개발 같은 장기간 대화의 컨텍스트를 보다 잘 이해하여 코드 작성 등에 더 적절한 도움을 받습니다.

현재 공개된 클로드 프로젝트에서, GPTs의 함수 호출 기능이나 다른 사람들의 프로젝트를 자유롭게 쓸 수 있도록 하는 공개 기능은 구현되지 않았습니다. 그러나 클로드의 빠른 업데이트 주기를 감안할 때, 프로젝트를 통해 다른 사용자들의 창의적인 클로드 활용 노하우를 자유롭게 공유할 수 있을 것으로 예상됩니다.

클로드에서 개인화된 프로젝트를 만들려면 메인 화면 좌측 메뉴바에서 [그림 A-5]에 표시된 [Projects] 버튼을 클릭합니다.

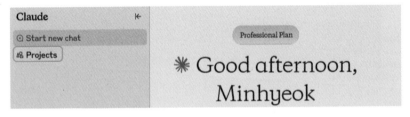

그림 A-5 클로드 메인 화면에서 [Projects] 메뉴를 선택하면 프로젝트 관련 메뉴로 접근할 수 있습니다.

프로젝트 메뉴에 들어가면 [그림 A-6]처럼 기존에 만든 프로젝트가 나열됩니다. 우측 상단의 [Create Project]를 클릭합니다.

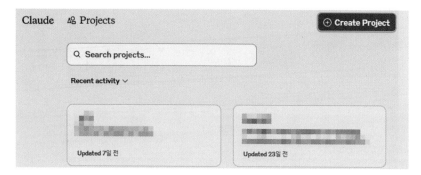

그림 A-6 프로젝트 메뉴에서는 기존에 생성한 프로젝트 목록이 나열됩니다.

[그림 A-7]과 같은 화면에서 프로젝트의 이름과 설명을 설정할 수 있습니다. 원하는 이름을 입력한 뒤 [Create Project]를 클릭하면 프로젝트의 생성이 마무리됩니다.

그림 A-7 프로젝트의 이름과 설명을 입력한 후, 다음 화면에서 기능을 추가할 수 있습니다.

[그림 A-8]에서 프로젝트에 필요한 데이터 업로드 및 지시 사항 설정 등을 수행할 수 있습니다. 우측 상단의 [Project knowledge] 상자에서 [Add Content]를 클릭해 프로젝트에서 참고할 파일을 업로드할 수 있습니다.

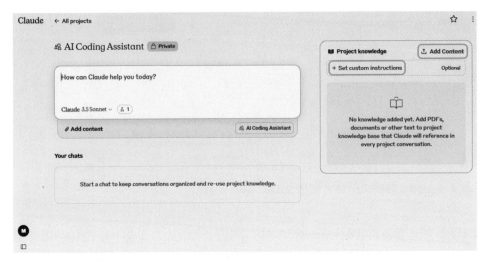

그림 A-8 프로젝트의 화면에서 데이터와 지시사항을 설정할 수 있습니다.

PDF와 워드 파일, 소스 코드 등 텍스트 형태의 자료를 지원하며 파일을 업로드하면 해당 프로젝트에서는 업로드한 파일 내용을 바탕으로 답변을 받을 수 있습니다. 또한 [Set custom instructions] 버튼을 클릭하면 프로젝트에 지시 사항을 설정할 수 있습니다. 앞서 설명하였듯 지시 사항에 상당한 분량의 텍스트를 입력해 사용자가 원하는 형태의 답변을 받도록 설정할 수 있습니다. 다음과 같이 프로젝트에 지시 사항을 설정하겠습니다.

> 변수 이름과 함수 이름은 영어를 사용해 유머있게 지어주세요. 모든 코드에는 단계별로 한국어 주석을 작성하세요.

지시 사항을 설정한 후, 프롬프트 입력 창에 원하는 작업을 입력하면 지시 사항에 맞춰 코드를 작성합니다.

> 문자열을 거꾸로 뒤집는 자바스크립트 코드를 작성해주세요.

> 네, 재미있는 변수명과 함수명을 사용하여 문자열을 뒤집는 자바스크립트 코드를 작성해 드리겠습니다. 각 단계마다 한국어로 주석을 달겠습니다.

```javascript
// 문자열을 뒤집는 마법의 주문을 외우는 함수
function abracadabraReverso(magicWord) {
  // 1단계: 마법의 문자열을 배열로 변환
  let letterPotion = magicWord.split('');
  // 2단계: 배열의 순서를 뒤집는 마법 시전
  let reversedPotion = letterPotion.reverse();
  // 3단계: 뒤집힌 배열을 다시 문자열로 변환하는 비밀 주문
  let backwardsSpell = reversedPotion.join('');
  // 4단계: 역주문이 걸린 문자열 반환
  return backwardsSpell;
}

// 마법의 주문을 테스트해보자!
let originalIncantation = "아브라카다브라";
let mirrorDimension = abracadabraReverso(originalIncantation);

// 결과 확인
console.log("원래 주문:", originalIncantation);
console.log("거울 차원의 주문:", mirrorDimension);
```

이 코드는 다음과 같은 재미있는 요소들을 포함합니다.

1. abracadabraReverso: 문자열을 뒤집는 함수의 이름으로, 마법사들이 주문을 거꾸로 외우는 것을 연상시킵니다.

2. magicWord: 원래 문자열을 나타내는 매개변수로, 마법의 주문을 의미합니다.

3. letterPotion: 문자열을 배열로 변환한 결과를 담는 변수로, 글자들을 마법의 물약에 담는 것을 상상해볼 수 있습니다.

4. reversedPotion: 뒤집힌 배열을 나타내는 변수로, 마법의 물약을 뒤집는 과정을 표현합니다.

5. backwardsSpell: 최종적으로 뒤집힌 문자열을 나타내는 변수로, 거꾸로 된 주문을 의미합니다.

6. originalIncantation과 mirrorDimension: 테스트에 사용하는 변수로, 원래의 주문과 거울 차원에서의 주문을 나타냅니다.

이 코드를 실행하면 "아브라카다브라"라는 문자열이 "라브다카라브아"로 뒤집히는 것을 볼 수 있습니다.

INDEX